Mein neues
LEXIKON

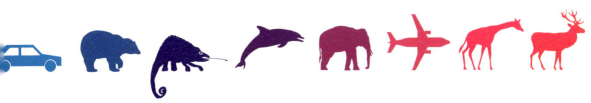

Das Werk einschließlich aller seiner Teile ist urheberrechtlich geschützt. Jede Verwertung außerhalb des Urhebergesetzes ist ohne Zustimmung des Verlages unzulässig und strafbar. Das gilt insbesondere für Vervielfältigungen, Übersetzungen, Mikroverfilmungen und die Einspeicherung und Verarbeitung in elektronischen Systemen.

Haftungsausschluss
Der Inhalt dieses Buches ist sorgfältig recherchiert und erarbeitet worden. Dennoch können weder Autorinnen noch Verlag für alle Angaben im Buch eine Haftung übernehmen.

Weltbild Buchverlag
© 1998 by Weltbild Verlag GmbH, Augsburg
Alle Rechte vorbehalten

Einbandgestaltung: Kirsten Straßmann, Recklinghausen
Illustrationen: Gisela Dürr und Guido Schlaich, München
Titelillustrationen: Gisela Dürr und Guido Schlaich, München
Redaktion: Sylvie Hinderberger und Christopher Hammond, München, Michael Kraft, Augsburg
Layout und Satz: Kirsten Straßmann, Recklinghausen
Lithoarbeiten: Fotolitho Longo, Frangart
Druck und Bindung: Druckerei Appl, Wemding

Gedruckt auf chlorfrei gebleichtem Papier
Printed in Germany

ISBN 3-89604-463-X

Heidemarie Brosche
Astrid Rösel

Mein neues
LEXIKON

mit Illustrationen von
Gisela Dürr und Guido Schlaich

Ein paar Tipps und Hinweise vorweg

„Mein neues LEXIKON" ist ein Buch für alle, die viel wissen wollen. Natürlich kannst du deine Eltern oder deine größeren Geschwister fragen, wenn du etwas nicht weißt. Aber manchmal wissen auch die Großen keine passenden Antworten auf deine Fragen. Oder du kannst im Lexikon deiner Eltern nachschauen. Hier findest du zwar viele Dinge und Begriffe ausführlich erklärt, doch meist nur in einer schwer verständlichen Sprache.

Dieses Lexikon dagegen richtet sich in erster Linie an Kinder. Von A wie Aal bis Z wie Zypern findest du über 900 Stichwörter und Begriffe. Mit einfachen Worten und vielen Bildern werden auch komplizierte Vorgänge anschaulich dargestellt und erklärt. Aber wie und wo findest du den Begriff, über den du gerne mehr wissen möchtest? – Ganz einfach!

So findest du den gesuchten Begriff

Alle Stichwörter in diesem Lexikon sind nach dem Alphabet, also von A bis Z, geordnet. Wer nun über einen Begriff etwas wissen möchte, sucht diesen erst einmal an der entsprechenden Stelle im Alphabet. Jetzt gibt es aber viele Wörter, die mit demselben Buchstaben anfangen. Dann richtet sich die Reihenfolge nach dem zweiten Buchstaben. Sind auch diese Buchstaben gleich, entscheidet der dritte Buchstabe über die Reihenfolge und so weiter. Zum Beispiel: Robbe, Roboter, Rockmusik.

Wenn du also zum Beispiel mehr über Roboter wissen willst, blätterst du einfach zum Buchstaben R. Hier suchst du nach dem Stichwort Roboter. Bei der Suche kann dir auch die Leiste oben auf jeder Doppelseite hilfreich sein, an der man den ersten und letzten Begriff der jeweiligen Doppelseite ablesen kann.

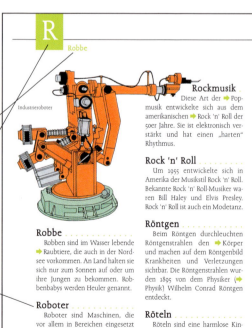

So funktioniert das Register

Wenn du den gesuchten Begriff unter den alphabetisch aufgelisteten Wörtern nicht findest, kannst du im Register nachschauen. Hier sind Wörter alphabetisch angeordnet, die nicht als eigenes Stichwort im Buch auftauchen. Zum Beispiel: Du suchst den Begriff Operette. Als eigenes Stichwort entdeckst du ihn im Text nicht. Also blätterst du zum Register. Auch hier sind alle Stichwörter alphabetisch aufgelistet. Unter O findest du schließlich diesen Hinweis: Operette siehe Oper, S. 171. Das heißt: Unter dem Stichwort Oper erhältst du die gewünschten Informationen über Operette.

Querverweise

Oft findest du in der Erklärung eines Begriffs einen Pfeil (➡) vor einem Wort. Dieser Pfeil kennzeichnet einen Querverweis. Ein Beispiel: In der Begriffserklärung Judo wird Japan erwähnt. Vor dem Wort Japan steht ein Pfeil. Dies bedeutet, dass der Begriff Japan als eigenes Stichwort ausführlich erklärt ist. Wenn du also mehr über das Land Japan erfahren möchtest, kannst du dort nachschlagen.

Begriffe aus einer anderen Sprache

Häufig werden Wörter anders ausgesprochen als sie geschrieben werden. Dies ist vor allem bei Wörten der Fall, die wir aus anderen Sprachen übernommen haben. Damit du diese Begriffe auch richtig aussprechen kannst, haben wir hinter dem Begriff eine Aussprachehilfe angefügt. Zwei Beispiele: Rave (gesprochen: rejv) oder Recycling (gesprochen: riseikling).

So, jetzt kannst du loslegen. Wir hoffen, dass du beim Schmökern in deinem Lexikon viel Spaß hast, viele Antworten auf deine Fragen findest und dabei Interessantes und Neues erfährst.

Verlag und Autorinnen

A

Aal

Aal
Aale sind schlangenförmige ➡Fische. Der europäische Flussaal wird bis zu 150 Zentimeter lang. Sein Geburtsort ist die Sargassosee vor der Ostküste Amerikas. Die Aallarven werden von der Meeresströmung nach Europa getrieben. Mit drei Jahren kommen die Jungen als fast durchsichtige Glasaale an den europäischen Küsten an und wandern von dort weiter in die Flüsse. Nach fünf bis sieben Jahren kehren sie in den Atlantik zurück, wo sie sich paaren, ihre Eier ablegen und schließlich sterben.

Aas
Der Körper eines toten Tieres wird Aas genannt. In der freien Natur gibt es so genannte Aasfresser wie ➡Geier und verschiedene ➡Insekten, die sich von Aas ernähren. Sie beseitigen die toten Körper und verhindern, dass sich Krankheiten ausbreiten.

Abc
Abc ist die Bezeichnung für das lateinische ➡Alphabet, dessen erste drei Buchstaben das A, das B und das C sind. Das Alphabet umfasst insgesamt 26 Buchstaben.

Abenteuer
Ein spannendes, aufregendes Erlebnis nennt man Abenteuer. Für den einen kann dies eine Reise in ein fernes Land sein, für den anderen eine nächtliche Wanderung im nahen Wäldchen und für den dritten die Verfolgung eines Einbrechers. Viele Menschen finden Abenteuerbücher oder -filme sehr unterhaltsam.

Aberglaube
Manche Menschen glauben an übernatürliche Kräfte und Mächte. Eine schwarze Katze, die einem von links über den Weg läuft, soll zum Beispiel Unglück bringen, ein Schornsteinfeger dagegen Glück. Dies nennt man Aberglaube. Früher, als die Menschen noch nicht so gut über Naturgesetze Bescheid wussten, war der Aberglaube weit verbreitet. In manchen Ländern ist er dies heute noch.

A

Ableger

Abgase

Automotoren, Heizungen und Kraftwerke erzeugen durch Verbrennung ➡Energie. Dabei entstehen giftige Abgase. Diese schädigen die Umwelt und können auch Menschen krank machen. Zur Verringerung der schädlichen Abgase werden heute viele Anstrengungen unternommen. Neue Autos haben deshalb alle einen ➡Katalysator und ➡Fabriken bauen in ihre Schornsteine komplizierte Filter ein.

Viele Abgase kann man nicht nur riechen, sondern auch sehen.

Abgeordneter

Das Mitglied eines demokratischen ➡Parlaments wird Abgeordneter genannt. Er wird in geheimen Wahlen von den Bürgern seines Landes gewählt und soll die Interessen des Volkes vertreten.

Ableger

Von manchen Pflanzen lassen sich Seitentriebe abtrennen, die Wurzeln bilden, wenn man sie in die Erde steckt oder in Wasser stellt. Aus einem solchen Ableger entsteht eine neue Pflanze.

Nur von gesunden Pflanzen sollte man Ableger ziehen.

A

Abwasser

Abwasser
Wasser, das verbraucht wurde und verschmutzt ist, heißt Abwasser. Im Abwasser der Haushalte finden sich zum Beispiel Waschmittel und Haarshampoo, aber auch alles, was in die Toilette gespült wird. Industrieabwasser ist oft voller Säuren und anderer Chemikalien. Deshalb wird Abwasser durch ein Kanalsystem in ➡ Kläranlagen geleitet und dort wieder gereinigt.

Adel
Im ➡ Mittelalter wurde das Volk nach so genannten Ständen gegliedert: Der „Erste Stand" war der Adel. Wenn ein Kind also in einer adligen Familie geboren wurde, so hatte es gegenüber den anderen Menschen sein Leben lang Vorrechte.

Ader
Wie ein weit verzweigtes Verkehrsnetz durchziehen die Adern unseren Körper. Es gibt drei Arten von Adern: Durch Arterien wird das ➡ Blut vom Herzen in alle Teile des Körpers gepumpt. In Haargefäßen gelangt es zu den einzelnen Zellen. Zum Herzen zurück fließt es durch Venen. Dann ist es bläulich dunkelrot. Deshalb kann man Venen zum Beispiel auf dem Handrücken durch die Haut schimmern sehen.

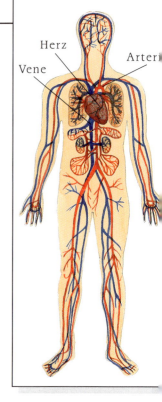

Herz
Vene
Arter

Adler
Einer der größten und mächtigsten ➡ Greifvögel ist der Adler. Er ist ein geschickter Jäger, der seine Beute aus der

Seeadler

Greif

Fischadler

Steinadler

Der Seeadler ist weltweit der größte Adler. Die Spannweite seiner Schwingen kann bis zu zweieinhalb Meter messen.

Luft erspäht. Im Sturzflug stößt er dann auf sein Opfer herab, tötet es mit seinen scharfen Krallen und zerlegt es anschließend mit seinem kräftigen Hakenschnabel. Heute sind Adler in Europa beinahe ausgerottet. Deshalb stehen sie bei uns unter ➡ Naturschutz.

Adoption

Ein Kind, das keine Eltern mehr hat, kann von fremden Eltern wie ein eigenes Kind angenommen werden. Das nennt man Adoption. Ein adoptiertes Kind bekommt den Namen der neuen Eltern und hat die gleichen Rechte wie ein leibliches Kind.

Advent

„Adventus" ist ein lateinisches Wort und bedeutet „Ankunft". Die Zeit vor Weihnachten, also vor Ankunft Christi, nennt man Adventszeit. Sie beginnt vier Sonntage vor Weihnachten.

Affe

Affen sind die am höchsten entwickelten ➡ Säugetiere. Die meisten leben in den Bäumen wärmerer Gebiete und ernähren sich von Pflanzen. Sie haben lange, kräftige Arme und Beine. Sie können eindrucksvolle Grimassen schneiden, aber auch ihre Gefühle und Stimmungen zeigen. Es ist bewiesen, dass Menschen und Affen gemeinsame Vorfahren haben.

Schimpansen (2) und Gorillas (3) verbringen die meiste Zeit am Boden. Nur zum Schlafen oder bei Gefahr klettern sie auf Bäume. Klammeraffen (1) sind dagegen Kletterkünstler. Ihren Schwanz benutzen sie wie eine fünfte Hand.

Afrika

Afrika

Fast überall in Afrika ist es sehr heiß. Es gibt Wüsten wie die Sahara, in denen fast nie Regen fällt. Rund um den ➡ Äquator herum gibt es aber auch tropischen ➡ Regenwald. Wegen der starken Sonnenstrahlen haben die meisten Menschen eine dunkle Hautfarbe. Deshalb bezeichnet man sie als Schwarze. In Nordafrika leben Araber, die hellhäutiger sind. Vor allem in Südafrika haben sich auch Europäer angesiedelt. Sie eroberten die Länder und teilten sie in so genannte ➡ Kolonien auf. In dieser Zeit wurden viele Afrikaner zu ➡ Sklaven gemacht. Oft verkaufte man sie sogar nach Amerika.

After

Der After ist das unterste Ende des Darms. Durch ihn wird die verdaute Nahrung als Kot ausgeschieden. Damit man nicht dauernd auf die Toilette muss, gibt es den Schließmuskel.

Agent

Beim Wort Agent denken die meisten sofort an das aufregende Leben von Geheimagenten. Diese werden auch ➡ Spione genannt und ermitteln in geheimem Auftrag. Daneben gibt es jedoch auch Agenten, die nicht für den Geheimdienst arbeiten. Sie vertreten in aller Öffentlichkeit Versicherungen oder Firmen. Sie arbeiten entweder in einer Agentur oder fahren zu den Kunden hin, um diese zu werben und anschließend zu betreuen.

A

Aids

Ägypten

Ägypten liegt im Norden von ➡ Afrika. Seine Einwohner sprechen fast alle Arabisch und bekennen sich zum ➡ Islam. Vor 5000 Jahren blühte hier eine der ältesten Kulturen der Menschheit. Ihre Herrscher nannten sich Pharaonen und galten als Söhne von Göttern. Nach ihrem Tod wurden sie in Pyramiden beigesetzt. Die bekannteste ägyptische ➡ Skulptur ist die Sphinx von Giseh. Sie hat den Körper eines Löwen und den Kopf eines Menschen.

Ahorn

Der Ahorn ist ein Laubbaum. Seine Früchte sehen aus wie kleine Propeller. Sie werden auch Nasenzwicker genannt, weil man sie auf die Nase kleben kann. Aus dem hellen und harten Ahornholz stellt man Möbel und Musikinstrumente her.

Aids

Aids (gesprochen: ejds) ist eine tödliche Infektionskrankheit (➡ Infektion), bei der die Abwehrkräfte des Körpers zerstört werden. Dadurch kann sich der Körper immer weniger gegen Krankheiten wehren. Für aidskranke Menschen können deshalb Krankheiten tödlich sein, die ein gesunder Mensch ohne große Probleme verkraftet. Bis heute gibt es keine wirksamen ➡ Medikamente gegen Aids. Zunächst erkrankten vor allem Drogenabhängige (➡ Drogen), die eine Spritze gemeinsam benutzten, Homosexuelle (➡ Homosexualität) und Prostituierte (➡ Prostitution). Das führte zu Vorurteilen. Heute weiß man jedoch, dass sich jeder Mensch anstecken kann. Schon bevor die eigentliche Krankheit ausgebrochen ist, kann man im Blut den ➡ HIV-Virus nachweisen. Das ist der sogenannte Aids-Test.

Die Sphinx von Giseh sollte die Toten in der Pyramide vor Grabräubern beschützt.

Akkumulator

Akkumulator
Ein Akkumulator (abgekürzt: Akku) speichert elektrische ➡ Energie und dient zum Antreiben von Geräten. Im Unterschied zur ➡Batterie kann ein Akku jedoch wieder aufgeladen werden. Dadurch entsteht weniger Abfall und die Umwelt wird geschont.

Akne
Die meisten Jugendlichen leiden unter der Hautkrankheit Akne. In diesem Alter wird die Haut oft sehr fettig. Dadurch verstopfen Poren und entzünden sich – Pickel entstehen. Werden diese ausgedrückt oder aufgekratzt, bleiben häufig Narben zurück.

Akte
Auf einem Amt, in einem Büro und vor Gericht werden Schriftstücke zu einer bestimmten Sache in einer Akte zusammengefasst.

Akupunktur
Schon vor Jahrtausenden wurde in ➡China Akupunktur zum Heilen von Krankheiten angewandt. Heute arbeiten ➡Heilpraktiker und Naturmediziner damit. Sie stechen Nadeln in bestimmte Stellen der Haut, um dem Körper zu helfen, sich selbst zu heilen. Auch seelische Probleme werden so behandelt. Zum Beispiel soll das Durchhaltevermögen gestärkt werden, wenn jemand mit dem Rauchen aufhören möchte.

Alarm
Durch einen Alarm wird die Bevölkerung im Falle einer ➡Katastrophe oder auch bei Ausbruch eines ➡Krieges gewarnt. Ein zweimal unterbrochener Dauerton bedeutet zum Beispiel, dass ein Feuer ausgebrochen ist. Wenn es eine Minute lang ununterbrochen heult, soll man das ➡Radio einschalten.

Albanien
Albanien ist ein weitgehend gebirgiges Land, dessen Hauptstadt Tirana heißt. Es gilt als ärmstes Land ➡Europas.

Albino
Wenn bei einem Menschen das ➡Pigment für die Färbung von Haut und Haaren fehlt, ist er ein Albino. Er hat weiße Haare, sehr helle Haut und manchmal auch rötliche Augen.

Alibi

Auch Tiere können Albinos sein. In freier Natur können sie schwer überleben, da Feinde die weißen Tiere schnell entdecken.

Album

Bei den Römern war ein Album eine weiße Tafel für Aufzeichnungen und öffentliche Bekanntmachungen. Heute versteht man darunter ein Sammelbuch für Fotos, ➡Briefmarken, Münzen oder Ähnliches.

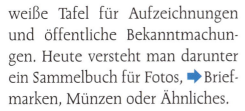

Algen

Algen oder Seetang sind einfache Pflanzen, die auf dem Grund eines Sees oder Meeres wachsen oder frei im Wasser schweben. Sie besitzen immer Blattgrün (Chlorophyll), das jedoch bei einigen Arten von anderen Farbstoffen überdeckt wird. Es gibt Algen, die aus einer einzigen ➡Zelle bestehen und nur unter dem ➡Mikroskop sichtbar sind, andere werden bis zu 50 Meter lang.

Alibi

Das Wort Alibi kommt aus dem Lateinischen und bedeutet „woanders sein".

Wenn zum Beispiel die Kriminalpolizei jemanden verdächtigt, ein Verbrechen begangen zu haben, überprüft sie sein Alibi. Dann muss der Verdächtige nachweisen, dass er zur Tatzeit nicht am Tatort gewesen ist, sondern an einem anderen Ort. Wird das Alibi von einer anderen Person glaubwürdig bestätigt, ist bewiesen, dass der Verdächtige nicht der Täter ist.

Meersalat   Knotentang   Gabelzunge   Flügeltang   Roter Eichentang

Alkohol

Alkohol

Reiner Alkohol ist eine farblose, leicht brennbare Flüssigkeit, die giftig ist. Sie entsteht bei der Gärung von ➡ Zucker oder Stärke, wie sie zum Beispiel Kartoffeln, Getreide oder Obst enthalten. Alkohol tötet ➡ Bakterien und wird in der Medizin zur ➡ Desinfektion verwendet. Außerdem ist er Träger von Wirkstoffen in ➡ Medikamenten. Alkohol ist auch in vielen Getränken enthalten. Wer alkoholische Getränke trinkt, verändert sich. Die meisten Menschen macht Alkohol zunächst fröhlich und redselig, manche aber auch traurig oder sogar streitlustig. Für den Körper ist zu viel Alkohol sehr schädlich.

Alkoholiker

Wer regelmäßig ➡ Alkohol trinkt, kann davon abhängig werden. Dann braucht er immer größere Mengen, um sich scheinbar wohl zu fühlen. Diese Krankheit heißt Alkoholismus. Sie zerstört den Körper und verändert auch die ➡ Psyche des Menschen. Ein Alkoholiker kann körperlich und seelisch immer weniger ertragen. Der einzige Ausweg für ihn ist eine Entziehungskur. Dabei wird sein Körper entgiftet und er lernt, wieder ohne Alkohol zu leben.

Damit ein ehemaliger Alkoholiker nicht wieder rückfällig wird, darf er keinen Tropfen Alkohol mehr trinken.

Der Alkoholanteil in Getränken wird in Prozenten angegeben.
Bier enthält etwa fünf Prozent,
Wein meist 10 bis 13 Prozent, Schnaps etwa 30 bis 50 Prozent Alkohol.

Allah

Allah heißt auf Arabisch ➡ Gott und ist im ➡ Islam der Name des allmächtigen Gottes. Wie der christliche Gott hat er die Welt erschaffen und wird an deren Ende über die Menschen richten.

Allergie

Eine Allergie ist eine Überempfindlichkeit gegen bestimmte Stoffe. Diese können über die Atemluft, durch Hautkontakt oder durch Verzehr aufgenommen werden. Menschen können zum Beispiel gegen Blütenstaub, Tierhaare, bestimmte Lebensmittel oder ➡ Medikamente allergisch sein. Daraus entstehen Krankheiten wie Heuschnupfen, ➡ Asthma oder Hautleiden. Man erkennt die allergischen Reaktionen zum Beispiel daran, dass die Haut juckt, die Augen tränen, die Nase läuft oder der Hals anschwillt.

Allerheiligen

In der katholischen ➡ Kirche wird dieser Feiertag jedes Jahr am 1. November als Gedächtnisfest für alle Heiligen gefeiert. Um Allerheiligen und Allerseelen (2. November) ist es Brauch, die Gräber der Verstorbenen zu besuchen.

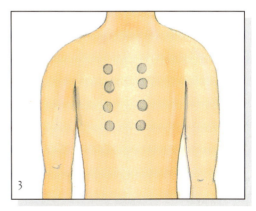

Beim Arzt kann man testen lassen, ob man beispielsweise gegen Graspollen (1) oder bestimmte Lebensmittel (2) allergisch ist. Der Arzt trägt verschiedene mögliche Auslöser auf die Haut auf (3) und beobachtet, wie sie reagiert.

 Alm

ABCDEFGHIJKLMNOPQRSTUVWXYZ	Lateinisches Alphabet
ΑΒΓΔΕΖΗΘΙΚΛΜΝΞΟΠΡΣΤΥΦΧΨΩ	Griechisches Alphabet
АБГДЕЖЗЙКЛМНОПРСТУФХЦЧЩЪЭЮЯ	Russisches Alphabet

Alm

Eine Wiese im Hochgebirge wird Alm, Alp oder Alpe genannt. In etwa 2000 Meter Höhe wachsen nur noch Gräser und Büsche. Jedes Jahr im Frühling werden während des Almauftriebes Kühe aus den Tälern auf die Almen gebracht. Hier laufen sie bis zum ersten Schnee frei herum und benötigen nur einfache Stallungen als Unterschlupf. Damit die Bauern sie beispielsweise zum täglichen Melken wieder finden, tragen sie eine Glocke um den Hals.

Alpen

Die Alpen sind das höchste und ausgedehnteste Gebirge ➡Europas. In weitem Bogen durchqueren sie insgesamt sieben Länder: ➡Frankreich, ➡Schweiz, ➡Deutschland, ➡Liechtenstein, ➡Österreich, ➡Italien und ➡Slowenien. Die Alpen sind fast überall für den Tourismus erschlossen. Das hat jedoch auch Nachteile für die Natur und besonders für die dort lebenden Tiere. Seit einigen Jahren wird deshalb immer mehr auf den ➡Umweltschutz geachtet.

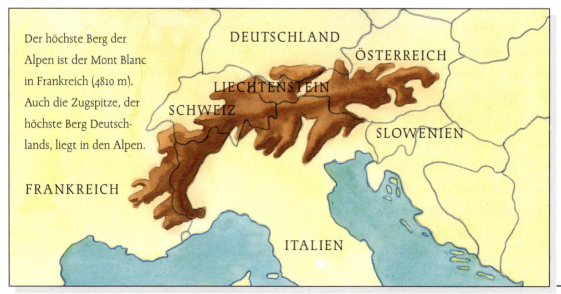

Der höchste Berg der Alpen ist der Mont Blanc in Frankreich (4810 m). Auch die Zugspitze, der höchste Berg Deutschlands, liegt in den Alpen.

Alphabet

In einem Alphabet ist die Reihenfolge der Schriftzeichen einer Sprache genau festgelegt. Das Wort ist abgeleitet von den ersten beiden Buchstaben des griechischen Alphabets (Alpha und Beta). Aus diesem griechischen Alphabet haben sich sämtliche europäischen Alphabete, so auch unser ABC oder die kyrillischen Schriftzeichen der Russen entwickelt.

Es gibt auch noch andere Alphabete, etwa das arabische, das semitische und das indische.

Altar

Ein Altar war im ➡ Altertum ein Opfertisch, auf dem geschlachtete Tiere den Göttern (➡ Gott) geweiht wurden. Später standen Opfertische in und vor den Tempeln, die die Menschen zu Ehren ihrer Götter bauten. Der Altar der Christen ist ein ➡ Symbol für den Tisch, an dem ➡ Jesus Christus zusammen mit seinen zwölf Jüngern das letzte Abendmahl feierte.

Altenheim

Wenn alte Menschen sich nicht mehr selbst versorgen können, ziehen sie heutzutage oft ins Altenheim. Hier wird für sie gesorgt. Falls es nötig ist, werden sie auch gepflegt. Dann werden sie wie im Krankenhaus gewaschen, auf die Toilette gebracht und ärztlich versorgt. Früher lebten alte Menschen meist bis zu ihrem Tod in der Familie ihrer Kinder. Heute ist das oft

Im Altarraum der Kirche steht der Altar. An ihm feiert der Priester den Gottesdienst mit den Gläubigen.

nicht möglich, da die erwachsenen Kinder arbeiten oder nur eine kleine Wohnung haben. Deshalb können sie ihre Eltern nicht bei sich aufnehmen. Außerdem gibt es immer mehr alte Menschen, die gar keine Kinder haben, die sie pflegen könnten.

A Altertum

Zeugnisse der klassischen Antike: 1 Parthenon in Athen, 2 und 5 Statuen, 3 Schrift, 4 Vasenmalerei, 6 Dorische Säule, 7 Ionische Säule, 8 Korinthische Säule, 9 Colosseum in Rom

Altertum

Mit Altertum bezeichnet man einen Zeitraum. Er begann, als die Menschen zu schreiben anfingen, und endete mit dem Untergang des Römischen Reiches. Das klassische Altertum, auch Antike genannt, umfasst die Welt der Griechen und Römer. Unsere Kultur baut auf deren Errungenschaften auf.

Aluminium

Dieses silbrig glänzende Leichtmetall wird aus Bauxit gewonnen. Es rostet nicht, kann Wärme und Strom gut leiten und kann zu extrem dünnen Drähten und Folien (Alufolie) ausgewalzt werden. Auch in der Flugzeug-, Boots- und Autoherstellung wird Aluminium verwendet. Selbst in Sportgeräten wie Tennisschlägern und Skiern findet sich Aluminium.

Ambulanz

Jedes Krankenhaus hat eine bestimmte Abteilung, die Ambulanz genannt wird. Hier werden Patienten versorgt, die nicht im Krankenhaus bleiben müssen. Ambulanz nennt man auch den Krankenwagen, der mit Blaulicht und Sirene zu einem Unfallort oder zu Kranken eilt, um erste Hilfe zu leisten.

A

Amsel

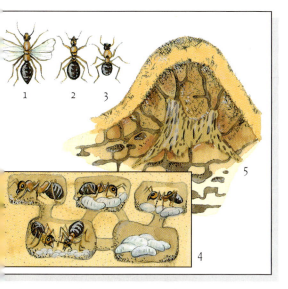

1 Männchen, 2 Königin, 3 Arbeiterin. Die unzähligen Gänge und Kammern (4) eines Ameisennestes (5) liegen größtenteils unter der Erde.

Ameise

Ameisen sind ➡ Insekten. Sie haben sechs Beine und am Kopf zwei Fühler. Sie leben in großen Völkern zusammen. Ein Ameisenstaat kann aus Millionen von Tieren bestehen. Hier herrscht eine Rangordnung, in der die Aufgaben klar verteilt sind. Nur die Königinnen legen Eier. Die Arbeiterinnen bauen das Nest, holen Nahrung und versorgen die Brut. Bei Gefahr von außen verteidigen sie auch den Bau. Die Männchen paaren sich auf dem Hochzeitsflug mit den Königinnen und sind nur für die Befruchtung zuständig. Ameisen gibt es auf der ganzen Welt. Wenn sie sich angegriffen fühlen, beißen sie und spritzen ➡ Säure aus ihrem Hinterleib.

Amnesty International

Diese Organisation wacht weltweit über die Einhaltung der Menschenrechte. Sie will besonders den Menschen helfen, die wegen ihrer Religion, ihrer Meinung oder ihrer Abstammung verfolgt werden. In manchen Ländern werden Menschen aus solchen Gründen ins Gefängnis gesperrt. Amnesty International (gesprochen: emnesti interneschenel) kümmert sich um sie und macht ihre Geschichte öffentlich bekannt.

Amsel

Das ganze Jahr kann man diesen Singvogel bei uns beobachten. Die Männchen sind tiefschwarz und haben einen orangegelben Schnabel. Die Weibchen besitzen ein dunkelbraunes Federkleid mit gefleckter Brust. Ursprünglich lebten sie nur im Wald, heute fühlen sie sich auch in Wohngebieten wohl.

Amsterdam

Amsterdam

Amsterdam ist die größte Stadt der ➡Niederlande und zugleich deren Hauptstadt. Die Regierung sitzt allerdings in Den Haag. Amsterdam wurde im 13. und 14. Jahrhundert auf Pfählen über Sumpfgelände erbaut und ist von Kanälen durchzogen, die hier Grachten genannt werden. Auf den Kanälen herrscht reger Schiffs- und Bootsverkehr. Zudem besitzt Amsterdam den zweitgrößten ➡Hafen der Niederlande.

Analphabet

So nennt man einen Menschen, der vom Alter her längst lesen und schreiben gelernt haben müsste, es aber dennoch nicht kann. In manchen Teilen der Erde, vor allem in den Entwicklungsländern, leben viele Analphabeten. Sie haben oftmals noch nie eine Schule besucht. Aber auch bei uns sind trotz Schulpflicht nicht wenige Menschen Analphabeten.

Ananas

Diese tropische Frucht wächst auf einer etwa 30 Zentimeter hohen Staude. Sie sieht aus wie ein großer Tannenzapfen mit einem Blätterschopf am oberen Ende und kann bis zu vier Kilogramm schwer werden. Das gelbliche Fruchtfleisch ist saftig und schmeckt süß.

Andorra

Dieser Zwergstaat liegt in den Pyrenäen zwischen ➡Frankreich und ➡Spanien. Seine Hauptstadt Andorra la Vella ist die höchstgelegene Hauptstadt Europas.

Anemone

Zu den ersten Blumen des Jahres zählen die Anemonen. Im Frühling bedecken sie mancherorts weite Flächen des Waldbodens. Es gibt sie in verschiedenen Farben und auch als Gartenblume. Im Wald stehen die hübschen kleinen Blümchen unter Naturschutz.

Das Buschwindröschen wächst in Laubwäldern und auf Waldlichtungen. Die Blume ist giftig.

Antenne

1 Angel, 2 Angelhaken, 3 Schnur, 4 Schwimmer, 5 Rolle. Moderne Angeln bestehen aus mehreren Teilen, die je nach Bedarf auswechselbar sind.

Angel

Eine Angel ist ein Gerät zum Fischefangen; sie ist eines der ältesten Jagdgeräte des Menschen.

Antarktis

Das Gebiet rund um den ➡ Südpol herum wird Antarktis genannt. Mit einer Durchschnittstemperatur von -50 °C ist es die kälteste Gegend der Erde. Trotzdem leben hier viele Tiere, zum Beispiel ➡ Pinguine und ➡ Robben. Menschen haben sich noch nie in der Antarktis angesiedelt. Allerdings gibt es einige Stationen, von denen aus Wissenschaftler die Antarktis erforschen.

Antenne

Eine Antenne ist eine Vorrichtung zum Empfangen und Senden von elektromagnetischen Schwingungen. Die meisten Menschen benutzen Antennen, um Rundfunk- oder Fernsehsendungen zu empfangen. Wer von Berufs wegen oder in seiner Freizeit funkt, benutzt Antennen auch zum Senden.

Radio und Fernseher wandeln die von der Antenne empfangenen Schwingungen in Töne und Bilder um. 1 Dipolantenne, 2 Parabolantenne, 3 Teleskopantenne, 4 Radioteleskop

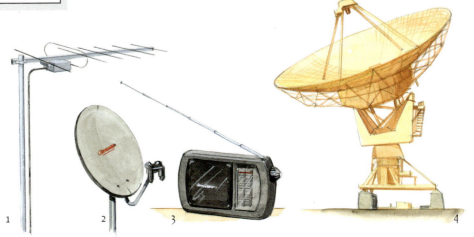

Antibiotika

Antibiotika

Antibiotika töten gefährliche Bakterien ab. Deshalb setzt man sie als ➡ Medikamente ein. Antibiotika werden auf natürlichem Wege hergestellt oder chemisch erzeugt. Das bekannteste Antibiotikum ist Penicillin. Es wird aus Schimmelpilzen gewonnen. Antibiotika muss man sorgsam einsetzen, denn sie schwächen auch die Abwehrkräfte des Körpers.

Antisemitismus

Wenn Menschen Juden feindlich gegenüberstehen, bezeichnet man diese Einstellung als Antisemitismus. Schon im ➡ Mittelalter wurden Juden grundlos verfolgt. Im 19. Jahrhundert nahm der Antisemitismus im Zuge des sich ausbreitenden Nationalismus noch zu. Zur schrecklichsten Ausformung des Antisemitismus aber kam es in diesem Jahrhundert unter Adolf Hitler und dem Nationalsozialismus. Millionen jüdischer Frauen, Männer und Kinder wurden von den Nationalsozialisten verfolgt, eingesperrt und getötet.

Anwalt

Ein Anwalt vertritt Menschen oder Anliegen vor einem ➡ Gericht oder einer Behörde. Für Prozesse vor Gerichten besteht der Anwaltszwang: Jeder muss sich von einem Anwalt vertreten lassen, egal ob er angeklagt wird oder selbst ein Anliegen durchsetzen will. Vor Gericht stehen sich dann Rechts- und ➡ Staatsanwalt gegenüber. Außerdem gibt es noch Patentanwälte.

Baum (1), Blüte (2) und Frucht des Apfelbaums (3). Apfelbäume können sehr alt werden. Sie tragen dann immer weniger Früchte.

Aprikose

Verschiedene Apfelsorten:
1 Reinette, 2 Granny Smith, 3 Golden Delicious

Apfel

Das Fruchtfleisch des Apfels entsteht aus dem Stiel der befruchteten Blüten. Dabei wird aus den fünf Fruchtblättern ein Kernhaus mit fünf Fächern, in denen in der Regel jeweils ein Kern liegt. Mehr als 600 Apfelsorten gibt es mittlerweile. Alle wurden aus europäischen und asiatischen Wildformen des Apfelbaumes gezüchtet.

Apotheke

In einer Apotheke werden ➡Medikamente verkauft, die ein ➡Arzt oder ➡Heilpraktiker verordnet hat. Manche Medikamente können auch ohne Rezept gekauft werden, zum Beispiel leichtere Mittel gegen Erkältungen. Früher wurden alle Heilmittel vom Apotheker selbst hergestellt. Heute werden die meisten Medikamente von großen Firmen geliefert. Einige Salben und Tinkturen rühren die Apotheker jedoch auch heute noch selbst an. Ein Apotheker muss mehrere Jahre an einer ➡Universität studieren, ehe er die Erlaubnis erhält, Arzneimittel zu verkaufen.

Aprikose

Aprikosen sind orangegelbe Früchte mit samtener Haut und einem Stein in der Mitte. Der harte Stein enthält einen giftigen Kern. Sie stammen ursprünglich aus Zentralasien, werden heute aber in vielen Gebieten mit mildem ➡Klima angebaut. In ➡Österreich heißen sie Marillen.

Aquarell

Ein Aquarell („aqua" ist lateinisch und heißt „Wasser") ist ein Bild, das mit durchscheinenden Wasserfarben auf sehr saugfähigem Papier gemalt wird.

Aquarium

Wer Fische als Haustiere halten möchte, braucht dafür einen geeigneten Wasserbehälter. Diesen Behälter nennt man Aquarium. Hier schafft man ähnliche Lebensräume wie die in Flüssen, Seen oder Meeren. Außer Fischen können in einem Aquarium auch andere Wassertiere, zum Beispiel Wasserschnecken, Krebse und Muscheln gehalten werden. Es gibt Süßwasser- und Meerwasseraquarien.

In ein richtiges Aquarium gehören auch verschiedene Wasserpflanzen. Diese produzieren Sauerstoff, den die Fische zum Leben brauchen.
1 Filter, 2 Heizstab, 3 Thermometer, 4 Sauerstoffpumpe

Äquator

Der größte Breitenkreis der Erdkugel wird Äquator genannt. Jeder Punkt auf dieser gedachten

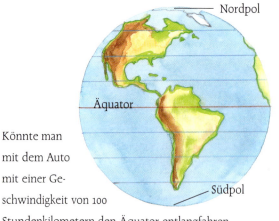

Könnte man mit dem Auto mit einer Geschwindigkeit von 100 Stundenkilometern den Äquator entlangfahren, bräuchte man 400 Stunden, um die Erde einmal zu umrunden.

Linie ist gleich weit entfernt vom
➡ Nord- und vom ➡ Südpol. Der
Äquator ist über 40.000 Kilometer
lang und teilt die Erde in eine nördliche und eine südliche Halbkugel.

Arbeitsamt

Die ➡ Beamten dieser öffentlichen Behörde vermitteln Arbeitsstellen. Außerdem beraten sie Jugendliche, die sich für einen Beruf entscheiden müssen. Auch Erwachsene, die sich beruflich weiterbilden möchten, können sich ans Arbeitsamt wenden. Dort gewährt man auch Arbeitslosengeld und Arbeitslosenhilfe.

Arbeitslose

Arbeitslose sind Menschen, die ihre Arbeitsstelle verloren haben und keiner Beschäftigung mehr nachgehen. Arbeitslose müssen sich auf dem ➡ Arbeitsamt melden, wo sie Hilfe erhalten.

Architekt

Ein Architekt entwirft und zeichnet Pläne für Häuser und andere Bauwerke wie Brücken und Straßen. Anschließend überwacht er die Arbeit am Bau. Um seinen Beruf ausüben zu können, muss er Architektur studiert haben.

Arktis

Arktis

Das Gebiet rund um den ➡ Nordpol herum wird Arktis genannt. Fast das ganze Jahr über sind die Meere mit Eisschollen bedeckt. Das Festland taut nur eine kurze Zeit im Sommer an der Oberfläche auf. Dann bildet sich auch ein spärlicherer Pflanzenwuchs aus, Bäume gibt es nicht. Neben vielen Vogelarten leben hier zum Beispiel Eisbären, Polarfüchse, Rentiere, ➡ Wale und Walrosse. Die Arktis ist von Menschen nur dünn besiedelt.

In der Arktis steigt die Sonne kaum über den Horizont. Im Winter erreichen die Sonnenstrahlen die Arktis oft überhaupt nicht. Dann ist es immer dunkel (Polarnacht). Im Sommer dagegen geht die Sonne an einigen Tagen nicht unter. Dann ist es auch nachts hell (Mitternachtssonne).

Armut

In Asien gibt es sowohl Wüsten als auch Regionen des ewigen Eises. Etwa 58 Prozent der Weltbevölkerung leben hier, die meisten in den fruchtbaren Gegenden im Süden und Osten des Kontinents. Vor allem in den armen Ländern arbeiten die meisten Menschen in der Landwirtschaft.

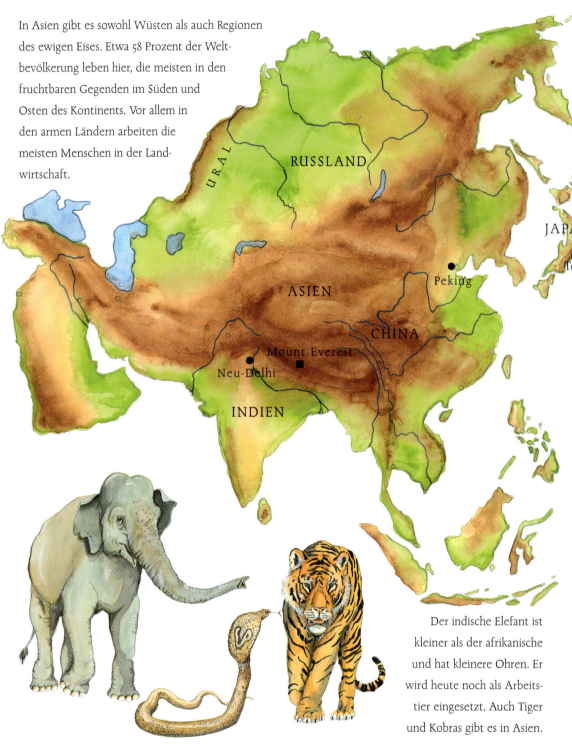

Der indische Elefant ist kleiner als der afrikanische und hat kleinere Ohren. Er wird heute noch als Arbeitstier eingesetzt. Auch Tiger und Kobras gibt es in Asien.

A

Asyl

Armut

Noch immer leben viele Menschen in bitterer Armut. So kann sich nur jeder dritte Mensch auf der Erde täglich satt essen. Die meiste Armut gibt es in den Ländern der so genannten ➡ Dritten Welt.

Arzt

Ein Arzt oder Mediziner ist ein Mensch, der körperliche und geistige Krankheiten heilen kann. Er muss an einer ➡ Universität studiert und sich auf einen Bereich spezialisiert haben. So gibt es zum Beispiel Ärzte für Allgemeinmedizin, Hals-Nasen-Ohren-Ärzte, Kinderärzte oder Ärzte für Sportmedizin.

Asien

Asien ist der größte ➡ Kontinent der Erde und viermal so groß wie ➡ Europa. Die Grenze zwischen Asien und Europa bildet das Gebirge Ural. ➡ China, ➡ Indien, ➡ Japan und ➡ Russland sind die größten Länder Asiens. In Asien befindet sich auch das höchste Gebirge der Erde, nämlich der Himalaya mit dem höchsten Berg der Welt, dem Mount Everest (8872 Meter). Hauptnahrungsmittel in ganz Asien ist der Reis.

Asphalt

Asphalt, auch Erdharz oder Erdpech genannt, kommt in der Natur vor, kann aber auch künstlich hergestellt werden. Verwendet wird Asphalt vor allem im Straßenbau.

Asthma

Asthma ist eine Krankheit, bei der Anfälle von Atemnot und Husten auftreten. Asthma kann aus einer Bronchitis oder einer ➡ Allergie entstehen.

Astrologie

Die Astrologie oder Sterndeutung ist die Lehre vom Einfluss der Sterne und Planeten auf die Menschen. Naturwissenschaftler bestreiten solche Einflüsse.

Astronomie

Die Astronomie oder Sternkunde untersucht Anordnung, Bewegung und Beschaffenheit von Sternen, Planeten und Kometen.

Asyl

Ein Asyl ist eine Unterkunft, zum Beispiel für Obdachlose. Wenn Menschen in ihrer Heimat wegen ihrer Religion oder ihrer politischen Meinung verfolgt werden, können sie in anderen Ländern um Asyl bitten.

Atlas

Atlas

Ein Atlas ist ein Buch mit Landkarten, See- oder Himmelskarten. Ende des 16. Jahrhunderts sammelte der Geograph Gerhard Mercator alle damals bekannten Landkarten und fasste sie in einem Buch zusammen. Auf dem Einband war der Riese Atlas abgebildet, der das Himmelsgewölbe auf seinen Schultern trug. Seitdem werden solche Kartenwerke Atlanten genannt. Atlas ist aber auch der Name eines Gebirges im Nordwesten ➡ Afrikas.

Atmung

Bei der Atmung wird ➡ Sauerstoff in den Körper aufgenommen und Kohlendioxid wieder abgegeben. Für die Atmung gibt es besondere Organe. Menschen atmen mit der Lunge, aber auch zu einem bis zwei Prozent mit der Haut; Atmung ist für alle Lebewesen lebensnotwendig.

Atom

Das kleinste Teil, aus dem alle Dinge dieser Welt bestehen, ist das Atom. Der Begriff entstammt dem Altgriechischen und bedeutet „unteilbar". Erst im 20. Jahrhundert entdeckte man, dass Atome gespalten werden können.

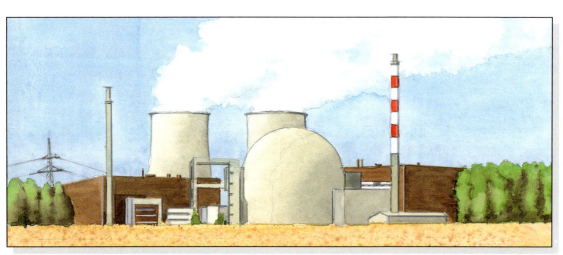

Aus Angst vor Unfällen und Umweltschäden fordern Atomkraftgegner den Ausstieg aus der Kernenergie.

Atombombe

Bei der Zündung einer Atombombe wird ➡ Kernenergie unkontrolliert freigesetzt. Mit unvorstell-

Auge

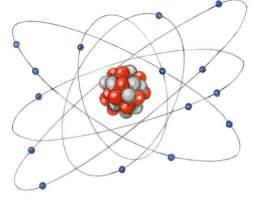

Jedes Atom besteht aus einem Kern, um den sich unterschiedlich viele Neutronen bewegen.

Atomkraftwerk

In einem Atomkraftwerk wird durch Spaltung von Uran-Atomen (➡ Atom) elektrischer Strom erzeugt. Weil dabei radioaktive Strahlung freigesetzt wird, müssen höchste Sicherheitsvorkehrungen getroffen werden.

barer Gewalt kommt es zu ungeheuren Zerstörungen. Die dabei entstehende radioaktive Strahlung schädigt die Umwelt auf lange Zeit. Menschen, die ihr ausgesetzt waren, sterben oft einen langsamen, qualvollen Tod. Die ersten Atombomben wurden 1945 von den USA auf die japanischen Städte Hiroshima und Nagasaki abgeworfen.

Attentat

Einen Mordanschlag auf einen Politiker oder eine bekannte Person nennt man Attentat.

Auge

Die Augen nehmen Lichtstrahlen auf und leiten sie über ➡ Nerven an das ➡ Gehirn weiter. Dort werden die Eindrücke zu Bildern verarbeitet. Weil die beiden Augen verschiedene Blickwinkel haben, kann der Mensch räumlich sehen. Die Augenfarbe wird von der Regenbogenhaut (Iris) bestimmt und ist vererbbar.

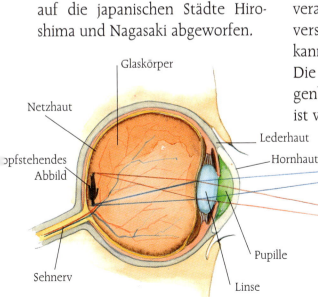

Ausländer

Ausländer

Jeder Mensch ist in allen Ländern außer seinem Heimatland ein Ausländer. Ausländerfeindlichkeit ist also durch nichts zu begründen. Zu wenig Wissen, Angst vor allem Fremden und Missgunst sind die Ursachen für eine solche negative Einstellung.

Ausschlag

Erkrankungen der Haut wie Pusteln, Pickel, Knötchen und Flecken werden Ausschlag genannt. Sie entstehen bei Infektionskrankheiten (➡ Infektion), zum Beispiel Masern oder bei Allergien.

Aussiedler

In ➡ Polen, ➡ Rumänien, der ehemaligen ➡ Sowjetunion, ➡ Ungarn und der ehemaligen Tschechoslowakei lebten bis zum Ende des Zweiten Weltkrieges zahlreiche Deutsche. Viele von ihnen haben diese Länder nach dem ➡ Krieg verlassen, um in ➡ Deutschland zu leben.

Einige wollen erst heute nach Deutschland ziehen. Da ihre Vorfahren aus Deutschland stammen, brauchen sie kein ➡ Asyl zu beantragen. Sie werden Aussiedler genannt.

Australien

Australien ist der kleinste ➡ Kontinent der Erde. Seine Hauptstadt ist Canberra. Die meisten Australier stammen von den weißen Einwanderern ab, die vor allem aus ➡ Großbritannien kamen. Seine dunkelhäutigen ➡ Ureinwohner, die Aborigines (gesprochen: äboritschinies), sind heute eine Minderheit.

In Australien gibt es viele Tiere und Pflanzen, die es sonst nirgendwo auf der Erde gibt. Die bekanntesten sind ➡ Kängurus, Koalas, Schnabeltiere, Schnabeligel und Wombats. Auch Eukalyptusbäume gibt es nur in Australien. Sie können 150 Meter hoch werden, was ungefähr der Höhe eines Wolkenkratzers entspricht.

Ausweis

Jeder Bürger braucht einen Personalausweis. Er enthält persönliche Daten wie Name, Geburtsdatum, Wohnort und ein Passfoto. In jeder Gemeinde gibt es ein Amt, das diesen Ausweis ausstellt. Bereits ab der Geburt kann man für Kinder einen Kinderausweis beantragen. Schüler, die einen Schülerausweis besitzen, zahlen für manche Dinge weniger.

Ausweis

AUSTRALIEN

Perth
Adelaide
Brisbane
Sydney
Canberra
Melbourne

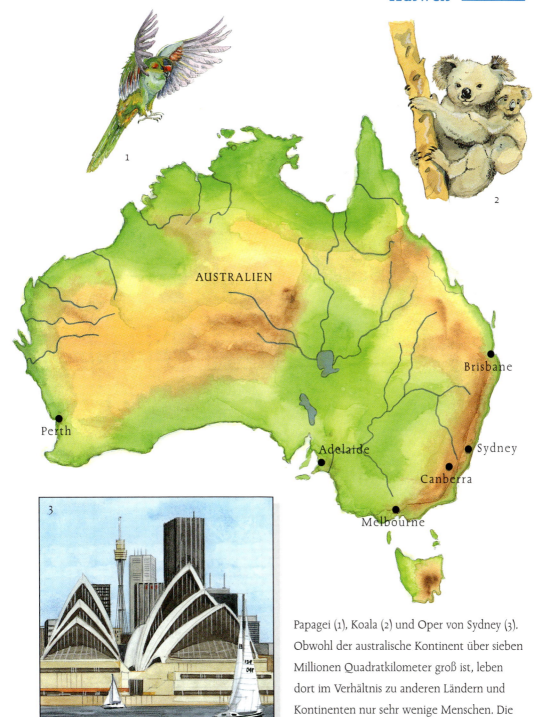

Papagei (1), Koala (2) und Oper von Sydney (3). Obwohl der australische Kontinent über sieben Millionen Quadratkilometer groß ist, leben dort im Verhältnis zu anderen Ländern und Kontinenten nur sehr wenige Menschen. Die Amtssprache ist Englisch.

Auto

Auto

Auto ist die Kurzform von Automobil, was so viel heißt wie „Selbstbeweger". Natürlich bewegt es sich nicht wirklich von allein, aber den Menschen kam es so vor, als sie 1885 das erste Auto sahen. Bis dahin kannten sie ja nur Pferdekutschen und Ochsenkarren. Als die Erfinder des Autos gelten Carl Friedrich Benz und Gottlieb Daimler. Damals war das Fahren in einem Automobil ein großes Abenteuer.

Heute sind Autos als Fortbewegungsmittel das Selbstverständlichste der Welt. Dadurch entstehen große Umweltprobleme: In den Autoabgasen (➡ Abgase) sind viele gefährliche Schadstoffe enthalten, Autos machen Lärm und der zunehmende Verkehr hat zum Bau von immer mehr und immer größeren Straßen geführt. Das hohe Verkehrsaufkommen führt dennoch oft zu langen Staus. Außerdem passieren viele Unfälle, deren Opfer häufig auch Kinder sind.

Die meisten Autos fahren mit Verbrennungsmotoren. Es gibt inzwischen allerdings auch Elektroautos, die mit großen Batterien betrieben werden. Heute wird viel für die Sicherheit der Autofahrer getan.

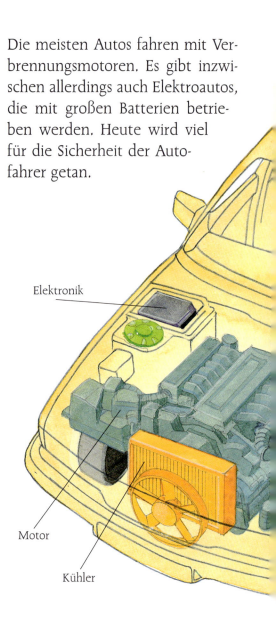

Elektronik

Motor

Kühler

Kleinwagen

Sportwagen

Geländewagen

Auto

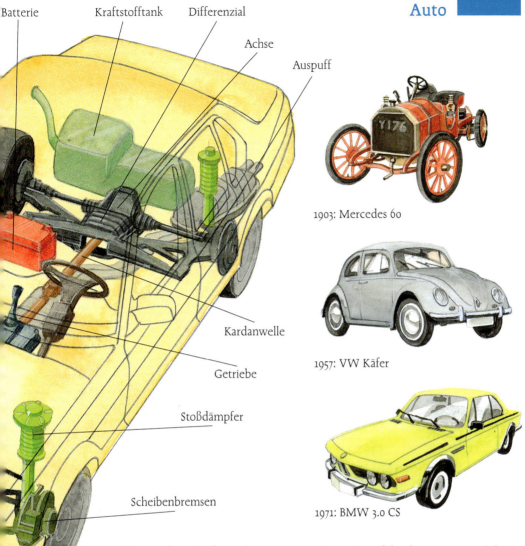

1903: Mercedes 60

1957: VW Käfer

1971: BMW 3.0 CS

So dient der Airbag (gesprochen: ärbäg) dazu, die Insassen eines Autos bei einem Unfall vor schweren Verletzungen zu schützen. Airbag ist das englische Wort für Luftsack. Explosionsartig bläst er sich zwischen Windschutzscheibe und Mensch bei einem Aufprall auf. Den Sicherheitsgurt muss man trotzdem anlegen. Das Antiblockiersystem (abgekürzt: ABS) bewirkt, dass sich die Räder selbst bei einer Vollbremsung noch drehen. Dies bringt zusätzliche Sicherheit, da der Fahrer lenken und Hindernissen ausweichen kann. Autos, Busse und Lastwagen können mit diesem computergesteuerten Bremssystem ausgerüstet werden.

Autogenes Training

Autogenes Training

Autogenes Training (gesprochen: trejning) ist eine Möglichkeit, sich zu entspannen. Es kann die Behandlung von Krankheiten unterstützen und wird bei Nervosität und Schlaflosigkeit eingesetzt. Für Kinder gibt es besondere Trainingsprogramme. Auf jeden Fall muss das autogene Training unter Aufsicht eines Therapeuten erlernt werden.

Autogramm

Die eigenhändige Unterschrift eines berühmten Menschen, zum Beispiel eines Sportlers, Schauspielers oder Politikers, wird Autogramm genannt. Manche Leute sammeln solche Autogramme.

Autor

Wer ein Buch oder einen Zeitungsartikel geschrieben, ein Musikstück komponiert, ein Kunstwerk oder eine Fotografie gefertigt hat, ist der Verfasser, Urheber oder eben Autor dieses Werkes. Der Autor hat meistens alle Rechte an seinem Werk und kann bestimmen, was damit geschehen soll. Er kann diese Rechte aber auch verkaufen.

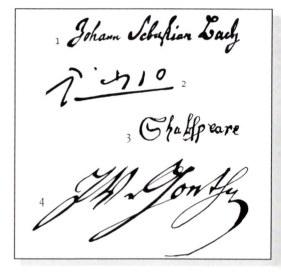

1 Johann Sebastian Bach, Komponist, 2 Picasso, Maler, 3 Shakespeare, Schriftsteller, 4 Johann Wolfgang von Goethe, Schriftsteller. Maler, Komponisten und Schriftsteller signieren ihre Werke mit ihrem Namen. Durch die Unterschrift erkennt man, dass es sich um Originale handelt.

Die Azteken waren hervorragende Kunsthandwerker. Sie schufen bedeutende Kunstgegenstände und Schmuckstücke aus Gold, Silber und Edelsteinen. Viele sind noch heute erhalten.

Azubi

Autoreisezug

Einen Zug, der nicht nur Reisende, sondern auch Autos befördert, nennt man Autoreisezug. Die Autoreisezüge fahren durch ganz Europa und sind vor allem in der Urlaubszeit sehr beliebt. Neben dem Wagen für die Autos gibt es dort auch die üblichen Sitz-, Schlaf- und Speisewägen.

Azteken

Die Azteken waren ein indianisches Volk, das in Mexiko eine Hochkultur entwickelt hatte. Sie lebten vom Ackerbau und kultivierten vor allem Mais, Kürbis, Tomaten und Bohnen. Schon früh entwickelten sie einen astronomischen Kalender. Ihren Göttern vor allem dem Sonnen- und Kriegsgott Huitzilopochtli brachten sie viele Menschenopfer dar. Spanische Eroberer rotteten sie im 16. Jahrhundert fast aus. Heute leben noch etwa zwei Millionen Nachkommen dieses Volkes in Mexiko.

Azubi

Azubi ist die Kurzform von „Auszubildender". Ein Azubi ist ein Jugendlicher, der sich in der Ausbildung zu einem Beruf befindet. Früher nannte man einen Azubi Lehrling. Die Lehrzeit beträgt meist drei Jahre und endet mit der Gesellenprüfung.

Die Azteken erbauten riesige Städte und Tempelanlagen. Obwohl sie weder Rad noch Wagen kannten, bewegten sie trotzdem riesige Steinmassen. Die Bauwerke sind nach komplizierten astronomischen Plänen errichtet worden. Viele dieser Städte liegen heute tief im Urwald versteckt. Wer durch Mittelamerika reist, sollte sich die Besichtigung der Ruinen nicht entgehen lassen.

Babyphon

Babyphon

(gesprochen: bejbifon). Dieses elektrische Gerät benutzen Eltern, um ihr schlafendes Baby (gesprochen: bejbi) zu überwachen. So hören sie, ob es schreit oder wach geworden ist – auch dann, wenn es nur leise weint, oder wenn sie in einem anderen Zimmer oder Stockwerk sind.

Bakterien

Bakterien sind so klein, dass man sie nur unter dem ➡ Mikroskop sehen kann. Sie bestehen nur aus einer einzigen ➡ Zelle. Es gibt unzählige Arten und Formen. Einige verursachen Krankheiten wie Tuberkulose, Lungenentzündung und Pest. Andere sind notwendig für die Verdauung oder auch für die Herstellung von Käse und zur Gärung.

Bagger

Mithilfe eines Baggers kann Erdreich, Sand, Kies, ➡ Kohle oder Ähnliches in großen Massen aufgeladen und weggeräumt werden. Der Baggerführer steuert ihn vom Führerhaus aus. Bagger fahren auf Rädern oder Raupen. Eingesetzt werden sie vor allem im Straßen-, Haus- und ➡ Bergbau. Es gibt Bagger in vielen unterschiedlichen Größen mit speziellen Funktionen.

Ballett

Seit dem 16. Jahrhundert gibt es diese Art des Tanzes, die im ➡ Theater oder in der ➡ Oper vorgeführt wird. Ballett ist eine in Musik umgesetzte Geschichte, die getanzt wird. Gesprochen wird dabei kein Wort. Die Tänzer bewegen sich nicht frei, sondern ihre Körperhaltung und die Bewegung ihrer Arme und Beine folgen strengen Regeln. Um ein erfolgreicher

Banane

Balletttänzer zu werden, muss man sehr hart trainieren.

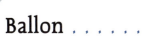

weit getrieben werden kann. Freiballons sind Luftfahrzeuge, die Passagiere in einer Gondel transportieren können.

Banane

Wenn man weiß, wie eine Banane heranwächst, versteht man, warum sie so krumm ist. Aus dem Kopf einer hohen Staude wächst das Bananenbündel, bis es so schwer ist, dass es sich dem Boden zuneigt. Die Früchte sind jetzt noch klein und ihre Blüten recken sich dem Licht entgegen, sie biegen sich also hoch. Davon bekommen die Bananen ihre krumme Form. An einem Ende einer Banane kann man noch den Stiel sehen, mit dem sie an der Staude angewachsen war.

Ballon

Den Luftballon lieben vor allem Kinder als Spielzeug. Wenn solch ein Ballon mit einem leichten ➡ Gas wie Helium oder Wasserstoff gefüllt ist, eignet er sich für Luftballonwettbewerbe, weil er hoch in die Luft steigt und je nach Wind und Wetterlage sehr

Bananen wachsen an großen Stauden, die ein wenig aussehen wie Palmen.

B

Bandwurm

Der Bandwurm ernährt sich vom Darminhalt. Er kann Blutarmut und Verdauungsstörungen verursachen. Es gibt jedoch Arzneimittel gegen Bandwürmer.

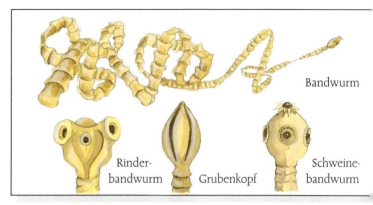

Bandwurm
Rinderbandwurm Grubenkopf Schweinebandwurm

Bandwurm

Ein Bandwurm lebt im ➡ Darm von Menschen und Tieren. Es gibt über 2000 verschiedene Arten von Bandwürmern, die zwischen wenigen Millimetern und 15 Metern lang sind. Einige können für den Menschen gefährlich werden, so ist der Fuchsbandwurm fast immer tödlich. Man kann ihn bekommen, wenn man Waldfrüchte isst, ohne sie davor gründlich zu waschen.

Bank

Eine Bank ist ein Unternehmen, das Geschäfte mit ➡ Geld betreibt. Der Kunde kann bei ihr ein Konto eröffnen, einen ➡ Kredit beantragen oder sein Geld so anlegen, dass es ihm ➡ Zinsen einbringt. Zu den Banken zählen auch die Sparkassen.

Bär

Bären sind große, plumpe ➡ Raubtiere, die in ausgedehnten Wäldern in ➡ Europa, ➡ Asien und ➡ Nordamerika leben. Nur der Eisbär bewohnt

Zu den am häufigsten vorkommenden Bärenarten gehören der Braunbär (1), der Kragenbär (2) und der Eisbär (3).

das ewige Eis der ➡ Arktis. Meist sind Bären Allesfresser. Den Winter verschlafen sie in einer Höhle. Bären können sich auf ihren Hinterbeinen aufrichten und dann eine Größe von bis zu zweieinhalb Metern erreichen.

Flüssigkeitsbarometer (1) und Druckdosenbarometer (2). Der Luftdruck wird in Millibar gemessen.

Barometer

Ein Barometer misst den ➡ Druck der Luft. Ablesen kann man den Luftdruck entweder an einem Zeiger oder an einer Flüssigkeitssäule. Wenn der Zeiger oder die Säule steigt, ist der Luftdruck hoch. Das bedeutet: schönes Wetter. Sinkt der Luftdruck, kündigt sich Regen an.

Baseball

(gesprochen: bejsbol). Bei diesem amerikanischen Schlagballspiel stehen sich zwei Mannschaften mit je neun Spielern gegenüber. Es gibt eine verteidigende Schlagpartei und eine angreifende Fangpartei.

Basketball

„Basket" ist englisch und bedeutet „Korb". Bei diesem Spiel stehen sich zwei Mannschaften mit je fünf Spielern gegenüber. An den schmalen Spielfeldseiten (26 m x 14 m) steht je ein Pfosten mit einem netzartigen, unten offenen Korb in 3,05 Metern Höhe. Ziel des Spiels ist es, den Ball möglichst oft in den Korb des Gegners zu werfen.

Batterie

Mithilfe von Batterien werden elektrische Geräte, Kraftfahrzeuge und Maschinen betrieben, ohne dass eine Verbindung zum Stromnetz besteht. Chemische Stoffe im Inneren der Batterien reagieren miteinander und setzen dabei ➡ Energie frei. Nach einer gewissen Zeit sind die Batterien verbraucht und müssen durch neue Batterien ersetzt werden.

1 E-Block, 2 Knopfzelle, 3 Mignonzelle, 4 Babyzelle

B

Bauernhof

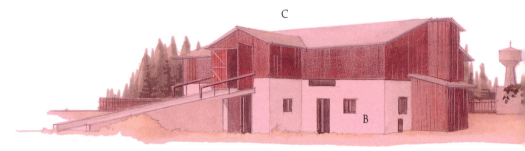

Bauernhof

Einer der ältesten Berufe der Welt ist der des Bauern oder Landwirts. Seine Aufgaben sind das Bestellen der Felder und das Züchten von Vieh. Ein Bauernhof besteht meist aus dem Wohnhaus (A) der Bauersfamilie, den Ställen (B) für das Vieh, den Scheunen für Futtervorräte (C) und den Schuppen (D) für Fahrzeuge, Geräte und Maschinen. Auf einem Bauernhof lebten früher viele Menschen: die Großfamilie und die Knechte und Mägde. Es gab das ganze Jahr über jeden Tag viel Arbeit. Alle mussten mithelfen. Damals hielt fast jeder Bauer noch Pferde, Kühe, Schweine, Schafe, Ziegen und Geflügel. Heute hat sich vieles verändert. Mithilfe zahlreicher Maschinen schaffen Bauer und Bäuerin die Arbeit weitgehend ohne Hilfskräfte. Die meisten Bauern haben sich außerdem spezialisiert, das heißt, sie züchten zum Beispiel nur Rinder oder Schweine oder bauen nur Getreide an.

Gräser, deren Samen essbar sind, werden als Getreide bezeichnet. Der oberste Teil der Getreidepflanzen ist der Blütenstand. Ihn nennt man Ähre. In der Ähre liegen die Samenkörner (➡ Samen), die für die Fortpflanzung der Getreidepflanzen sorgen.

B

Bauernhof

Kartoffeln sind eines unserer wichtigsten Nahrungsmittel. Sie enthalten Stärke, ➡Eiweiß, Vitamine und Wasser. Was wir als Kartoffeln bezeichnen, sind die Knollen der Kartoffelpflanze, die unter der Erde wachsen.

Ein Mähdrescher mäht und drischt das Korn, füllt es in Säcke und wirft das Stroh in Ballen aus.

Der Pflug lockert den Boden grob. Mit einer Egge wird die Erde des Ackers zerkrümelt und eben gemacht. Sie entfernt auch Unkraut mit flachen Wurzeln und Pflanzenreste und mischt Saatgut oder ➡Dünger unter den Boden.

Getreide ist auf der ganzen Welt der wichtigste Nährstofflieferant: Kartoffel (5), Reis (6), Gerste (7), Hafer (8), Weizen (9), Roggen (10).

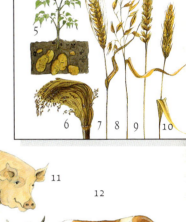

Schweine (11) sind Allesfresser. Kühe (12) fressen dagegen nur Pflanzen.

Heute gibt es für viele Arbeiten Maschinen: Pflug (1), Traktor (2), Mähdrescher (3), Egge (4).

Rinder und Schweine werden schon seit vielen tausend Jahren als Haustiere gehalten. Die weiblichen Rinder (Kühe) geben viele Jahre lang Milch. Männliche Rinder (Bullen oder Stiere) werden als Kälber oder Jungtiere geschlachtet. Ein Ochse ist ein männliches Rind, dem schon als Kalb die Hoden entfernt wurden.

B

Baumwolle

Baumwolle

Baumwollpflanzen wachsen auf großen ➡ Plantagen in heißen Ländern, zum Beispiel in ➡ Indien und in ➡ Südamerika. Die Samenhaare dieser Baumwollpflanzen bilden den wichtigsten Textilrohstoff der Welt. Wenn die etwa walnussgroßen Früchte reif sind, platzen sie auf und die Samenwolle quillt hervor. Diese wird von Hand oder mit Maschinen geerntet und später gesponnen und zu Stoff gewebt.

Beachball

(gesprochen: bietschbol). „Beach" ist englisch und heißt „Strand". Wenn eine bestimmte Ballsportart, zum Beispiel ➡ Volleyball, nicht auf dem Spielfeld, sondern am Strand gespielt wird, nennt man das Beachball.

Beamter

Beamte sind Staatsbedienstete, das heißt, sie sind Angestellte des Staates. Lehrer, Richter, Polizisten, Mitarbeiter im Post- und Finanzamt sind zum Beispiel Beamte.

Befruchtung

Bei einer Befruchtung verschmelzen eine weibliche und eine männliche Geschlechtszelle (➡ Zelle) miteinander. Beim Menschen und bei den Säugetieren ist die weibliche Geschlechtszelle, das Ei, unbeweglich. Die männliche Geschlechtszelle, der ➡ Samen, ist dagegen beweglich und wird von dem Ei angelockt. Meist findet die Befruchtung im weiblichen Körper statt, wo sich die Eizelle entwickelt.

Bei Fischen ist das anders. Die Weibchen legen Eier ins Wasser, wo sie die Männchen mit Samen begießen.

Beichte

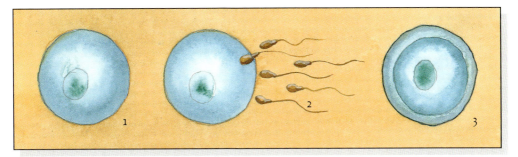

Bei weiblichen Säugetieren reift in regelmäßigen Abständen ein Ei (1). Wenn männliche Samen in das Ei eindringen (2), wird es befruchtet. Aus dem befruchteten Ei (3) entwickelt sich neues Leben.

Begräbnis

Wenn ein Mensch gestorben ist, wird er auf dem Friedhof – meist feierlich – begraben. Dies nennt man Begräbnis, Bestattung, Beisetzung oder Beerdigung.

Normalerweise wird der Sarg mit dem Toten in die Erde gesenkt. Manche Menschen äußern zu Lebzeiten aber auch den Wunsch, verbrannt zu werden. Bei solchen Feuerbestattungen wird die Asche des Toten in einem Gefäß (Urne) begraben.

Behinderung

Von einer Behinderung wird gesprochen, wenn ein Mensch auf Dauer körperlich, geistig oder psychisch in seiner Beweglichkeit eingeschränkt ist. Er benötigt dann in bestimmten Dingen die Hilfe anderer Menschen. So werden vielerorts für Rollstuhlfahrer neben Treppen Auffahrten angelegt und Bordsteinkanten abgesenkt. Behinderte Menschen brauchen kein Mitleid, sondern aktive Hilfe und Unterstützung. Nur so können sie ihren schwierigen Alltag bewältigen.

Beichte

Nach christlicher Auffassung ist die Beichte ein persönliches Schuldbekenntnis. Katholiken beichten einzeln und bekennen in einem so genannten Beichtstuhl oder in einem persönlichen Beichtgespräch dem ➡ Priester ihre Sünden. Wenn sie diese bereuen, werden sie ihnen nach einer vom Priester auferlegten Buße erlassen. In der evangelischen Kirche gibt es dagegen die allgemeine Beichte, bei der alle Gläubigen während des Gottesdienstes gemeinsam ihre Sünden bekennen.

Belgien

Das Königreich Belgien liegt in Westeuropa. Es gibt drei Amtssprachen: Niederländisch, Französisch und Deutsch. Belgien war Gründungsmitglied der Europäischen Union. In seiner Hauptstadt Brüssel haben die wichtigsten europäischen Organisationen ihren Sitz.

Das Atomium ist das Wahrzeichen von Brüssel. Es wurde für die Weltausstellung 1958 erbaut und ist 110 Meter hoch. Es stellt einen milliardenfach vergrößerten Ausschnitt aus dem Eisenkristall-Gitter dar.

Benzin

Benzin wird aus ➡ Erdöl gewonnen. Man verwendet es vor allem als Antriebsstoff für den Verbrennungsmotor des Autos.

Berg

Berge sind Erhebungen in der Landschaft. Die meisten sind entstanden, als riesige Erdplatten sich aufeinander zu bewegten. Dabei pressten sie dazwischen liegendes Land zusammen und hoben es empor. Diesen Vorgang nennt man Faltung. Er dauerte Jahrtausende lang. Aber auch Vulkanausbrüche (➡ Vulkan) bringen Berge hervor. Die Formen von Bergen werden noch heute durch Wind und ➡ Wetter verändert.

Bergbau

Der Begriff Bergbau umfasst alle Vorgänge rund um den Abbau von Bodenschätzen wie ➡ Erdöl und ➡ Erdgas, ➡ Kohle, Erze, ➡ Salze und Erden wie ➡ Ton und Schiefer. Je nach Tiefe der Lagerstätten erfolgt der Abbau im Tiefbau unter der Erde oder im Tagebau an der Erdoberfläche.

Berlin

Berlin ist die Hauptstadt der Bundesrepublik ➡ Deutschland und zugleich Bundesland. Die größte deutsche Stadt war zwischen 1945 und 1990 geteilt. Der östliche Teil war die Hauptstadt der DDR, Westberlin gehörte zur Bundesrepublik.

Bestäubung

Bei vielen Pflanzen geschieht die ➡ Befruchtung durch Bestäubung. ➡ Insekten oder der Wind tragen den männlichen Blütenstaub zum weiblichen Stempel.

B

Bestäubung

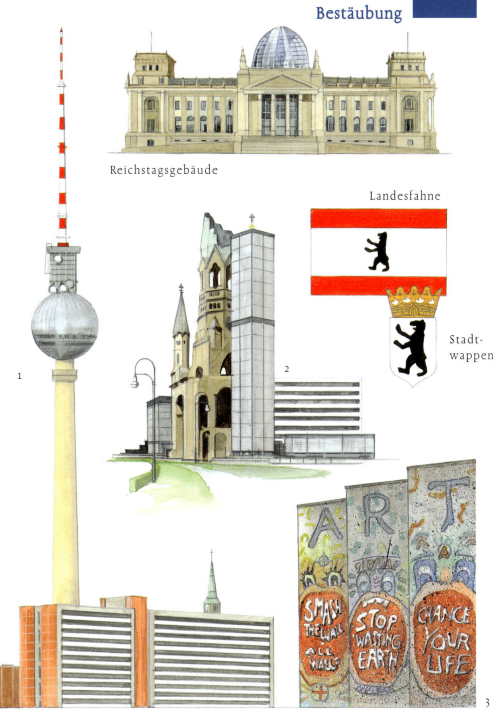

Reichstagsgebäude

Landesfahne

Stadt-wappen

Alexanderplatz mit Funkturm (1), Gedächtniskirche (2), Berliner Mauer (3).

Da Berlin eine große Stadt ist, hat es mehrere Wahrzeichen. Aber Berlin besteht nicht nur aus Stein und Beton. Es gibt weite Wälder und viele Seen. Mitten durch Berlin fließt die Spree.
Alexanderplatz mit Funkturm (1), Gedächtniskirche (2), Berliner Mauer (3).

B
Beton

Beton

Beton besteht aus Wasser, ➡ Zement, Sand und Kies. Große Mischmaschinen rühren den Beton an, dann wird er in verschiedene Formen gegossen. Nach dem Trocknen ist Beton sehr hart. Um seine Belastbarkeit zu erhöhen, gießt man Stahlstäbe mit ein. Dieser so genannte Stahlbeton kommt beim Bau von Hochhäusern, Staumauern und Brücken zum Einsatz.

Bewässerung

Wenn man den Boden mit Wasser versorgt, damit die Pflanzen besser wachsen, nennt man das Bewässerung. In sehr trockenen Gebieten wie ➡ Ägypten, ➡ Indien oder ➡ China betreiben die Menschen schon Jahrtausende vor Christi Geburt Bewässerung. Auch bei uns in ➡ Europa bewässert man schon lange mit Gräben, Kanälen, Staumauern oder Schöpfwerken. Heute werden Beregnungsanlagen immer wichtiger.

Bibel

Die Bibel wird auch Heilige Schrift oder Buch der Bücher genannt. Nach dem Glauben der Christen enthält sie das Wort ➡ Gottes. Die Bibel besteht aus dem Alten und dem Neuen Testament. Das Alte Testament erzählt von der Erschaffung der Welt, von Adam und Eva, von der Sintflut und überliefert die Geschichte des jüdischen Volkes. Das Neue Testament berichtet über Jesus und die Apostel.

Biber

Der Biber ist ein Nagetier. Er wird bis zu einem Meter lang, 20 bis 30 Kilogramm schwer und lebt meist in Wassernähe. Mit seinen kräftigen Zähnen nagt er

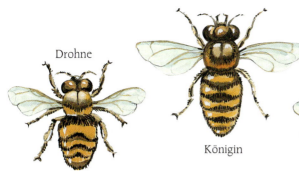

Bäume bis zu einem Durchmesser von 60 Zentimeter durch. Das Holz verwendet er für kunstvolle Bauten und als Nahrung. Seine Erd- und Schlammburgen können eine Landschaft verändern, von ihm gebaute Dämme (➡ Damm) sogar Flüsse aufstauen.

Bibliothek

Eine Bibliothek, auch Bücherei genannt, ist eine private oder öffentliche Sammlung von Büchern. Auch das Gebäude, in dem diese Sammlung untergebracht ist, heißt Bibliothek. Aus öffentlichen Bibliotheken kann man sich Bücher und andere ➡ Medien ausleihen.

Biene

Es gibt viele verschiedene Arten von Bienen. Alle sind zottelig behaart und haben einen Saugrüssel zum Sammeln von Nektar. Die Weibchen besitzen in der Regel einen Giftstachel zur Abwehr von Feinden. Die meisten Bienen leben einzeln, manche, wie die Honigbiene, bilden aber auch ➡ Staaten.

Biologie

Das Wort Biologie kommt aus dem Altgriechischen und bedeutet „Lehre vom Leben". Sie untersucht alle Formen des Lebens auf der Erde. So widmet sich die Anthropologie dem Menschen, die Zoologie den Tieren und die Botanik den Pflanzen.

Der Biber baut unter Wasser regelrechte Landschaften aus Baumstämmen und Erde. Seine Dämme können sogar Flüsse aufstauen.

B

Birke

Birke

Die Birke ist ein Laubbaum; es gibt ungefähr 40 verschiedene Arten. Bei uns ist die Weißbirke am bekanntesten. Sie hat einen weißen Stamm mit dunklem Rindenmuster. Die Blätter der Birke werden getrocknet und als ➡ Tee gegen Blasenentzündung und Rheuma getrunken. Birkensaft, der über ein in den Stamm gebohrtes Loch gewonnen wird, findet Verwendung in Haarpflegemitteln gegen Haarausfall und ➡ Schuppen.

Birne

Die ungefähr 700 kultivierten Sorten der Birne wurden aus der Holzbirne, wie ihre Wildform heißt, gezüchtet. Sie ist ein beliebtes Obst und kann roh oder gekocht gegessen werden. Man kann sie auch zu Saft, Most oder Schnaps verarbeiten. Birne nennt man aber auch das Verbindungsstück

Als Amtskleidung trägt der Bischof Bischofsstab, Bischofsring, eine Kappe und das Bischofskreuz. Die Mitra trägt er nur beim Gottesdienst.

zwischen dem Mundstück und der Röhre einer Klarinette.

Bischof

Bischöfe sind hohe christliche Würdenträger. In der katholischen ➡ Kirche gelten sie als die Nachfolger der Apostel und werden vom ➡ Papst ernannt. Sie selbst dürfen ➡ Priester weihen. Der Amtsbereich eines Bischofs wird Bistum genannt. In der evangelischen Kirche stehen Bischöfe einer Landeskirche vor, deren Vertreter sie gewählt haben.

Blatt

Fast alle Pflanzen haben Blätter. Sie dienen dem Stoffwechsel,

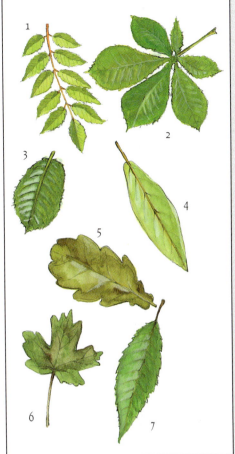

1 Esche, 2 Kastanie, 3 Buche, 4 Orange,
5 Eiche, 6 Feldahorn, 7 Wildkirsche.

Blindschleiche

Blinddarm . . . .

Seinen Namen bekam der Blinddarm, weil er am Ende geschlossen, also „blind" ist. Er geht in den Wurmfortsatz (Appendix) über. Tatsächlich ist es der Wurmfortsatz, der sich entzünden kann und dann durch die so genannte Blinddarmoperation entfernt werden muss. Der Betroffene leidet unter ➡ Fieber, Bauchschmerzen, Übelkeit und Erbrechen.

Blindenschrift . . . .

Die Blindenschrift wurde 1825 von dem Franzosen Louis Braille (gesprochen: brej) entwickelt, der selbst blind war. Die Buchstaben bestehen aus bis zu sechs Punkten, die in Papier eingedrückt werden und sich auf der Rückseite des Papiers ertasten lassen.

Blindschleiche . . . .

Die Blindschleiche ist keine ➡ Schlange, sondern eine ➡ Eidechse ohne Beine. Sie wird etwa einen halben Meter lang und frisst ➡ Regenwürmer und Nacktschnecken.

der ➡ Atmung und der Verdunstung von Wasser. Zum Schutz gegen die Verdunstung können die Blätter aber auch zu Stacheln oder Nadeln umgewandelt sein. Blätter gibt es in den verschiedensten Formen. Die meisten enthalten grünen Farbstoff (Blattgrün, Chlorophyll), die Blätter von Blüten haben dagegen die unterschiedlichsten Farben.

B
Blut

Blut

Blut besteht zu 55 Prozent aus Blutplasma. Darin schwimmen verschiedenste Arten von Blutzellen, zum Beispiel rote Blutkörperchen, die dem Blut seine Farbe geben, und weiße Blutkörperchen, die Krankheiten abwehren. Blut versorgt jede ➡ Zelle des Körpers mit ➡ Sauerstoff und vielen anderen Stoffen. Das Blut von Menschen wird in vier Blutgruppen eingeteilt: O (Null), A, B und AB. Verliert ein Mensch bei einem Unfall oder während einer schwierigen ➡ Operation viel Blut, braucht er einen anderen Menschen, der ihm neues spendet. Der Blutspender muss dieselbe Blutgruppe wie der Empfänger haben.

Blutegel

Der Blutegel ist ein bis zu 15 Zentimeter langer Ringelwurm. Er saugt sich an Menschen und Tieren fest, um deren ➡ Blut zu trinken. In der Natur lebt er in ruhigen, seichten Gewässern, kommt aber in ➡ Deutschland kaum vor. Früher wurde er häufig in der Medizin verwendet. Seit einiger Zeit setzen ihn Naturärzte und ➡ Heilpraktiker wieder ein. Denn bei manchen Krankheiten ist es nützlich, wenn etwas Blut abgesaugt wird.

BMX-Rad

Ein BMX-Rad ist ein reines Sportgerät, das für den Straßenverkehr nicht zugelassen ist. Es hat einen extrem kleinen Rahmen und ist damit im Gelände sehr gut beweglich.

Bohrinsel

Unter dem Meeresboden lagern nicht selten ➡ Erdöl und ➡ Erdgas. Um diese Vorkommen fördern zu können, errichtet man Bohrinseln aus ➡ Stahl. Diese Bauten sind oft sehr hoch. Verankert werden sie am Meeresgrund.

Bonn

Bonn liegt am ➡ Rhein im Bundesland Nordrhein-Westfalen. Bis 1990 war Bonn Hauptstadt der Bundesrepublik Deutschland (➡

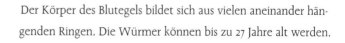
Der Körper des Blutegels bildet sich aus vielen aneinander hängenden Ringen. Die Würmer können bis zu 27 Jahre alt werden.

Deutschland). Der Umzug der Regierung nach ➡Berlin ist für das Jahr 2000 geplant. In Bonn hat sich vielfältige ➡Industrie angesiedelt. Die Stadtgründung geht auf ein römisches Militärlager zurück, das um das Jahr 50 nach Christus gegründet wurde.

Borkenkäfer

Der Borkenkäfer ist ein großer Schädling unserer heimischen Laub- und Nadelwälder. Durch seine Fraßgänge schwächt er den Baum so sehr, dass dieser langsam abstirbt.

Borkenkäfer legen ihre Eier unter die Rinde. Die Larven fressen sich dann tief ins Holz vor.
1 Käfer, 2 Fraßgänge.

Boxen

Boxen ist ein Zweikampf, bei dem nach festen Regeln mit den Fäusten gekämpft wird. Man trägt dazu gepolsterte Handschuhe. Der Boxkampf findet in einem Ring statt, der mit Seilen begrenzt ist.

1 Hubschrauberlandeplatz,
2 Erdgasabfackelung, 3 Bohrturm,
4 Plattformverankerung, 5 Ladedeck,
6 Rettungsdeck. Die Menschen, die auf einer Bohrinsel arbeiten, können nicht täglich nach Hause fahren, sondern leben direkt auf der Bohrinsel.

B

Bremse

Bremse

Eine Bremse dient dazu, Dinge, die in Bewegung sind, zu verlangsamen oder zu stoppen. Autos, Züge und Fahrräder sind zum Beispiel ohne Bremse nicht denkbar. Eine Bremse ist auch ein ➡Insekt, das empfindlich stechen kann.

Brennnessel

Ihren Namen bekam die Brennnessel von den unzähligen Brennhaaren auf ihren Blättern. Werden sie berührt, brechen ihre Köpfe ab und dringen in die Haut ein. Dabei geben sie ein ➡Gift ab, das Brennen und leichte ➡Entzündungen verursacht. Die Brennnessel kann aber auch nützlich sein. Sie hilft zum Beispiel gegen Haarausfall, Rheuma und Gicht.

Briefmarke

Erst seit gut 150 Jahren gibt es Briefmarken. Bis dahin musste der Empfänger bezahlen, wenn er Post bekam. Heute ist die aufgeklebte Briefmarke das Zeichen, dass der Absender das Porto bezahlt hat.

1 Monokel, 2 Lorgnette, 3 Ohrenbrille,
4 Nickelbrille, 5 Sonnenbrille

Brieftaube

Brieftauben sind dazu gezüchtet, Nachrichten über weite Entfernungen zu transportieren. Danach finden sie von bis zu 1000 Kilometer entfernten Zielen wieder zurück. Sie müssen deshalb einen gut ausgeprägten Orientierungssinn haben. Früher wurden Brieftauben während mancher ➡Kriege zur Nachrichtenübermittlung eingesetzt, heute ist die Brieftaubenzucht ein Hobby.

Brille

Mit einer Brille werden Sehschwächen ausgeglichen oder die Augen zum Beispiel vor zu viel Sonnenlicht geschützt.

Bronze

Bronze ist kein natürliches ➡ Metall, sondern eine Mischung (Legierung) aus den Metallen ➡ Kupfer und Zinn. Bronze hat eine rötlich gelbe Farbe. Man kann sie gut dehnen und gießen. Außerdem rostet sie nicht. Die Zeit von etwa 1800 bis 700 vor Christus nennt man Bronzezeit. Damals wurden Waffen, Geräte und Schmuck aus Bronze hergestellt. Bei sportlichen Wettkämpfen gibt es für den dritten Platz die Bronzemedaille.

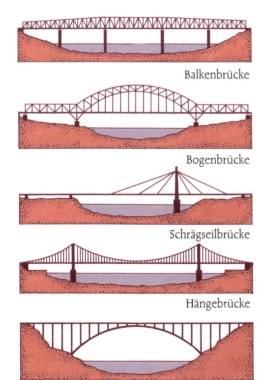

Balkenbrücke

Bogenbrücke

Schrägseilbrücke

Hängebrücke

Spannbetonbrücke

Brot

Eines der ältesten Nahrungsmittel ist das Brot. Schon früh zerrieben die Menschen Gras- oder Getreidekörner zu Mehl und vermischten es mit Wasser. Diesen Mehlbrei buken sie auf heißen Steinen zu Fladenbrot.

Brücke

Brücken überspannen Täler, Schluchten oder Flüsse. Die ersten Brücken bestanden wahrscheinlich nur aus einem quer gelegten Baum. Bereits die alten Römer aber bauten Brücken aus Stein, die zum Teil noch heute stehen.

BSE

Hinter der Abkürzung BSE steht die Krankheit Rinderwahnsinn. Diese ➡ Seuche ist eine tödliche Gehirnerkrankung bei Rindern. Es besteht der Verdacht, dass sie auch für Menschen gefährlich ist.

Buch

Bis vor 500 Jahren musste in ➡ Europa jedes Buch einzeln mit der Hand geschrieben werden. Dann erfand der Mainzer Johannes Gutenberg den Buchdruck. Er hatte die Idee, die einzelnen Buchstaben aus ➡ Metall zu gießen. Diese Lettern konnte man nach Bedarf zusammensetzen und so immer wieder neue Bücher herstellen.

Buche

Die Buche ist ein Laubbaum. Aus ihren ➡ Samen, den Bucheckern, wird Speiseöl gewonnen.

Buddhismus

Der Buddhismus ist eine Religion, die nach ihrem Begründer, dem indischen Fürstensohn Buddha, benannt wurde. Die Anhänger glauben an Seelenwanderung und Wiedergeburt. Jede Seele kommt immer wieder in anderen Menschen oder auch in Tieren auf die Welt. Erst wer keine Wünsche mehr hat, soll von allen Leiden erlöst sein.

Buddha ist die am häufigsten dargestellte Figur der Welt.

Bumerang

Der Bumerang stammt aus Australien und ist eines der ältesten Jagdgeräte. Seine Besonderheit: Verfehlt der Werfer die Beute, kommt es zu ihm zurück. Heute wird er vor allem als Sportgerät benutzt.

Bundeskanzler

Der oberste Chef der deutschen ➡ Bundesregierung ist der Bundeskanzler. Er wird vom ➡ Bundestag auf Vorschlag des ➡ Bundespräsidenten gewählt. Laut Verfassung bestimmt der Bundeskanzler die Richtlinien der ➡ Politik.

Buß- und Bettag

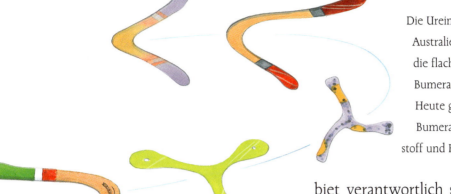

Die Ureinwohner Australiens schnitzten die flachen, v-förmigen Bumerangs aus Holz. Heute gibt es auch Bumerangs aus Kunststoff und Fiberglas.

biet verantwortlich sind. Zusammen bestimmen sie in ➡ Deutschland die ➡ Politik.

Bundespräsident

Das Staatsoberhaupt in ➡ Deutschland ist der Bundespräsident. Er wird von der ➡ Bundesversammlung für fünf Jahre gewählt, seine Wiederwahl ist höchstens einmal erlaubt. Er vertritt das Land nach außen, hat jedoch kaum Einfluss auf die ➡ Politik.

Bundesrat

In den Bundesrat entsenden alle Bundesländer je nach Größe drei bis sechs Vertreter, die gemeinsam ➡ Gesetze und Verwaltung in ➡ Deutschland mitbestimmen.

Bundesregierung

Zur Bundesregierung gehören der ➡ Bundeskanzler und die Bundesminister, die jeweils für ein Ge-

Bundestag

Der Bundestag setzt sich zusammen aus den vom Volk gewählten ➡ Abgeordneten. Alle vier Jahre findet in ➡ Deutschland eine neue Wahl statt.

Bundesversammlung

Nur für die ➡ Wahl des deutschen ➡ Bundespräsidenten tritt die Bundesversammlung zusammen. Sie besteht zu gleichen Teilen aus Vertretern des ➡ Bundestages und der Landtage.

Buß- und Bettag

Der Buß- und Bettag ist ein Tag der Besinnung, der von der evangelischen ➡ Kirche am Mittwoch vor dem letzten Sonntag des Kirchenjahres begangen wird.

C

Camping

Camping

Wer seinen Urlaub mit dem Zelt (A), Wohnwagen (B) oder Wohnmobil verbringt, macht Camping („campus" ist lateinisch und heißt „Feld"). Auf den eigens dafür eingerichteten Campingplätzen gibt es Toiletten, Waschgelegenheiten, Trinkwasser, Strom, Lebensmittelläden und meist auch ein Restaurant.

CD

CD ist die gebräuchliche Abkürzung für Compact Disc, was so viel heißt wie „kleine Scheibe". Diese Scheiben aus ➡ Metall und Kunststoff werden in einem speziellen CD-Spieler abgespielt. Hier tastet ein feiner Laserstrahl (➡ Laser) die Oberfläche der Scheiben ab, ohne sie zu berühren und wandelt dabei die auf ihr gespeicherten Signale in Musik um.

Chamäleon

Im Mittelmeerraum, in Afrika und Indien lebt das Chamäleon. Diese Echse kann ihre Farbe wechseln und sich so der jeweiligen Umgebung anpassen. Dadurch wird das Chamäleon für seine Feinde schwer sichtbar. Es kann beide Augen unabhängig voneinander bewegen. Es lebt auf Bäumen und ernährt sich von Insekten, die es mit seiner langen, klebrigen Zunge fängt.

CDs sind die modernen Nachfolger der Langspielplatte. Sie sind nicht nur kleiner, sondern können auch nicht so leicht verkratzen und kaputtgehen. Auch die Klangqualität ist besser.

Charakter

Die Art, wie ein Mensch fühlt, denkt und handelt, nennt man Charakter. Der Charakter entwickelt sich vom Kindesalter an. Vieles hat man von seinen Eltern geerbt, doch auch Erziehung, Umwelt und wichtige Erfahrungen oder Erlebnisse beeinflussen den persönlichen Charakter.

Chemie

Die Chemie untersucht als Wissenschaft die Stoffe, aus denen unsere Welt besteht. Sie erforscht Zusammensetzung und Eigenschaften einzelner Stoffe sowie Verbindungen, die sie miteinander eingehen können. Chemie ermöglicht die künstliche Herstellung von Materialien, die in der Natur zu wenig oder gar nicht

Chamäleon

Charme

(gesprochen: scharm). Das Wort kommt aus dem Französischen und bedeutet Liebreiz, Anmut. Wenn ein Mensch besonders liebenswürdig mit seinen Mitmenschen umgeht und sie dadurch für sich gewinnt, sprechen wir davon, dass er Charme hat.

vorkommen. Im täglichen Leben hat man immer wieder mit Chemie zu tun. Zum Beispiel werden alle Kunststoffe auf chemischem Wege hergestellt. Die Herstellung von Kunststoff hat die Chemiker vor ein großes Problem gestellt, da Kunststoff in der Natur nicht verrottet und dadurch viel Müll entsteht. Bei der Beseitigung des Kunststoffmülls können gefährliche Giftstoffe freigesetzt werden.

C China

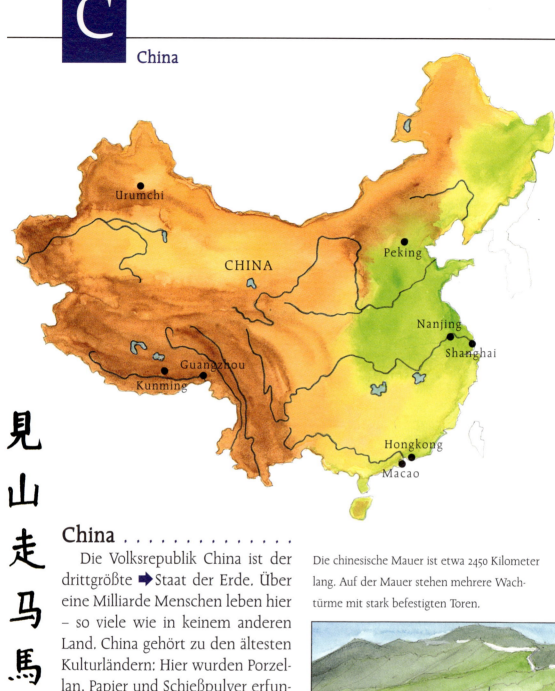

見山走馬馬观觀

China . . . .

Die Volksrepublik China ist der drittgrößte ➡Staat der Erde. Über eine Milliarde Menschen leben hier – so viele wie in keinem anderen Land. China gehört zu den ältesten Kulturländern: Hier wurden Porzellan, Papier und Schießpulver erfunden. Um 200 vor Christus wurde mit dem Bau der Chinesischen Mauer begonnen. Sie ist so lang, dass man sie sogar vom Mond aus sehen kann.

Die chinesische Mauer ist etwa 2450 Kilometer lang. Auf der Mauer stehen mehrere Wachtürme mit stark befestigten Toren.

Computer

Chip

„Chip" ist englisch und heißt „Splitter, Stückchen". In der Mikroelektronik ist ein Chip ein winziges elektronisches Bauteil, das heute zum Beispiel in Computern, Haushaltsmaschinen, Registrierkassen und Robotern zum Einsatz kommt.

Cockpit

Das Wort kommt aus dem Englischen und bedeutet wörtlich übersetzt „Hahnengrube". So erhielt der vertiefte Sitzraum der Besatzung von Yachten und Motorbooten seinen Namen. Auch die Pilotenkabine im Flugzeug und der Platz des Fahrers im Rennwagen wird Cockpit genannt.

Cola

Cola wurde zunächst von einem ➡Apotheker in den USA als Arznei gegen Kopfschmerzen entwickelt. Später fügte man Limonade hinzu und das berühmte Erfrischungsgetränk Coca-Cola entstand. Es fand auf der ganzen Welt Verbreitung. Inzwischen gibt es auch andere Getränke auf dem Markt, die dem ursprünglichen Coca-Cola sehr ähnlich sind. So wurde Cola zum Sammelbegriff für alle Getränke dieser Art.

Im Cockpit eines Flugzeuges gibt es zahlreiche Knöpfe und Schalter, mit denen Pilot und Copilot alle Funktionen regeln und kontrollieren.

Computer

(gesprochen: kompjuta). Bereits 1834 entwickelte der britische Mathematiker Charles Babbage die erste programmgesteuerte, mechanische Rechenmaschine, die allerdings nie gebaut wurde. 1946 entstand dann der erste vollelektronische Computer, der noch ein riesiges Gerät war. Erst seit den 80er Jahren werden kleine und leistungsfähige Computer gebaut.

Ein Computer ist eine elektronische Rechenmaschine und wird deshalb auch Rechner genannt. Er verarbeitet Informationen mit unglaublicher Geschwindigkeit. Berechnungen, für die ein Mensch Jahre brauchen würde, schafft er in wenigen Sekunden. Ohne ein Pro-

C
Computer

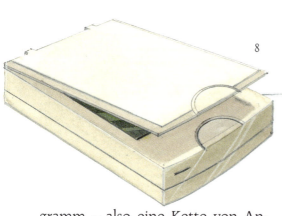

gramm – also eine Kette von Anweisungen – kann er jedoch gar nichts tun.

Alle Vorgänge, die in einem Computer ablaufen, fasst man unter dem Begriff elektronische Datenverarbeitung (abgekürzt: EDV) zusammen.

Der Personalcomputer (abgekürzt: PC) zählt zu den sehr kleinen Rechnern. Er ist heute in vielen Büros, Schulen und Haushalten zu finden. Auf dem Bildschirm (1), auch Monitor genannt, werden Texte, Tabellen, Bilder oder andere Informationen sichtbar. Zum Speichern von Informationen, die man über längere Zeit benötigt, dienen Festplatten (2), CDs (3) oder Disketten (4). Festplatten können sehr große Datenmengen speichern, sind aber fest im Gerät verankert. Disketten und CDs speichern weniger Daten, können aber herausgenommen und transportiert werden.

Ein Notebook (gesprochen: notbuk) ist ein tragbarer Computer. Er vereint Rechner, Bildschirm und Tastatur in einem Gerät.

Computer

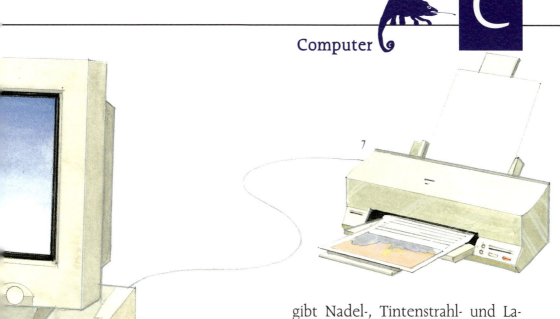

Die Tastatur (5) funktioniert so ähnlich wie die einer Schreibmaschine. Wenn man eine Taste drückt, erscheint das entsprechende Zeichen auf dem Bildschirm. Mithilfe der so genannten Maus (6) bewegt man einen Pfeil über den Bildschirm. Mit der Maus kann man dem Computer Befehle geben oder Arbeitsgänge ausführen, ohne die Tastatur zu benutzen. Der Drucker (7) überträgt den Inhalt des Bildschirms auf Papier. Es gibt Nadel-, Tintenstrahl- und Laserdrucker. Scanner (8) (gesprochen: skenna) können Bilder, Fotos oder Texte von Vorlagen „ablesen" und dem Computer übermitteln.

Die Geräte von Computeranlagen, wie den Computer selbst, den Bildschirm, den Drucker und den Scanner bezeichnet man als Hardware (gesprochen: haadwer). Die Programme, die dem Computer die Funktionsbefehle geben, nennt man Software (gesprochen: softwer). Software kann ein Computerspiel ebenso sein wie ein wissenschaftliches Programm oder ein Textverarbeitungsprogramm.

In den meisten Haushaltsgeräten, aber auch in ➡ Autos und Fotokameras sind winzige Computer eingebaut, die zur Steuerung des jeweiligen Geräts programmiert sind.

D

Dachs

Dachs

Der Dachs gehört zu den ➡Mardern. Er ist auch in unseren Wäldern zu Hause. Er kann bis zu einen Meter lang und 20 Kilogramm schwer werden. Mit seinen kräftigen Klauen gräbt er sich fünf Meter unter der Erde eine Wohnhöhle, die mehrere Eingänge hat.

Damm

Ein Damm ist ein lang gezogenes Bauwerk aus Erde, Kies, Schotter oder Schüttsteinen. Dämme dienen als Unterbau von Verkehrswegen, zum Beispiel Straßen und Eisenbahngleisen, oder als ➡ Deich. Wird ein Fluss durch eine Talsperre gestaut, spricht man von einem Staudamm.

Dampfmaschine

Wenn man Wasser auf 100 Grad Celsius erhitzt, beginnt es zu kochen. Es verwandelt sich in Dampf und dehnt sich dabei aus. Diese Kraft macht man sich in der Dampfmaschine zu Nutze. Der Dampf schießt in einen ➡Zylinder und die darin befindlichen Kolben werden hin- und herbewegt. Diese Bewegung überträgt sich auf ein Schwungrad, das sich nun zu drehen beginnt. Die erste Dampfma-

Das Schwungrad der Dampfmaschine kann riesige Maschinen antreiben. 1 Schwungrad, 2 Pleuelstange, 3 Zylinder, 4 Kolben.

Deich

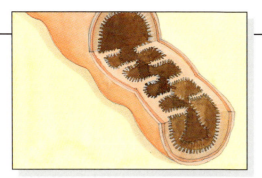

Im sieben bis neun Meter langen Darm wird der Nahrungsbrei aus dem Magen weiterverarbeitet.

schine konstruierte im 18. Jahrhundert der englische Ingenieur James Watt.

Dänemark

Dänemark bildet eine Landbrücke zwischen Mittel- und Nordeuropa. Wegen seiner Badestrände ist es als Urlaubsland sehr beliebt. In Dänemarks Hauptstadt Kopenhagen erinnert noch vieles an den großen dänischen Märchenerzähler Hans Christian Andersen.

Darm

Der Darm ist das wichtigste Verdauungsorgan. Er verbindet den Magenausgang mit dem ➡After und wird bis zu drei Meter lang.

Darts

(gesprochen: daats). Darts ist ein englisches Wurfpfeilspiel, bei dem Metallpfeile auf eine runde Scheibe geworfen werden. Die Felder auf der Wurfscheibe haben unterschiedlich hohe Punktezahlen.

Davidstern

Der Davidstern wurde im Mittelalter zum ➡Symbol der jüdischen Religion. Im Dritten Reich zwangen die Nationalsozialisten (➡Nationalsozialismus) alle Juden, einen gelben Davidstern auf der Kleidung zu tragen. Der so genannte Judenstern sollte die Juden öffentlich demütigen.

Deich

Um das Land, das an der Meeresküste oder an Flüssen liegt, vor Überschwemmungen zu schützen, schütten die Menschen Deiche (➡Damm) auf.

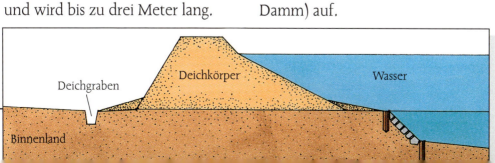

D
Delfin

Delfin
Obwohl sie im Wasser leben, sind Delfine ➡ Säugetiere, denn sie atmen über eine Lunge und bringen lebende Junge zur Welt. Sie leben meist in Gruppen zusammen und verständigen sich mit einer eigenen Sprache. Ist einer von ihnen krank oder verletzt, helfen ihm die anderen. Auch ertrinkende Menschen wurden schon von Delfinen gerettet.

Demokratie
Das Wort Demokratie setzt sich aus den griechischen Wörtern „demos" (Volk) und „kratein" (herrschen) zusammen. Das bedeutet „Volksherrschaft". In einer Demokratie soll das Volk über den Staat herrschen. Weil aber nicht jeder Bürger regieren kann, wählt er in einer geheimen Wahl einen Vertreter, der ihn politisch repräsentiert. Diese Volksvertreter sitzen als so genannte Abgeordnete im ➡ Parlament und beraten über Themen und Gesetze, die die Bürger betreffen.

Demonstration
Wenn mehrere Menschen sich unter freiem Himmel versammeln und gemeinsam für oder gegen eine Sache eintreten, nennt man das eine Demonstration. Ihrer Meinung können die Demonstranten durch Reden, Sprechchöre oder Schrifttafeln Ausdruck verleihen. In Deutschland muss jede Demonstration genehmigt werden. Die meisten Demonstrationen richten sich gegen politische Gegner oder die Regierung.

Delfine sind sehr kluge Tiere. Durch das Echo ihrer hohen Pfeiftöne orientieren sie sich in den Tiefen des Meeres.

Desinfektion

Eine Demonstration kann aber auch eine Darlegung oder Vorführung sein.

Depression

Von einer Depression sprechen wir, wenn ein Mensch lange in sehr niedergedrückter, sehr trauriger Stimmung ist. Das kann ihn so beeinträchtigen, dass er nicht mehr in der Lage ist, zu arbeiten oder aus dem Haus zu gehen.

Oft werden Depressionen durch Krankheiten oder traurige Ereignisse ausgelöst. Wenn eine Depression nicht von allein wieder aufhört, muss sie auf alle Fälle von einem Psychologen oder Psychiater behandelt werden.

Designer

„Design" (gesprochen: disein) ist ein englisches Wort und bedeutet Muster, Entwurf. Ein Designer ist demnach ein Mensch, der Gegenstände oder Muster entwirft. Es gibt Modedesigner, Stoffdesigner, Autodesigner, aber auch Designer für Gebrauchsgegenstände wie Kaffeemaschinen, Koffer oder Waschbecken.

Desinfektion

Bei einer Desinfektion werden Krankheitserreger vernichtet. Man kann mithilfe von ➡ Alkohol und Jodtinktur oder auch durch Dampf und Hitze desinfizieren. Ärzte (➡ Arzt) desinfizieren ihre Hände, nachdem sie mit einem Patienten in Berührung gekommen sind, der eine ansteckende Krankheit hat. Dadurch soll die Übertragung von Infektionskrankheiten (➡ Infektion) auf andere Patienten verhindert werden.

Deutschland

Deutschland . . . .

Die Bundesrepublik Deutschland wurde zwar schon 1949 gegründet, in der heutigen Form gibt es sie jedoch erst seit 1990. Denn nach dem Zweiten Weltkrieg wurde Deutschland in zwei Staaten geteilt. In Ostdeutschland sollte unter Führung der ➡ Sowjetunion der ➡ Kommunismus aufgebaut werden. Dieser ➡ Staat nannte sich Deutsche Demokratische Republik (abgekürzt: DDR). In Westdeutschland wurde durch die

USA, England und ➡ Frankreich ein demokratisches Regierungssystem eingerichtet. Dieser Staat wurde bereits als Bundesrepublik Deutschland bezeichnet.

Nach dem Zusammenbruch des Kommunismus in der DDR und in Osteuropa konnte Deutschland sich wieder vereinigen. Es besteht jetzt aus 16 Bundesländern: Baden-Würt-

Deutsche Exportgüter: Autos und andere Fahrzeuge, Elektro- und Haushaltsgeräte.

Deutschland

Die Bundesrepublik Deutschland besteht seit der Wiedervereinigung 1990 aus 16 Bundesländern. Jedes hat ein Parlament und eine Landesregierung mit Ministern. Berlin ist die Hauptstadt Deutschlands. Ab dem Jahr 1999 wird hier die Bundesregierung ihren Sitz haben.

temberg · *Landeshauptstadt: Stuttgart*, Bayern · *München*, Berlin, Brandenburg · *Potsdam*, Bremen, Hamburg, Hessen · *Wiesbaden*, Mecklenburg-Vorpommern · *Schwerin*, Niedersachsen · *Hannover*, Nordrhein-Westfalen · *Düsseldorf*, Rheinland-Pfalz · *Mainz*, Saarland · *Saarbrücken*, Sachsen · *Dresden*, Sachsen-Anhalt · *Magdeburg*, Schleswig-Holstein · *Kiel* und Thüringen · *Erfurt*. Die Bundeshauptstadt ist Berlin. Insgesamt hat die Bundesrepublik Deutschland heute ungefähr 80 Millionen Einwohner.

Im Norden grenzt Deutschland an die ➡ Nord- und die ➡ Ostsee. Dort ist die Landschaft relativ flach. In der Mitte des Landes gibt es viele Mittelgebirge und ganz im Süden schließlich das Hochgebirge der ➡ Alpen.

Deutschland ist ein hoch entwickelter Industriestaat in der Mitte Europas. Autos und andere Fahrzeuge, aber auch Haushalts- und Elektrogeräte werden von Deutschland aus in die ganze Welt exportiert. Auch neue Technologien, zum Beispiel im Bereich der Raumfahrt, werden hier entwickelt. Außerdem wird in Deutschland Bergbau betrieben. In so genannten Ballungsgebieten hat sich besonders viel Industrie angesiedelt. Das größte ist das Ruhrgebiet, in dem es auch Kohlebergbau gibt.

Die ersten Werke deutscher Kunst und Literatur sind uns aus dem ➡ Mittelalter überliefert.

Berühmte Deutsche:
1 Goethe, 2 Wagner, 3 Beethoven

Dia

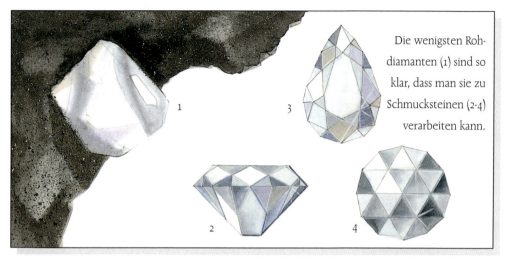

Die wenigsten Rohdiamanten (1) sind so klar, dass man sie zu Schmucksteinen (2-4) verarbeiten kann.

Dia

Ein Dia (eigentlich: Diapositiv) ist ein Foto auf einem durchsichtigen Stück Film. Mit einem Projektor kann man es vergrößert an eine Wand projizieren und in der Vergrößerung betrachten.

Dialekt

Unter allen Menschen, die Deutsch sprechen, gibt es die verschiedensten Dialekte oder Mundarten. Sie unterscheiden sich manchmal so sehr, dass die Menschen sich gegenseitig kaum verstehen. Zum Teil gibt es für Dinge sogar unterschiedliche Bezeichnungen. So heißt ein Brötchen in Bayern Semmel, in Baden-Württemberg Weckle und in Berlin Schrippe.

Diamant

Der Diamant ist zum einen das härteste Gestein, zum andern der wertvollste Edelstein. Ein Diamantenschleifer muss den farb- und

Zuerst wird beim Dieselmotor Luft angesogen (1), die verdichtet und erhitzt (2) wird. Erst jetzt wird Dieselöl eingespritzt (3). Es explodiert und setzt Energie frei. Die Abgase werden ausgestoßen (4).

D

Diplomat

glanzlosen Stein erst auf eine ganz besondere Art schleifen, damit er entsprechend funkelt. Diamanten, die als Schmucksteine verwendet werden, nennt man Brillanten.

Diät

Bei bestimmten Krankheiten braucht man eine besondere Krankenkost, die Diät genannt wird. Auch wer abnehmen will, versucht das oft mit einer Diät, das heißt, er verzichtet auf bestimmte Nahrungsmittel oder isst weniger.

Diesel

1892 erfand der deutsche Ingenieur Rudolf Diesel eine besondere Art Motor, den Dieselmotor. Der Treibstoff wird hier nicht durch eine Zündkerze gezündet, sondern es entzündet sich durch ➡ Druck und Hitze im ➡ Zylinder von selbst. Dieselmotoren sind lauter als Benzinmotoren, haben aber eine längere Lebensdauer und verbrauchen weniger Treibstoff.

Dinosaurier

Das Wort kommt aus dem Griechischen und bedeutet „gewaltige Echsen". Sie haben vor etwa 150 Millionen Jahren die Erde bewohnt, wie zahlreiche Knochenfunde belegen. Manche waren so schwer wie ein Lkw, andere nur so groß wie ein Hühnerei. Bis heute ist nicht sicher, warum die Dinosaurier ausstarben.

Diplomat

Ein Diplomat ist ein ➡ Beamter, der sein Land gegenüber einem anderen ➡ Staat oder einer internationalen Organisation vertritt. Der ranghöchste Diplomat ist der Botschafter.

Flugsaurier

Tyrannosaurus Rex

Brontosaurus

Diskothek

Diskothek

So wie eine Bibliothek eine Sammlung von Büchern ist, ist eine Diskothek eigentlich eine Sammlung von Schallplatten (griechisch „diskos" heißt Scheibe). Häufiger wird das Wort aber für Lokale verwendet, in denen zu Musik von Schallplatten oder ➡ CDs getanzt werden kann.

Disney

Walt Disney (gesprochen: wolt disni) war ein amerikanischer Trickfilmzeichner und Filmproduzent. Er erfand so berühmte Figuren wie Mickymaus, Donald Duck und Bambi. Aus seinem Zeichenstudio wurde im Laufe der Jahrzehnte die riesige Firma Disney, die Comics, Zeitschriften und Filme produziert und in vielen Ländern der Erde Vergnügungsparks besitzt.

Distel

Mit Distel werden Pflanzen bezeichnet, die stachelige Blätter haben. Bei uns gibt es zum Beispiel die Silber- und die Golddistel, die nach dem silbernen oder goldenen Schimmer ihrer Blüten benannt sind.

DLRG

DLRG ist die Abkürzung für Deutsche Lebensrettungsgesellschaft. Wie die Wasserwacht hilft sie bei Unfällen im und am Wasser.

Dock

Ein „Dock" ist eine Großanlage in ➡ Werften und Häfen (➡ Hafen). Hier werden Schiffe trockengelegt, um sie zu reinigen oder zu reparieren. Es gibt drei unterschiedliche Arten von Docks. Der Dockhafen ist ein durch Schleusen gesichertes Hafenbecken, in dem Schiffe anlegen können. Für bestimmte Arbeiten ist ein Trockendock nötig, aus dem das Wasser abgepumpt werden kann. Ein Schwimmdock kann ein ganzes Schiff in sich aufnehmen und transportieren.

Doktor

Doktor (Abkürzung: Dr.) ist ein Titel, der vor dem Namen genannt wird. Man kann den Doktortitel

Dolmetscher

nach Abschluss eines Studiums erwerben. Dafür muss man eine wissenschaftliche Arbeit verfassen und eine Prüfung ablegen. In der Umgangssprache ist mit „Doktor" meist ein ➡ Arzt gemeint.

Dokument

Das Wort Dokument stammt aus dem Lateinischen und bedeutet „beweisende Urkunde". Ein Dokument ist ein Schriftstück, mit dem man etwas beweisen kann. Zu den persönlichen Dokumenten eines Menschen zählen seine Geburtsurkunde, seine Heiratsurkunde und sein ➡ Pass. Mit Zeugnissen kann man seine Schul- und Berufsausbildung nachweisen. Sie sind demnach auch Dokumente.

Dolmetscher

Das Wort kommt aus der türkischen Sprache. Ein Dolmetscher übersetzt bei Gesprächen fließend von einer Sprache in die andere. Ganze Bücher werden von Übersetzern in andere Sprachen übertragen. Im Fernsehen kann man oft Simultandolmetscher („simultan" bedeutet „gleichzeitig") erleben, die schon übersetzen, während der Erzählende noch redet.

Ein Dolmetscher wird immer dann benötigt, wenn sich zwei oder mehrere Menschen miteinander unterhalten möchten, die nicht dieselbe Sprache sprechen.

Wer als offizieller Dolmetscher arbeiten will, braucht eine spezielle Ausbildung.

Im Trockendock können auch Arbeiten unterhalb der Wasserlinie eines Schiffsrumpfes ausgeführt werden. Das Schiff schwimmt in das Becken ein und die Docktore werden geschlossen. Dann wird das Wasser abgepumpt und das Schiff liegt trocken.

D

Dom

Dom . . . .

Ein Dom (lateinisch „domus" heißt „Haus") ist ein großes Gotteshaus. Man nennt es auch Kathedrale. Meist ist ein Dom die Kirche eines ➡ Bischofs. Viele dieser riesigen Kirchen wurden während des ➡ Mittelalters gebaut.

Doping . . . .

Wenn Sportler ➡ Medikamente einnehmen, die ihre Leistung steigern oder ihre Muskeln stärken, spricht man von Doping. Doping ist gesundheitsschädlich und verboten. Nach sportlichen Wettkämpfen findet deshalb eine Dopingkontrolle statt. Wer gedopt war, wird vom Wettkampf ausgeschlossen und verliert seine Medaille.

Donau . . . .

Die Donau ist mit 2858 Kilometern der zweitlängste Fluss Europas. Sie entspringt im Schwarzwald. Auf ihrem Weg fließt die Donau durch zehn Länder und vier Hauptstädte. In ➡ Rumänien teilt sie sich in drei Flüsse und bildet das Donaudelta. So mündet sie ins Schwarze Meer. Die Donau ist eine bedeutende

Der Kölner Dom ist der größte Dom Deutschlands und das meistbesuchte Wahrzeichen unseres Landes. 1996 wurde er in die Liste des Weltkulturerbes aufgenommen.

Dritte Welt

Wasserstraße. Durch den Main-Donau-Kanal besteht eine Verbindung vom Schwarzen Meer bis zur ➡Nordsee.

Drache

In vielen ➡Märchen und ➡Sagen wird von einem Fabeltier erzählt, das wie eine riesige Echse mit Flügeln aussieht. Dieser Drache, auch Lindwurm genannt, speit Feuer und verkörpert das Böse, gegen das die Guten kämpfen müssen. Häufig tritt er auch als Hüter eines Schatzes auf. In ➡Asien gilt der Drache als himmlisches Wesen und Glücksbote.

Drachen

Ein Drachen ist ein Flugkörper aus Holz und Papier oder Stoff. Es gibt auch Drachen aus Kunststoff. Man lässt sie an einer langen Schnur in die Luft steigen. Mit sehr großen Drachen können sogar Menschen fliegen.

Dracula

Graf Dracula, der als ➡Vampir seinen Opfern das Blut absaugt, ist keine erfundene ➡Märchen- oder Sagenfigur (➡Sage). Im 15. Jahrhundert herrschte ein Fürst namens Vlad Dracul auf seinem Schloss im heutigen ➡Rumänien. Da er sehr grausam war, dichtete man ihm die Vampirgeschichten an.

Drei-D

Drei-D ist die Abkürzung für dreidimensional. Das heißt, dass Gegenstände nicht nur flächig (zweidimensional) abgebildet werden, sondern räumlich erscheinen. In speziellen Drei-D-Kinos und Drei-D-Filmen kann man das Gefühl erzeugen, der Zuschauer sei mitten im Geschehen.

Dritte Welt

In ➡Asien, ➡Afrika und ➡Südamerika liegen so genannte Entwicklungsländer. Diese sehr armen Länder bezeichnet man auch als Dritte Welt bezeichnet. Mehr als die Hälfte der Weltbevölkerung lebt hier. Dort herrschen Hungersnöte, und es fehlt an Schulen. Viele reiche Länder leisten der Dritten Welt Entwicklungshilfe.

D

Drogen

Drogen

Ursprünglich verstand man unter Drogen nur getrocknete Blätter, Blüten oder Rinden. Verwendet wurden und werden sie vor allem für ➡ Medikamente, aber auch als ➡ Gewürze und Duftstoffe. Heute meint man mit dem Wort Drogen meist verbotene Rauschgifte, die einen Menschen abhängig und krank machen und sogar zum Tode führen können.

Drossel

Drosseln kommen auf der ganzen Welt vor. Sie sind Zugvögel und können sehr schön singen. Es gibt sie in verschiedenen Farben. Die bekanntesten Arten bei uns sind ➡ Amsel, Singdrossel, Wacholderdrossel und Mistdrossel.

Drosseln ernähren sich von Würmern, Schnecken und Beeren.

Druck

Unter Druck versteht man eine Kraft, die auf eine Fläche einwirkt. Ihre Stärke kann gemessen und mit Formeln errechnet werden.

Druckerei

In Druckereien werden Bücher, Zeitschriften und andere Drucksachen hergestellt. Dabei gibt es verschiedene Druckverfahren.

Drüse

Vor allem Menschen und Tiere haben viele Drüsen. Diese Organe erzeugen lebenswichtige Flüssigkeiten, die sie nach außen über die Haut (zum Beispiel Schweißdrüsen) oder nach innen in Hohlräume abgeben (zum Beispiel Magendrüsen, die Verdauungssaft ausscheiden, oder Hormondrüsen, die ➡ Hormone ins ➡ Blut leiten). Auch Pflanzen haben Drüsen, die unter anderem Nektar herstellen.

Dschungel

Die Sumpfdickichte in den ➡ Tropen, also auch alle heißen und feuchten tropischen ➡ Regenwälder, nennt man Dschungel. Im Dschungel gibt es riesige Bäume, mächtige Schlingpflanzen und leuchtend bunte Pflanzen. Durch die unterschiedliche Höhe der Bäume (von 20 bis 60 Meter) entstehen regelrechte Stockwerke. In jedem dieser Stockwerke leben bestimmte Tiere.

Dudelsack

Der Dudelsack ist ein sehr altes Blasinstrument, das aus ➡ Asien stammt. Heute spielt man den Dudelsack hauptsächlich in Schottland und ➡ Irland. Er besteht aus einem Blasebalg, an dem viele Pfeifen angebracht sind.

Duden

Wenn man unsicher ist, wie ein bestimmtes Wort geschrieben wird, kann man im Duden nachschlagen. Dieses Wörterbuch wurde vor gut 100 Jahren von Konrad Duden als „Vollständiges orthographisches Wörterbuch der deutschen Sprache" verfasst. Neben dem Duden gibt es auch andere weitere Nachschlagewerke.

D

Düne

Düne

In der Wüste oder an Stränden findet man große Sandhügel, die durch den Wind angeweht werden. Dünen, die sich weiterbewegen, nennt man Wanderdünen. Um zu verhindern, dass sie immer weiter ins Land vordringen und fruchtbaren Boden zerstören, bepflanzt und befestigt man sie häufig mit Gräsern und Sträuchern. Deren verzweigte Wurzeln halten die Dünen dann fest.

Staut sich Sand an einem kleinen Hindernis, entsteht bei starkem Wind bald eine Düne.

Dünger

Nährstoffe, die man dem Boden zuführt, damit die Pflanzen besser und schneller wachsen, nennt man Dünger. Es gibt natürliche Düngemittel wie Stallmist, Kompost oder ➡ Torf. Mithilfe der ➡ Chemie werden aber auch künstliche Düngemittel hergestellt. Düngen hat auch Nachteile: Der Dünger kann ins Grundwasser gelangen. Dadurch ist unser Trinkwasser gefährdet, und die Wassertiere in Bächen, Flüssen und Seen können vergiftet werden.

Dürre

Wenn es in der Natur während der Wachstumszeit sehr trocken ist, spricht man von Dürre. In Gebieten, in denen es normalerweise ausreichend regnet, kann eine Dürreperiode großen Schaden anrichten, da Pflanzen und Tiere verdursten. In Gebieten, in denen es häufig Dürrezeiten gibt, hat sich die Natur daran angepasst. Einige Tiere und Pflanzen brauchen dort nur sehr wenig Wasser.

Düsenantrieb

Strahltriebwerke, die in Flugzeugen und ➡ Raketen für den Antrieb sorgen, nennt man Düsenantrieb. Solche Triebwerke saugen vorne Luft ein. Diese Luft wird mit Treibstoff gemischt, verdichtet und entzündet. Die dabei entstehenden heißen ➡ Gase strömen mit großem ➡ Druck an der rückseitigen Öffnung des Triebwerks aus. Der kräftige Rückstoß bewegt dann das Flugzeug nach vorne.

Dynamo

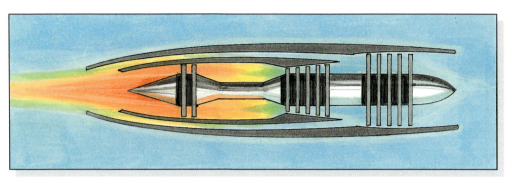

Beim Düsenantrieb saugt ein Schaufelrad Luft an und drückt sie in die Brennkammer. Dort wird ihr Brennstoff zugegeben. Das Gemisch wird gezündet. Es entstehen große Abgasmengen, die die Turbine antreiben. Wenn die Abgase am anderen Ende des Triebwerks wieder austreten, verursachen sie einen sehr starken Schub.

Dynamit

Der schwedische Wissenschaftler Alfred Nobel stellte 1867 erstmals den Sprengstoff Dynamit her. Zu flüssigem, hochexplosivem Nitroglyzerin, das bei der kleinsten Erschütterung explodierte, gab er Kieselgur, um es fester und stabiler, das heißt, transportierbar zu machen.

Dynamit kann sich nicht von allein entzünden. Man braucht dazu eine Zündschnur oder eine kleine Sprengkapsel.

Dynamo

Der Dynamo ist ein Generator, der mechanische in elektrische ➡ Energie umwandelt. Beim Fahrrad beispielsweise wird durch das Treten im Dynamo Strom erzeugt, der über ein Kabel zur Lampe fließt.

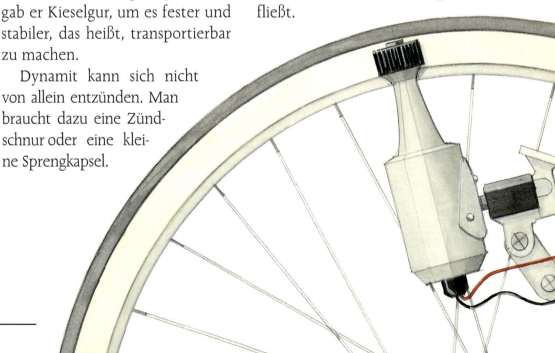

E

Echo

Diamant, Rubin, Smaragd und Saphir sind die wertvollsten Edelsteine.

Echo

Alle Laute breiten sich in so genannten Schallwellen aus. Treffen diese auf ein Hindernis, beispielsweise einen Berg oder eine Mauer, werden sie zurückgeworfen. Dann sind sie wenig später als Echo zu hören.

Edelstein

Edelsteine sind Steine, die hinsichtlich ihrer Farbe oder Lichtwirkung besonders schön sind, sich durch große Härte auszeichnen und selten vorkommen. Sie werden zu Schmuck verarbeitet, indem man sie schleift oder poliert. Auch ➡ Korallen, Bernstein und ➡ Perlen fallen unter den Begriff Edelsteine, obwohl sie keine Steine sind.

Edelweiß

Das Edelweiß wächst meist direkt unterhalb der Grenze des ewigen Schnees. Es kommt nur noch selten vor und steht deshalb unter ➡ Naturschutz.

Ei

Der Begriff Ei ist eine Abkürzung. Gemeint wird damit entweder eine weibliche Eizelle, die bei Menschen und vielen Tieren der ➡ Fortpflanzung dient. Oder es ist die Rede von einem Vogelei, das aus der weiblichen Eizelle, Nährstoffen für das heranwachsende Küken und Schutzhüllen besteht. Wegen der darin enthaltenen Nährstoffe sind diese Eier bei vielen Tieren und beim Menschen ein beliebtes Nahrungsmittel.

Eiche

Es gibt viele verschiedene Arten von Eichen, die teils im Sommer Laub tragen, teils immergrün sind. Ihre Früchte, die Eicheln, gehören zu den Nüssen und sind ein gutes Futter sowohl für Schweine als auch für die Tiere des Waldes. Geröstet können sie vom Menschen als Kaffeeersatz (➡ Kaffee) verwen-

E

Eid

Eichhörnchen

In Wäldern und Parkanlagen lebt das ungefähr 20 bis 30 Zentimeter lange Eichhörnchen. Es ist ein geschickter Kletterer und Springer, wobei der buschige Schwanz zum Steuern benutzt wird. Das Eichhörnchen ernährt sich von Nüssen, Eicheln und Samen. Es räubert aber auch Vogelnestern aus und frisst dort Eier oder frisch geschlüpfte Vögel. Den Winter über schläft es viel, steht aber regelmäßig auf, um von seinen Vorräten zu fressen.

det werden. Das Eichenholz ist sehr hart. Aus ihm werden Möbel und Parkett gefertigt.

Eichelhäher

Der Eichelhäher ist einer der am häufigsten vorkommenden Vögel unserer Wälder. Er wird bis zu 35 Zentimeter groß und gehört zur Familie der Raben. Mit krächzenden Rufen warnt er seine Artgenossen und die anderen Tiere des Waldes vor Eindringlingen.

Besonders auffallend ist die leuchtend blaue Flügelzeichnung.

Eid

Der Eid ist eine uralte Form des Gelöbnisses. Die bekannteste Form ist der Eid, den Zeugen vor Gericht schwören müssen. Auch Soldaten müssen einen Eid ablegen, den Fahneneid. Die gängigste Eidesformel lautet: „Ich schwöre, so wahr mir Gott helfe."

E

Eidechse

Eidechse
Auf der ganzen Welt gibt es Eidechsen in vielen Arten. Sie sind alle ungiftig. Versuchen Feinde, sie am langen Schwanz zu packen, werfen sie ihn ab und er wächst wieder nach; das geht jedoch nur ein einziges Mal. Den Winter verbringen Eidechsen schlafend in Erdhöhlen. Im Sommer hingegen sonnen sie sich oft auf Steinen oder an Wänden.

Eiffelturm
Anlässlich der Weltausstellung 1889 erbaute der französische Ingenieur (gesprochen: inschenijur) Gustave Eiffel zum 100. Geburtstag der französischen ➡Revolution eine Stahlkonstruktion (➡Stahl). Sie wurde als Eiffelturm zum Wahrzeichen von Paris und ganz ➡Frankreich. Mit 320 Meter Höhe war er damals das höchste Gebäude der Welt.

Eis
Ab einer Temperatur von null Grad Celsius gefriert Wasser zu Eis. Dabei dehnt es sich aus und wird leichter. Deshalb schwimmen Eisberge im Wasser. Aus Wasser, ➡Zucker, Geschmacksstoffen und ➡Sahne bereitet man Speiseeis.

Eisen
Eisen ist ein Schwermetall, das in der Natur als Eisenerz vorkommt. Reines Eisen ist silbrig weiß und relativ weich. Wenn es feucht wird, bildet sich an seiner Oberfläche eine rötliche Rostschicht. In so genannten Hochöfen wird aus Eisenerz das Roheisen gewonnen, das zu ➡Stahl weiterverarbeitet werden kann. In Mitteleuropa bezeichnet man die Zeit ab dem 9. Jahrhundert vor Christus als Eisenzeit. Schon ab dieser Zeit wurden Waffen und Geräte hauptsächlich aus Eisen hergestellt.

Eisenbahn

Die erste Dampfeisenbahn, die sich tatsächlich auf Schienen aus ➡ Eisen bewegte, fuhr 1825 in England. Zehn Jahre später legte die erste deutsche Eisenbahn die Strecke zwischen Nürnberg und Fürth zurück. Bis zum Beginn des 20. Jahrhunderts zogen Dampflokomotiven die Waggons, darauf folgten Diesellokomotiven (➡ Diesel) und heute gibt es fast nur noch elektrische Eisenbahnen. Hochgeschwindigkeitszüge wie der ICE erreichen etwa 250 Stundenkilometer.

Eishockey

Das Mannschaftsspiel Eishockey wird auf Schlittschuhen ausgetragen. Der Puck, eine Scheibe aus Hartgummi, soll dabei mit Schlägern ins gegnerische Tor befördert werden. Da man sich dabei leicht verletzen kann, tragen alle Spieler Schutzkleidung und -helme.

Eiszeit

Zeiten, in denen die Temperaturen auf der Erde so stark abkühlten, dass große Gebiete mit einer dicken Eisschicht überzogen waren, nennt man Eiszeiten. Zwischen diesen Eiszeiten stiegen die Temperaturen an, das Eis schmolz.

Eiter

Wenn in eine Wunde Krankheitserreger oder Fremdkörper eindringen, bildet sich Eiter. Er ist eine Abwehrreaktion des ➡ Blutes und besteht aus weißen Blutkörperchen, Blutserum, abgestorbenem Gewebe und abgestorbenen Erregern.

Die Lokomotive im Wandel der Zeit: 1 Dampflok, 2 Diesellok, 3 Elektrische Lok (ICE)

E

Eiweiß

Zu den Bestandteilen jeder lebenden ➡ Zelle gehören so genannte Eiweiße. Weil der Körper sie jedoch nicht selbst herstellen kann, muss er sie mit der Nahrung aufnehmen. Eiweißreiche Nahrung ist zum Beispiel Milch, Fleisch und Eier, aber auch Hülsenfrüchte und ➡ Sojabohnen.

Elbe

Die 1165 Kilometer lange Elbe führt quer durch ➡ Deutschland bis zur ➡ Nordsee. Sie entspringt im tschechischen Riesengebirge.

Elch

Elche, die im Norden ➡ Europas, ➡ Asiens und Amerikas leben, sind die größten Hirsche der Welt. Sie werden bis zu drei Meter lang und zwei Meter hoch. Die Männchen tragen ein schweres, schaufelartiges Geweih.

Elektrizität

Das Wort Elektrizität bezeichnete ursprünglich nur eine elektrische Ladung. Diese gibt es in der Natur als positive und als negative Ladung. Der Begriff Elektrizität wird heutzutage aber auch für elektrischen Strom und elektrische ➡ Energie verwendet.

Elster

Die Elster gehört zu den Rabenvögeln. Sie hat eine Vorliebe für glänzende Gegenstände. Deshalb wird ein Mensch, der stiehlt, auch „diebische Elster" genannt.

Energie

Energie ist ein Begriff aus der ➡ Physik und meint die Fähigkeit, Arbeit zu verrichten. Es gibt verschiedenste Formen, zum Beispiel Wärmeenergie oder jene Energie, mit der ein Gegenstand auf einen anderen aufprallt Energie lässt sich nicht erzeugen. Man kann nur eine Art in eine andere

Entdeckungsreisen   E

Elstern lieben alle Gegenstände, die im Licht glänzen, wie Folien, Löffel oder Glasscherben. Sie legen sie in ihre Nester.

umwandeln. Im übertragenen Sinne sprechen wir davon, dass ein Mensch, der fleißig arbeitet, viel Energie besitzt.

Energy-Drink

(gesprochen: enertschi drink). Energy-Drinks sollen die Energie zurückbringen, die man durch Sport verloren hat. Sie enthalten neben ➡ Zucker, Wasser und Kohlensäure auch ➡ Mineralstoffe und anregende Mittel wie Koffein.

Entdeckungsreisen

In der Antike und im Mittelalter bewegten sich die Entdeckungsreisenden auf dem Land oder entlang der Küsten. Sie orientierten sich dabei an den Sternen. Wären sie mit ihren Schiffen auf das Meer gefahren, hätten sie sich bei bewölktem Himmel verirrt. Erst dank der Erfindung des Kompasses waren auch weite Seereisen möglich.

Das 15. Jahrhundert gilt als das Zeitalter der großen Entdeckungen. So suchte Christoph Columbus den Seeweg nach ➡ Indien und entdeckte stattdessen Amerika. Vasco da Gama erreichte einige Jahre später tatsächlich Indien mit dem Schiff. Erst im 20. Jahrhundert wurden der ➡ Nord- und der ➡ Südpol erreicht. Heute führen die Entdeckungsreisen weg von der Erde in den Weltraum. 1969 war beispielsweise der erste Mensch auf dem Mond.

E

Ente

Ente

Dieser Wasservogel lebt an Teichen, Seen, Bächen, in Sümpfen und Mooren. Die Zehen der Ente sind durch Schwimmhäute verbunden, sodass sie schnell und wendig paddeln kann. Da sie ihr Gefieder mithilfe einer Schwanzdrüse (Bürzeldrüse) stets einfettet, ist sie vor Feuchtigkeit und Kälte gut geschützt. Auffallend ist das bunte Federkleid des Männchens (Erpel). Das Weibchen dagegen ist unauffällig braun gefärbt.

Entzündung

Mit einer Entzündung reagiert der Körper auf eine Schädigung durch ➡ Infektionen, ➡ Gifte oder Verletzungen. Dabei rötet sich das Gewebe oder das ➡ Organ und schmerzt. Eine Entzündung ist Teil der Wundheilung. Ihr Ziel ist es, beschädigte ➡ Zellen von der Blutzufuhr abzutrennen, wodurch diese absterben.

Enzyme

Neben ➡ Hormonen und ➡ Vitaminen sind es die Enzyme, die alle chemischen Reaktionen im Körper in Gang setzen, steuern und regeln. Sie bestehen vor allem aus ➡ Eiweißen und werden von Menschen, Tieren und Pflanzen gebraucht. Bestimmte Enzyme sind außerdem für Gärungen notwendig.

Epidemie

Breitet sich eine ➡ Seuche rasch und in großem Umfang aus, sprechen wir von einer Epidemie.

Erdbeben

Erschütterungen des Erdbodens werden Erdbeben genannt. Ausgelöst werden sie durch Verschiebungen der Erdrinde, durch den Einsturz unterirdischer Hohlräume oder durch einen Vulkanausbruch (➡ Vulkan). Viele Erdbeben sind so leicht, dass man sie gar nicht spürt,

Bergente (Männchen) Bergente (Weibchen) Stockente (Weibchen)

E

Erdgas

manche dauern nur Sekunden. Bei starken Erdbeben können aber Bauwerke einstürzen.

Erde

Unsere Erde ist ein Planet, der die Sonne umkreist. So eine Umrundung dauert genau ein Jahr. Der jeweilige Abstand zur Sonne bestimmt die Jahreszeiten. Außerdem dreht sich die Erde jeden Tag einmal um die eigene Achse; dadurch entstehen die Tageszeiten. In ihrem Inneren besteht die Erde aus mehreren unterschiedlichen Gesteinsschichten. Weniger als ein Drittel ihrer Oberfläche ist Land.

Der innere Erdkern (1) besteht aus festen, der äußere (2) aus flüssigen Metallen. Der Erdmantel (3) setzt sich aus festen und geschmolzenem Stein zusammen. Ganz außen befindet sich die Erdkruste (4).

Erdgas

Dieser Rohstoff lagert in der Erde und ist ähnlich wie ➡ Erdöl, mit dem zusammen es oft vorkommt, aus abgestorbenen Tieren und Pflanzen oder aus ➡ Kohle. Verwendet wird Erdgas zum Heizen, aber auch in der chemischen ➡ Industrie.

Krickente

Eisente (Weibchen und Männchen). Diese leben in der Arktis.

E

Erdöl

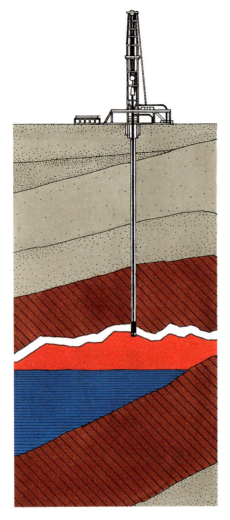

Der Bohrturm stützt das Bohrgestänge, das mit einem großen Bohrkopf versehen ist. Der fräst sich meist viele 100 Meter durch hartes Gestein, ehe er ein Erdöllager erreicht.

Erdöl

Die Überreste von Pflanzen und Tieren, die vor vielen Millionen Jahren gelebt haben, verwandelten sich im Laufe der Zeit durch den Druck darüber liegender Erdmassen zu Erdöl. Findet man heute solch ein Erdölvorkommen, werden riesige Bohrer eingesetzt, die von hohen Bohrtürmen aus vorgetrieben werden. Auch im Meeresboden, zum Beispiel in der ➡ Nordsee, ist man auf Erdöl gestoßen. Hier errichtet man ➡ Bohrinseln. In großen Rohrleitungen, den so genannten Pipelines (gesprochen: peipleins), wird das Erdöl weitergeleitet. In Öltankern wird es über die Meere transportiert. Raffinerien verarbeiten es zu ➡ Benzin, Heizöl, Dieselöl (➡ Diesel) und vielen Kunststoffen. Da die Vorräte weltweit knapp geworden sind, ist Erdöl kostbar.

Esel

Der bei uns verbreitete Hausesel wurde bereits im alten ➡ Ägypten gezüchtet und als Arbeitstier verwendet. Esel und Pferde können sich paaren, ihre Nachkommen sind jedoch unfruchtbar. Das Fohlen eines weiblichen Esels und eines männlichen Pferdes wird Maulesel genannt, das eines männlichen Esels und eines weiblichen Pferdes hingegen Maultier.

E

Eulenspiegel

Eskimo

Eskimos wohnen hoch im Norden in den kältesten Gebieten der Erde, die meisten von ihnen an der Küste Grönlands. Ihr eigener Name für ihr Volk ist Inuit, das bedeutet in ihrer Sprache Menschen. Noch immer leben viele Eskimos von Fischfang, Jagd und Rentierzucht. Zunehmend aber führen sie ein modernes Leben, wohnen in Häusern statt in Iglus, benutzen Motor- statt Hundeschlitten und Motorboote statt Kajaks.

Eule

Die Eule ist ein Raubvogel, der nachts und in der Dämmerung auf Beutefang geht. Mit Federn, die sehr weich und geschmeidig sind, kann eine Eule nahezu lautlos durch die Luft gleiten und sich ihrem Opfer so nähern. Die Eule verschlingt ihre Beute zunächst ganz. Später würgt sie Haare und Knochen des Beutetiers als so genanntes Gewölle wieder aus. Die größte heimische Eule ist der Uhu. Man erkennt ihn an den großen Federbüscheln, die von seinen Ohren abstehen. Alle Eulen stehen bei uns unter ➡ Naturschutz.

Eulenspiegel

Anfang des 16. Jahrhunderts erschien ein Volksbuch, dessen Held Till Eulenspiegel ist. Dieser bäuerliche Schelm spielt den Stadtbürgern und hohen Herren Streiche und hält sie zum Narren. Wahrscheinlich hat er wirklich gelebt.

Früher lebten alle Eskimos in Iglus, die sie aus Schneeblöcken bauten. Da es draußen so kalt war, konnte man drinnen sogar Feuer machen, ohne dass das Iglu schmolz.

E

Europa

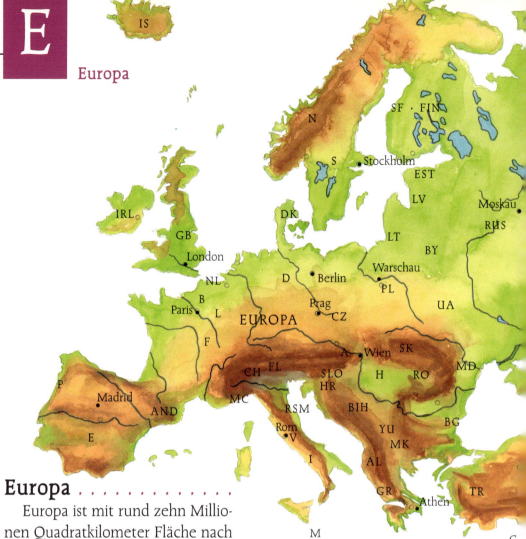

Europa

Europa ist mit rund zehn Millionen Quadratkilometer Fläche nach ➡ Australien der zweitkleinste ➡ Kontinent der Erde. Etwa 750 Millionen Menschen leben insgesamt in den 45 Ländern dieses Erdteils. Sie sprechen 64 verschiedene Sprachen und haben 42 unterschiedliche ➡ Währungen. Das Uralgebirge und der Uralfluss trennen Europa von ➡ Asien. Die ➡ Alpen sind Europas mächtigstes Gebirge. Europa hat eine hoch entwickelte ➡ Industrie, betreibt aber auch ertragreiche Landwirtschaft. Rohstoffe allerdings müssen in großen Mengen eingeführt werden.

Die EU hat eine eigene Flagge, die den Zusammenhalt der Nationen darstellen soll. Auf blauem Grund sieht man zwölf gelbe Sterne. Sie stehen für die ehemals zwölf Mitgliedstaaten.

Europa

➡ Russland sowie die angrenzende ➡ Türkei befinden sich nur zu einem kleinen Teil in Europa, der Rest gehört zu Asien. Die türkische Stadt Istanbul ist sogar die einzige Stadt der Welt, die auf zwei Kontinenten liegt.

Das größte Land Europas ist Russland, das kleinste Vatikanstadt. Die größten Städte sind London (Hauptstadt von Großbritannien) und Paris (Hauptstadt von Frankreich). Der höchste Berg ist der Montblanc; er ist 4807 Meter hoch und liegt in den Westalpen. Der längste Fluss ist der russische Strom Wolga mit einer Gesamtlänge von 3531 Kilometer.

Die Europäische Union (abgekürzt: EU) ist eine Vereinigung von europäischen Ländern, die ihre Wirtschaft immer enger miteinander verbinden und eine gemeinsame Außenpolitik betreiben. Ihre Mitgliedstaaten sind ➡Belgien, ➡Deutschland, ➡Dänemark, ➡Finnland, ➡Frankreich, ➡Italien, ➡Griechenland, ➡Großbritannien, ➡Irland, ➡Luxemburg, ➡Niederlande, ➡Österreich, ➡Portugal, ➡Schweden und ➡Spanien. Weitere Länder haben die Aufnahme in die EU beantragt. Von der Europäischen Union wurde die Einführung einer gemeinsamen ➡Währung beschlossen, die Euro heißt. Ein Euro besteht aus 100 Cent. Die früheren Münzen und Geldscheine der verschiedenen Mitgliedsländer verlieren schrittweise ihre Gültigkeit.

Die Länder Europas und ihre Nationalitätenkennzeichen

Albanien AL	Malta M
Andorra AND	Moldawien MD
Belgien B	Monaco MC
Bosnien-Herzegowina BIH	Niederlande NL
Bulgarien BG	Norwegen N
Dänemark DK	Österreich A
Deutschland D	Polen PL
Estland EST	Portugal P
Finnland SF oder FIN	Rumänien RO
Frankreich F	Russland RUS
Griechenland GR	San Marino RSM
Großbritannien GB	Schweden S
Irland IRL	Schweiz CH
Island IS	Slowakei SK
Italien I	Slowenien SLO
Jugoslawien YU	Spanien E
Kroatien HR	Tschechien CZ
Lettland LV	Türkei TR
Liechtenstein FL	Ukraine UA
Litauen LT	Ungarn H
Luxemburg L	Vatikanstadt V
Makedonien MK oder FYROM	Weißrussland BY
	Zypern CY

F

Fabel

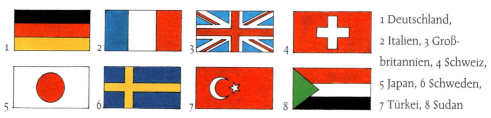

1 Deutschland, 2 Italien, 3 Großbritannien, 4 Schweiz, 5 Japan, 6 Schweden, 7 Türkei, 8 Sudan

Fabel

Eine Fabel ist eine Erzählung, in der Tiere mit bestimmten Eigenschaften etwas erleben, aus dem die Menschen eine Lehre ziehen können. Eine besonders bekannte Fabelfigur ist der schlaue Reineke Fuchs.

Fabrik

In einer Fabrik stellen Arbeiter und Arbeiterinnen Waren in großer Menge her. Oft arbeiten sie am Fließband. Heute übernehmen ➡ Maschinen und ➡ Roboter immer häufiger die Arbeit der Menschen.

Fahne

Eine Fahne besteht aus einem oft mehrfarbigen Tuch, das an einer Stange oder an einem Mast befestigt wird. Sie ist das Wahrzeichen eines Landes, eines Vereins oder auch einer Familie. Fahnen gibt es bereits seit dem Altertum. Kleine Fahnen, die in der Schifffahrt zur Verständigung eingesetzt werden, nennt man Flaggen.

Fähre

Fähren sind spezielle Transportschiffe, die Personen, Waren oder Fahrzeuge von einem Ufer zum anderen befördern. Sie verkehren auf Flüssen, Seen und Meeren.

Fährte

So nennt man die Fußabdrücke, die Tiere im Schnee oder weichen Boden hinterlassen. Ein geübter Spurenleser kann aus der Fährte die Tierart, die Geschwindigkeit und sogar das Geschlecht des Tieres erkennen.

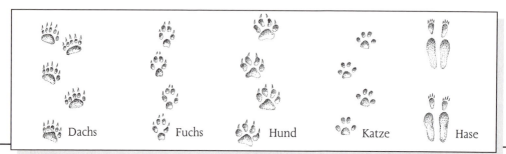

Maus

Dachs   Fuchs   Hund   Katze   Hase

F

Faschismus

Fallschirm

An einem Fallschirm kann ein Mensch oder eine Last von einem Flugzeug aus zu Boden schweben. Beim Absprung öffnet sich der Fallschirm entweder sofort oder der Springer zieht an der Reißleine und öffnet so den Schirm. Beliebt ist Fallschirmspringen auch als Sportart.

Farn

Farne gehören zu den ältesten Pflanzen. Es gibt über 9000 verschiedene Arten. Die meisten Farne wachsen buschartig, manche auch baumartig. Sie bilden keine Blüten, sondern vermehren sich über Sporen.

Fasan

Fasane sind asiatische Hühnervögel. Es gibt fast 30 Arten auf der ganzen Welt. Meist leben sie am Boden. Die Männchen sind im Gegensatz zu den unauffälligen Weibchen leuchtend bunt gefärbt. Junge Fasane sind Nestflüchter, das heißt, dass sie sich bereits kurz nach dem Schlüpfen selbst Nahrung suchen können.

Fasching

Fasching, Fastnacht und Karneval sind verschiedene Bezeichnungen für die Zeit vor Aschermittwoch, in der sich die Menschen verkleiden, Masken tragen, Feste feiern und ausgelassene Umzüge veranstalten. Früher war der Fasching die Zeit, in der man noch einmal richtig ausgelassen sein durfte, ehe die strenge Fastenzeit begann (➡ Fasten).

Faschismus

Der Faschismus ist eine politische Bewegung, die 1919 in ➡ Italien von einem Staatsmann namens Mussolini ins Leben gerufen wurde. Ziel ist die totale Macht des Staates und die bedingungslose Unterordnung jedes Menschen unter den Willen eines Führers. In vielen Ländern gab und gibt es faschistische Strömungen. So herrschte in Deutschland zwischen 1933 und 1945 der ➡ Nationalsozialismus.

Die meist recht großen Blätter des Farns nennt man Wedel.

Fasten

Fasten

Wer fastet, isst und trinkt von bestimmten Nahrungsmitteln gar nichts oder weniger als normalerweise. Manche Menschen tun dies aus gesundheitlichen Gründen oder, weil sie abnehmen wollen. Für andere hat es religiöse Gründe. Für Christen ist die Zeit zwischen Aschermittwoch und Ostern die so genannte Fastenzeit.

Fastfood

(gesprochen: faastfud). Die Bezeichnung Fastfood (englisch: schnelles Essen) kommt aus den USA. Sie wird für Essen verwendet, das man sowohl schnell zubereiten als auch schnell essen kann, wie zum Beispiel Hamburger und Pommes frites.

Fata Morgana

Eine Fata Morgana ist eine Luftspiegelung. In der Wüste erwärmt der heiße Sand manchmal die unteren Luftschichten so stark, dass die oberen Schichten Bilder spiegeln. Dadurch sind Städte oder ➡ Oasen, die sich zum Beispiel hinter dem Horizont befinden, scheinbar in der Nähe zu sehen.

1 Vogelfeder,
2 Schraubenfeder

Feder

Die Haut von Vögeln ist mit Federn bedeckt. Vogelfedern bestehen aus ➡ Horn und werden in der so genannten Mauser jährlich gewechselt. Technische Federn sind meist aus Stahl. Sie reagieren auf Belastungen elastisch und „federn" nach Entlastung wieder in ihre ursprüngliche Form zurück.

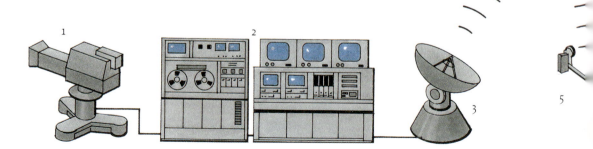

Fernrohr

Ein Fernrohr vergrößert so stark, dass man weit Entferntes ganz nahe sieht. Große Fernrohre (Teleskope), dienen schon seit knapp 400 Jahren der Beobachtung des Sternenhimmels. Aus zwei miteinander verbundenen Fernrohren entstand das Fernglas (Feldstecher).

Fernsehen

Das Fernsehen überträgt bewegte Bilder und den dazugehörigen Ton mit elektronischen Mitteln. Das Bild, das die Fernsehkamera (1) aufnimmt, wird in einzelne Lichtpunkte oder Signale zerlegt. Diese werden am Mischpult (2) bearbeitet, vom Fernsehsender (3) gesendet und von der ➡ Antenne (5) empfangen. Der Fernseher (6) setzt die einzelnen Lichtpunkte wieder zu Bildern zusammen. Beim Kabelfernsehen werden elektronische Signale durch ein Kabel geschickt, beim Satellitenfernsehen werden

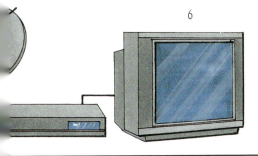

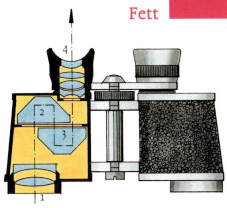

Beim Feldstecher vergrößert eine Linse (1) das Betrachtete und spiegelt es über die Prismen (2, 3) zu weiteren kleinen Linsen (4). Diese vergrößern das Bild nochmals und stellen es scharf.

die Programme von ➡ Satelliten (4) zur Erde gestrahlt.

Fett

Neben ➡ Eiweißen und Kohlenhydraten gehören Fette zu den Hauptbestandteilen unserer Nahrung. Ihr Nährwert ist im Vergleich zu diesen jedoch doppelt so hoch. Der Körper speichert Nahrung, die er nicht sofort braucht, in Form von Fett. Eine Fettschicht ist nicht nur ein Nährstoffdepot, sondern schützt auch vor Kälte. Deshalb haben Polartiere, zum Beispiel Pinguine, eine dicke Fettschicht.

Die ersten Fernseher konnten Bilder nur schwarz-weiß übertragen. Farbfernseher gab es in den USA erst 1953, in Deutschland sogar erst 1967.

F

Feuer

Feuer

Ein Feuer entsteht, wenn sich der Brennstoff, zum Beispiel Holz, bei einer bestimmten Temperatur (Zündtemperatur) mit dem Sauerstoff der Luft verbindet. Dabei entwickeln sich Hitze und Licht.

Feuerwehr

Die Feuerwehr rückt mit ihren Fahrzeugen und Geräten an, wenn zum Beispiel ein Haus oder ein Wald brennt. Während mit großen Wasserschläuchen das Feuer gelöscht wird, beginnen Feuerwehrleute, Menschen und Tiere zu retten. Die Feuerwehr hilft zudem bei Überschwemmungen, Stürmen und schweren Unfällen. Auch Tiere in Not werden von der Feuerwehr gerettet.

Fieber

Steigt die Körpertemperatur über 37 Grad Celsius spricht man von Fieber. Es ist eine Abwehrreaktion des Körpers, um eingedrungene Krankheitserreger (➡ Virus) zu bekämpfen. Deshalb sollte Fieber zunächst nicht durch Medikamente unterdrückt werden. Erst über 40 Grad Celsius wird es gefährlich.

Film

Im engeren Sinne werden darunter Träger von Fotos verstanden, wie man sie in Foto- und Filmkameras einlegt. Im weiteren Sinne bezeichnet man damit einen Filmstreifen, der auf einer Leinwand bewegte Bilder erzeugt. Der Eindruck wirklichkeitsgetreuer Bewegungen entsteht, indem die einzelnen Bilder sehr rasch hintereinander ablaufen (24 Bilder pro Sekunde).

Finanzamt

Das Finanzamt berechnet die ➡ Steuern, die jeder Bürger entrichten muss und sorgt dafür, dass sie pünktlich bezahlt werden.

F

Finnland

Wie ➡Norwegen und ➡Schweden gehört Finnland mit seiner Hauptstadt Helsinki zur Halbinsel Skandinavien. Ein Großteil der Landesfläche ist von Wald bedeckt. Im Norden leben Rentiere und ➡Elche. Auch der Volksstamm der Lappen oder Samen ist hier zu Hause.

Fische

Fische gibt es in unzähligen Arten, fast alle haben Flossen und Schuppen. Sie atmen über ihre Kiemen. Meist pflanzen sich Fische durch Eier fort, nur wenige bringen lebende Junge auf die Welt, zum Beispiel Haie. Fische sind wechselwarm, also immer genauso warm wie das Wasser, in dem sie gerade schwimmen.

Fjord

Fjorde sind Täler, die während der Eiszeit von Gletschern ausgeschliffen wurden und in die später Meerwasser eingedrungen ist. Es gibt sie vor allem in Skandinavien, Schottland und Neuseeland.

Flaschenzug

Mit ihm können schwere Lasten angehoben werden. Ist er beweglich gelagert, können die Lasten auch verschoben werden.

Flaschenzug

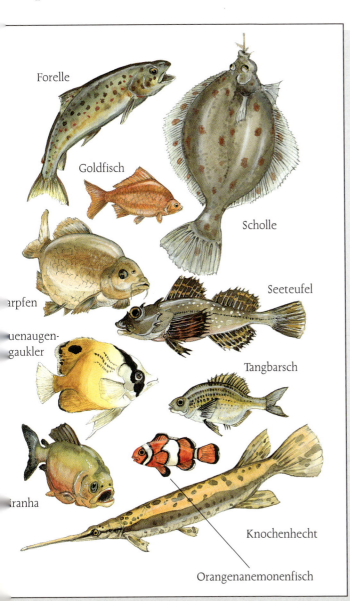

Forelle
Goldfisch
Scholle
Karpfen
Seeteufel
Pfauenaugen-gaukler
Tangbarsch
Piranha
Knochenhecht
Orangenanemonenfisch

Fledermaus

Fledermaus

Fledermäuse sind die einzigen fliegenden Säugetiere. Die bei uns lebenden Arten schlafen am Tag und den ganzen Winter über in Baum- oder Felshöhlen. Dabei hängen sie mit dem Kopf nach unten. Weil sie sich von Insekten ernähren, sind sie sehr nützlich. Bei uns stehen sie unter Naturschutz.

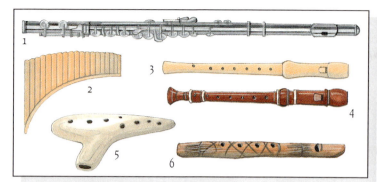

Verschiedene Flötenarten: 1 Querflöte, 2 Panflöte, 3 Altflöte, 4 Sopranflöte, 5 Okarina, 6 Hirtenflöte

Fliege

Die Fliege ist ein ➡ Insekt. Auf der ganzen Welt gibt es Fliegen in vielerlei Arten. Alle haben zwei Flügel und kurze Fühler.

Floh

Der Floh ist ein ➡ Insekt, das nur wenige Millimeter groß ist. Er hat keine Flügel, aber kräftig entwickelte Sprungbeine. So kann er bis zu 30 Zentimeter hoch und 50 Zentimeter weit springen. Seine Bisse jucken sehr.

Flöhe ernähren sich von dem Blut, das sie ihrem Opfer absaugen; sie können Krankheiten übertragen. Der Menschenfloh ist bei uns selten geworden.

Floß

Ein Floß ist ein Wasserfahrzeug aus Baumstämmen, Binsen oder Fässern. In Gegenden, in denen es viel Wasser und viel Holz gibt, werden die gefällten Stämme als Floß auf den Flüssen zum Sägewerk transportiert.

Flöte

Dieses Blasinstrument gilt als das älteste Musikinstrument, mit dem man eine Melodie erzeugen kann. Bereits vor etwa 30.000 Jahren spielten die Menschen auf Knochenflöten. Heute gibt es auf der ganzen Welt Flöten in verschiedenen Formen und Größen.

Flugzeug

Seit etwa hundert Jahren gibt es Flugzeuge. Im Gegensatz zum ➡ Ballon oder Luftschiff sind Flug-

Segelflugzeug

Düsenflugzeug

Militärflugzeug

Football

zeuge schwerer als Luft. Dank des Auftriebs fliegen sie dennoch. Unter den Tragflächen staut sich nämlich die Luft so, dass die Flügel nach oben gedrückt werden. Gleichzeitig entwickelt sich an der Oberseite der Tragflächen ein Sog, da die vorbeiströmende Luft oben einen längeren Weg zurücklegt als unten. So hält sich jedes Flugzeug in der Luft, egal ob es von Propellermotoren oder Düsentriebwerken angetrieben wird, oder wie ein Segelflieger gar keinen Motor hat.

Fluor

Genau genommen ist Fluor ein grünliches, giftiges Gas. Die Salze von Fluor sind jedoch sehr nützlich: Diese so genannten Fluoride härten den Zahnschmelz und die Zähne werden weniger anfällig für Karies. Deshalb werden sie in geringen Mengen vielen Zahncremes, manchmal auch dem Speisesalz oder Trinkwasser beigefügt.

Folter

Wenn ein Mensch körperlich oder seelisch gequält wird, spricht man von Folter. Ihr Ziel ist es, den Willen dieses Menschen zu brechen, damit er ein Geständnis ablegt oder eine bestimmte Tat begeht. ➡ Amnesty International stellt jedes Jahr ungefähr eine halbe Million Fälle von Folter fest.

Football

(gesprochen: futtbol). Football ist ein amerikanisches Mannschaftsspiel, das mit unserem Fußballspiel nur wenig gemeinsam hat. Je elf Männer stehen sich gegenüber und kämpfen um einen eiförmigen Ball. Der Spieler dürfen sich gegenseitig so hart angreifen, dass sie sich mit Schutzhelmen und gut gepolsterter Kleidung schützen müssen.

F

Fossilien

Fossilien

Fossilien sind versteinerte Überreste von Tieren und Pflanzen aus der Frühzeit der Erde. Sie haben sich über Jahrmillionen erhalten, weil durch völligen Luftabschluss keine Verwesung einsetzte.

Fotoapparat

1 Objektiv, 2 Blitz, 3 Auslöser, 4 Linse

Vor etwa 150 Jahren machte Louis Daguerre (gesprochen: lui dagär) die ersten Fotografien. Für jede neue Aufnahme legte man dabei eine einzelne Platte in den Apparat ein. Um 1890 kamen die ersten Rollfilme auf. Heute gibt es eine Vielfalt verschiedener, moderner Fotoapparate. Das Prinzip des Fotografierens hat sich jedoch nicht geändert.

Frankreich

Frankreich gehört zu den bedeutendsten Industrieländern (➡ Industrie) der Welt, produziert aber auch große Mengen landwirtschaftlicher Produkte. Seine Hauptstadt Paris und deren Umgebung sind für das Land sehr wichtig. Etwa ein Fünftel der Gesamtbevölkerung Frankreichs lebt hier. Weltberühmt ist das Land für seine Kunst, Mode und Kochkunst. In Frankreich liegt auch Europas höchster Berg, der Mont Blanc, mit 4807 Metern Höhe.

Frosch

Auf der ganzen Welt gibt es Frösche in vielen Arten und Größen. Mit ihren langen und kräftigen Hinterbeinen können sie weit springen und schnell schwimmen. Mithilfe von Schallblasen erzeugen viele Arten das bekannte Quaken. Zur Fortpflanzung legen sie Eier, den Laich, ins Wasser ab. Daraus schlüpfen die Kaulquappen, die noch keine Beine haben und sich mit einem Ruderschwanz fortbewegen. Sie haben wie ➡ Fische Kiemen und können nur im Wasser leben. Erst langsam entwickeln sich Lunge und Beine. Zuletzt fällt der Schwanz ab.

Frost

Wenn die Temperatur unter null Grad Celsius sinkt, gefriert das Wasser und die Luftfeuchtigkeit wird zu kleinen Eiskristallen, dem Raureif. Man spricht dann von Frost.

F

Fußball

Frucht

Aus Blüten von Pflanzen gehen Früchte hervor, die Samen enthalten. Reife Früchte fallen ab und verbreiten so die Samen, aus denen neue Pflanzen entstehen. Viele Früchte werden von Menschen und Tieren als schmackhafte und gesunde Nahrung geschätzt.

Europäischer Rotfuchs

Fuchs

Füchse gehören zu den hundeartigen Raubtieren, die neben kleinen Tieren auch Aas und sogar Früchte fressen. In unseren heimischen Wäldern kommt der Rotfuchs vor. Weil er als Überträger von Tollwut gilt, wird er vielerorts gejagt.

Funk

Wenn Nachrichten nicht über einen Draht oder ein Kabel übertragen werden, sondern über elektromagnetische Wellen, spricht man von Funk. Nur so können wir zum Beispiel fernsehen oder mit schnurlosen Telefonen und Handys (gesprochen: händis) telefonieren. Mit Funksprechgeräten verständigen sich Polizei, Feuerwehr, Flugzeuge, Schiffe und viele mehr. So genannte Amateurfunker betreiben das Funken als Hobby.

Fußball

Die ersten Fußballspieler gab es vor über 2000 Jahren in China und Südamerika. Nach unseren heutigen Regeln wird Fußball seit etwa 150 Jahren gespielt. Zwei Mannschaften von je zehn Feldspielern und einem Torwart kämpfen darum, den Ball in das gegnerische Tor zu schießen. Fußball ist auf der ganzen Welt ein beliebter Sport. Die Regeln sind international, das heißt, in allen Ländern gleich. Viele Menschen spielen selbst Fußball, noch mehr allerdings sehen ihn als spannende Unterhaltung. Eine besondere Attraktion sind die Spiele der Europa- und Weltmeisterschaften.

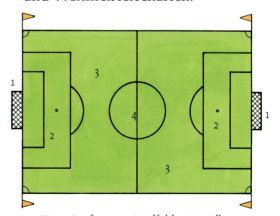

1 Tor, 2 Strafraum, 3 Spielfeld, 4 Mittellinie

G

Gämse

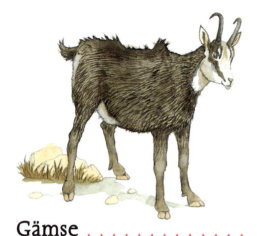

Gämse
Die Gämse ist ein ziegenähnliches Huftier, das ausgezeichnet klettern kann. Sie lebt in den Alpen und in einigen Mittelgebirgen. Ihre Rückenhaare werden für den so genannten Gamsbart, einem Hutschmuck, verwendet.

Gans
Gänse sind kräftige Schwimmvögel, die sehr gut fliegen können. Manche Arten, beispielsweise die Graugans, sind Zugvögel. Sie fliegen im Herbst zum Überwintern bis nach Nordafrika. Von der Graugans stammt auch unsere weiße Hausgans ab.

Garantie
Wer eine Garantie abgibt, verpflichtet sich zur Leistung von Schadenersatz. Hat man zum Beispiel ein Jahr Garantie auf eine Uhr, übernimmt der Hersteller die Gewähr, dass im ersten Jahr bei ordentlichem Umgang nichts daran kaputtgeht. Tritt während der Garantiezeit ein Schaden auf, muss er kostenlos behoben werden.

Gas
Gas ist ein luftähnlicher Stoff, aber leichter als Luft. Es nimmt mehr Raum ein als flüssige oder feste Stoffe; zum Beispiel ergibt ein Liter Wasser etwa 2000 Liter Wasserdampf. Wenn man Gas stark abkühlt, kann man es verflüssigen. Manche Gase sind brennbar, andere kann man zum Löschen (Ersticken) von Flammen verwenden. Gase werden zum Heizen und Beleuchten verwendet, manche explodieren leicht oder sind giftig.

Gastarbeiter
In den Sechzigerjahren warb Deutschland Arbeitskräfte aus südeuropäischen

Ländern an, um so den Mangel an Arbeitern auszugleichen. Viele Italiener, Griechen, Jugoslawen, Türken und andere kamen nach Deutschland; sie waren somit Gastarbeiter. Manche kehrten später wieder in ihre Heimatländer zurück, viele fanden aber auch hier ein neues Zuhause.

Gebirge

Überall auf der Erde gibt es Gebirge. Sie entstanden vor Jahrmillionen durch starken Druck aus dem Inneren der Erde und durch heftige Vulkanausbruche (➡ Vulkan). Gebirge sind Gebiete mit zusammenhängenden ➡ Bergen, Tälern und Schluchten. Erreichen seine Gipfel eine Höhe von 2000 Metern, sprechen wir von einem Hochgebirge, zum Beispiel die ➡ Alpen (Europa), der ➡ Himalaja (Asien), die Anden (Südamerika) oder die Rocky Mountains (Nordamerika). Niedrigere Gebirge nennt man Mittelgebirge, beispielsweise der Harz, das Erzgebirge oder der Bayerische Wald. Auch auf dem Boden von Meeren und Ozeanen gibt es Gebirge. Ihre Gipfel tauchen als Inseln über dem Wasser auf.

Hochgebirgsklima: Die Winter im Gebirge sind schneereich und lang, die Sommer kurz, aber warm. An den Gebirgshängen herrschen starke Winde; es fallen viele Niederschläge.

Die Pflanzenwelt verändert sich mit der Höhenlage. Diese reicht von grünen Tälern, in denen noch Bäume wachsen, über Sträucher- und Grasbewuchs auf den steilen Hängen, bis hinauf zu ewigem Schnee und Eis (➡ Gletscher) auf den Gipfeln.

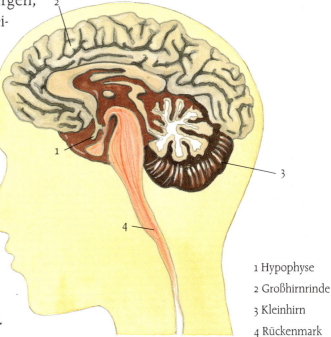

1 Hypophyse
2 Großhirnrinde
3 Kleinhirn
4 Rückenmark

G

Gebirge

Oberhalb der Baumgrenze wachsen nur noch widerstandsfähige Pflanzen wie Latschen und Kräuter. In den letzten Jahren haben die Gebirge sehr unter dem Ansturm von Touristen und Bergsportlern gelitten. Vielerorts wurden Lifte gebaut, um Bergsteigern, Wanderern und vor allem Wintersportlern den Aufstieg zu erleichtern. Dadurch kam es in manchen Gebirgsregionen zu großen Umweltzerstörungen. Inzwischen gibt es jedoch Bemühungen, die Tier- und Pflanzenwelt der Berge zu schützen.

1 Adler mit Beute, 2 Murmeltier, 3 Enzian, 4 Schneeheide

Geburt

Nach neun Monaten im Bauch der Mutter wird ein Kind geboren. Die Mutter bekommt dabei starke Schmerzen (Wehen), durch die das Kind aus ihrem Körper herausge-

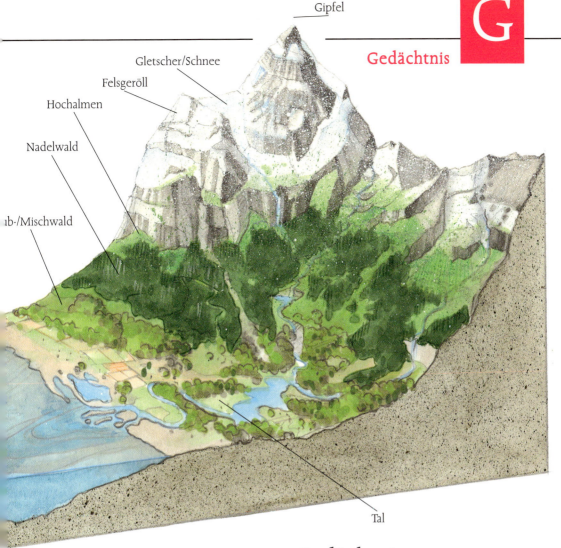

Gipfel
Gletscher/Schnee
Felsgeröll
Hochalmen
Nadelwald
Laub-/Mischwald
Tal

G

Gedächtnis

presst wird. In der Regel schiebt sich das Kind mit dem Kopf voran durch die Scheide der Mutter. Wenn es dabei Probleme gibt, kann es durch eine ➡ Operation (Kaiserschnitt) zur Welt gebracht werden. Von einer Frühgeburt sprechen wir, wenn das Kind bereits zwischen der 29. und 38. Woche der ➡ Schwangerschaft geboren wird. Es kommt dann zunächst in einen Brutkasten.

Gedächtnis

Das Gedächtnis ist die Fähigkeit des ➡ Gehirns, Erlebnisse, Gedanken und Gefühle zu speichern und bei Bedarf als Erinnerung wieder hervorzurufen. Es wird zwischen Kurz- und Langzeitgedächtnis unterschieden, je nach der Speicherdauer. Mit dem sensorischen Gedächtnis können wir uns Bilder und Geräusche merken. So erkennen wir Musik und Filme.

G

Gehirn

Gehirn
Das Gehirn (Abb. Seite 101) ist die Zentrale des Nervensystems. Es steuert alle Abläufe im Körper. Für die bewussten Vorgänge – Denken, Sehen, Hören, Sprechen, Fühlen, Bewegen usw. – ist das Großhirn verantwortlich. Das Kleinhirn reguliert die Funktionen, die wir nicht beeinflussen können: Herzschlag, Nierentätigkeit, Müdigkeit oder Angst usw.

Geier
Die Geier zählen zu den Raubvögeln, obwohl sie sich von Aas ernähren. Ihr Kopf und der oft lange Hals sind meist kahl.

Geige
Die Geige hat von allen Streichinstrumenten den hellsten Klang. Sie besitzt vier Saiten.

Geisel
Manchmal nehmen Verbrecher oder Terroristen Gefangene (Geiseln), um ihre Forderungen durchzusetzen.

Geier

Gelbsucht
Eine gelbliche Verfärbung der ➡ Haut oder anderer Organe wird als Gelbsucht bezeichnet. Sie wird durch Erkrankungen von Leber oder Gallenblase verursacht.

Geld
Geld ist notwendig für jeden ➡ Handel. Anfänglich benutzten die Menschen Dinge wie Muscheln oder Salz als Geld. Bald verwendeten sie Gold und Silber, noch später Münzen. Geldscheine gibt es seit etwa 400 Jahren.

Gemüse
Pflanzen, deren Blätter, Früchte, Stiele, Knollen, Wurzeln, Zwiebeln oder Samen man essen kann und die weder Obst, Getreide oder Nüsse sind, nennt man Gemüse. Es enthält ➡ Vitamine, ➡ Mineralstoffe und ➡ Eiweiße.

Generation
Zu einer Generation gehören alle Menschen, die etwa im gleichen Zeitabschnitt geboren sind, zum Beispiel Großeltern oder Eltern.

G

Germanen

Alle Gemüsesorten sind sehr gesund. Sie enthalten Stoffe, die für unseren Körper wichtig sind.

Genie

(gesprochen: schenie). Als Genie wird ein besonders begabter Mensch bezeichnet, der ungewöhnliche Leistungen vollbringt.

Gentechnologie

Bei der Gentechnologie werden gezielt die Erbanlagen von Menschen, Tieren und Pflanzen verändert. Die Gentechnologie ist heftig umstritten. Noch weiß niemand sicher, ob solche Eingriffe die Natur nicht schädigen.

Gerben

Beim Gerben wird aus Tierhaut Leder hergestellt. Zuerst werden Haare und Oberhaut chemisch entfernt, danach wird die Unterhaut abgetrennt.

Gericht

Wird ein Mensch eines Verbrechens beschuldigt, kommt er vor ein Gericht. Das Gericht entscheidet dann in einer Verhandlung, ob er schuldig ist und wenn ja, welche Strafe er bekommt.

Germanen

Die Germanen lebten vor etwa 2000 Jahren im Norden ➡ Europas. Moderne Sprachen wie Deutsch, Englisch und Niederländisch entstanden aus den alten germanischen Sprachen.

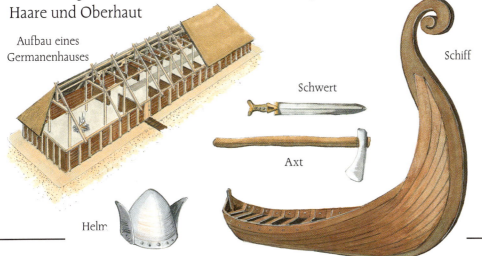

Aufbau eines Germanenhauses

Schwert

Axt

Schiff

Helm

Geschwindigkeit

Geschwindigkeit

Mit der Geschwindigkeit gibt man an, wie lange ein Körper braucht, um eine bestimmte Strecke zurückzulegen. Fährt ein Auto also zum Beispiel mit einer Geschwindigkeit von 80 Stundenkilometern (km/h), dann legt es in einer Stunde 80 Kilometer zurück. Die höchste Geschwindigkeit, die wir kennen, ist die Lichtgeschwindigkeit. Sie beträgt fast 300 Kilometer pro Sekunde.

Gesetz

Mit Gesetzen wird das Zusammenleben der Menschen geregelt. Jeder ➡ Staat hat seine eigenen Gesetze. In Demokratien werden die Gesetze vom Parlament erlassen. Wer ein Gesetz übertritt, wird vor ➡ Gericht gestellt und bestraft. Auch andere allgemeine Regeln nennt man Gesetze, zum Beispiel die Naturgesetze.

Gewächshaus

In einem Gewächshaus gedeihen Pflanzen auch dann, wenn es draußen kalt ist. Da das Haus ganz aus Glas ist, dringen die Sonnenstrahlen ein und erwärmen das Innere. Viele Gewächshäuser können zusätzlich beheizt werden.

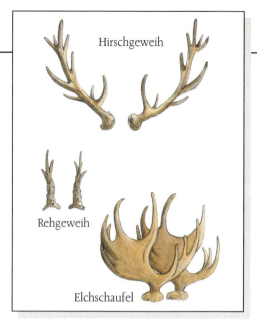

Geweih

Männliche Hirsche tragen auf dem Kopf ein Geweih. Jedes Jahr wird es abgeworfen. Ein neues, größeres wächst nach.

Gewitter

Bei einem Gewitter stoßen kalte und warme Luftmassen aufeinander. Die elektrische Spannung, die dabei auftritt, entlädt sich in Blitzen. Durch die Gewalt des Blitzes entsteht ein starkes Donnergeräusch. Den Donner hört man jedoch immer etwas später, weil sich Schall langsamer fortbewegt als Licht.

Giraffe

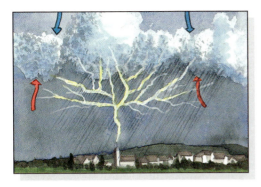

Ein Blitz ist ein gewaltiger Stromstoß, der sich in hohen Dingen, etwa Kirchtürmen, entlädt.

Gewürz

Um den Geschmack von Speisen zu verbessern, verwendet man Salz und die Aromastoffe bestimmter Pflanzen wie Pfeffer und Paprika. Diese werden getrocknet und meist gemahlen. Da viele Gewürze aus fernen Ländern stammen, war der Gewürzhandel früher ein gutes Geschäft. Selbst Kriege wurden wegen Gewürzen geführt.

Gezeiten

Etwa alle sechs Stunden wechselt in den meisten Meeresgebieten der Wasserstand. Diese Schwankungen nennt man Gezeiten. Das Ansteigen des Wasserspiegels heißt Flut, das Abfallen Ebbe.

Verursacht werden die Gezeiten durch den Mond und seine Anziehungskraft.

Gift

Gifte machen Mensch und Tier krank, manche Giftstoffe sind sogar tödlich. Sie dringen über Mund und Magen, Blutbahn, Lunge oder Haut in den Körper ein. Es gibt viele verschiedene Gifte, zum Beispiel chemische Gifte, Schlangengifte, Pflanzengifte. In geringen Mengen werden manche Gifte auch als Heilmittel verabreicht.

Giraffe

Bis zu sechs Meter hoch wird die Giraffe. Damit ist sie das höchste Landtier der Welt. Sie bewohnt in Herden die Steppen Afrikas und ernährt sich vor allem von Blättern.

G

Gitarre

Gitarre

Die Gitarre ist ein Saiteninstrument. Sie hat sechs Saiten, die gezupft oder geschlagen werden. Bei der Elektrogitarre wird der Klang elektrisch verstärkt.

Gladiator

Im alten Rom fanden zur Belustigung des Kaisers und des Volkes Wettkämpfe auf Leben und Tod zwischen Menschen oder zwischen Menschen und Tieren statt. Die Kämpfer hießen Gladiatoren, benannt nach ihrer Hauptwaffe, einem kurzen Schwert (lateinisch „gladius"). Als Gladiatoren kämpften Sklaven, Kriegsgefangene oder verurteilte Verbrecher. Ausgebildet wurden sie in Gladiatorenschulen.

Glas

Durch Funde weiß man, dass in Europa schon um 2500 vor Christus kleine Perlen aus Glas angefertigt wurden. Um Glas herzustellen, braucht man Quarzsand, Soda und Kalk. Dieses Gemisch wird zum Schmelzen gebracht und dann gegossen, gezogen, gepresst oder geblasen. So entstehen viele Gegenstände unseres täglichen Lebens. Flaschen bestehen meist aus Pressglas, Fensterscheiben werden gewalzt. Christbaumkugeln und andere besondere Gegenstände bläst der Glasbläser. Neben dem herkömmlichen Glas gibt es das Sicherheitsglas, das man zum Beispiel für Autoscheiben verwendet. Es bildet keine scharfen Splitter, wenn es zerbricht.

Gletscher

Im ➡ Gebirge gibt es oberhalb der Schneegrenze Eisfelder, die das ganze Jahr über nicht schmelzen. Man nennt sie Gletscher. In den Wintermonaten fällt hier mehr Schnee, als im Sommer abtaut. Durch den Druck dieser immer neuen Schneemassen wird der Schnee allmählich zu festem Eis zusammengepresst. Gletscher bewegen sich stetig talwärts, in den Alpen etwa 40 bis 200 Meter pro Jahr. Sie führen große Gesteins- und Geröllmassen mit sich. Auch in der ➡ Arktis und ➡ Antarktis gibt es Gletscher.

Elektrogitarre

Akustische Gitarre

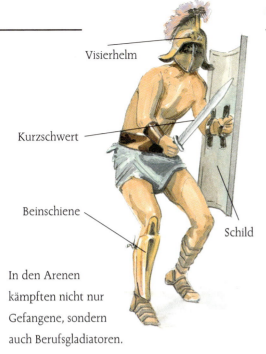

Visierhelm
Kurzschwert
Beinschiene
Schild

In den Arenen kämpften nicht nur Gefangene, sondern auch Berufsgladiatoren.

Globus

Das verkleinerte Abbild der Erde in Form eines kugelförmigen Modells nennt man Globus. Meere und Kontinente, Länder und Landschaften sowie Klimazonen der Erde sind auf dem Globus zu sehen. Den ersten Globus schuf im Jahr 1492 der Geograph Martin Behaim aus Nürnberg.

Glühbirne

In einer Glühbirne wird mit elektrischem Strom ein feiner Draht zum Glühen gebracht. Dadurch spendet er Licht. Allerdings werden nur ungefähr fünf Prozent der elektrischen Energie in Licht umgewandelt; 95 Prozent werden als Wärme abgegeben.

G

Golfstrom

Gold

Gold ist ein wertvolles Edelmetall. Es wird in Bergwerken abgebaut, wo es das Gestein in feinen Goldadern durchzieht, oder es wird in Form von Goldkörnern aus Flusssand gewaschen. Gold ist ein weiches Metall. Es lässt sich zu dünnem Blattgold walzen oder zu feinen Drähten ziehen. Von jeher gilt es als Zeichen von Reichtum und Macht. Es ist sehr selten, glänzt schön und kann weder durch Rost noch durch Säure beschädigt werden.

Golfstrom

Der Golfstrom ist eine Meeresströmung, die ihren Anfang im Golf von Mexiko nimmt und von dort subtropisch warme Wassermassen über den Atlantik bis nach Nordeuropa bringt. Europa hat deshalb ein recht mildes, ausgeglichenes Klima. Besonders in Westeuropa macht der Golfstrom das Meer zum Wärmespeicher.

Glaskolben
Glühwendel
Gasfüllung
Gewindekontakt
Fußkontakt

G

Gorilla

Gorilla

Der Gorilla der größte Menschenaffe. Er lebt in Herden von 10 bis 20 Tieren und bewohnt die Urwälder Mittelafrikas. Er ist vom Aussterben bedroht.

Gott

Für Menschen, die an einen Gott glauben, ist er das höchste Wesen. Sie halten ihn für den Erschaffer und Lenker der Welt, verehren ihn und beten zu ihm. Im Christentum, Judentum und Islam glauben die Menschen an einen einzigen Gott, andere Religionen verehren mehrere Götter.

Graffitti

Eintönige Mauern werden oft mit Bildern, Mustern oder Schriften besprüht. Diese Kunst nennt man Graffitti.

Gras

Gräser gibt es auf der ganzen Welt. Sie haben einen schlanken, runden Stängel (Halm) und schmale Blätter. Die kleinen, unscheinbaren Blüten stehen in Ährchen zusammen, die Früchte sind Körner. Auch Getreide, Schilfrohr, Bambus und Zuckerrohr gehören zu den Gräsern.

Greenpeace

(gesprochen: grienpies). Die große Umweltschutzorganisation Greenpeace (englisch: grüner Frieden) setzt sich auf der ganzen Welt für die Erhaltung der Natur ein. Ihre Mitarbeiter kämpfen zum Beispiel für die Beendigung der Atomwaffentests, gegen die Vergiftung der Meere durch Chemikalien und gegen das Abschlachten der Robben und Wale.

Greifvogel

Greifvögel können sehr gut fliegen. Ihre Beute packen sie mit den kräftigen Fängen und tragen sie weg. Zu den fast 300 Arten gehören ➡ Adler, Bussard, Falke und ➡ Geier.

Griechenland

Fast 5000 Jahre alt ist das Land der Griechen, das im Süden der Balkanhalbinsel liegt. Die antike, griechische Kultur beeinflusste

1 Englisches Raygras, 2 Wiesenkammgras, 3 Zittergras

wie keine andere die Entwicklung Europas. Zu Griechenland gehören mehr als 2000 Inseln, die im Mittelmeer liegen.

Grille

Grillen sind in über 2000 Arten auf der ganzen Welt verbreitet. Sie gehören zu den ➡ Heuschrecken. Das Männchen hat an den Flügeln eine Schrillleiste und eine Schrillkante, die es aneinander reiben kann. So erzeugt es zirpende Laute.

Grippe

Die Grippe ist eine Infektionskrankheit, die Husten, Schnupfen, Heiserkeit und hohes Fieber hervorruft. Es gibt nicht nur ein ➡ Virus als Erreger, sondern viele Virenstämme.

Großbritannien

Das Königreich Großbritannien besteht aus den vier Staaten England, Schottland, Wales (gesprochen: wejls) und Nordirland sowie den

Der Big Ben ist eines der bekanntesten Wahrzeichen Londons.

Im Grundriss eines jeden Stockwerks sieht man, wo welche Zimmer liegen.

Kanalinseln und der Insel Man (gesprochen: män). Außerdem gehören noch etliche Gebiete rund um die Welt zu Großbritannien. Typisch für die britische Insel selbst sind Gebirgs-, Moor- und Heidelandschaften. Die Hauptstadt London ist die größte Stadt ➡ Europas.

Grundriss

Wenn ein ➡ Architekt ein Haus plant, muss er u. a. einen Grundriss zeichnen. Dieser zeigt, wie das Bauwerk von oben betrachtet aussehen wird.

Gummi

Gummi gewinnt man aus dem Harz des Kautschukbaumes. Er ist fest, aber elastisch und kann heute chemisch hergestellt werden.

H

Haar

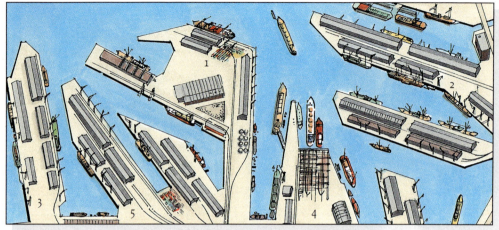

Große Häfen werden meist mit Mauern vom Meer abgeschirmt. Die Schiffe ankern an Kais und Piers. 1 Containerterminal, 2 Ladekai für Stückgut, 3 Kühlhallen, 4 Werft, 5 Bahnanschluss

Haar

Haare von Menschen und Säugetieren wachsen aus der ➡ Haut und bestehen aus ➡ Horn. In ihnen sind Farbstoffe (Pigmente) enthalten. Im Laufe seines Lebens verliert der Mensch diese Farbstoffe und es werden stattdessen Luftbläschen eingelagert. Die Haare sind dann weiß.

Hafen

Ein Hafen ist ein Ankerplatz für Schiffe. Im Hafen können die Schiffe be- und entladen, aufgetankt oder repariert werden. Passagiere können an und von Bord gehen. In großen Häfen gibt es Lagerhäuser und riesige Kräne, die Container von den Schiffen heben und sie auf Eisenbahnwaggons verladen.

Hagel

Wenn warme, feuchte Luft schnell nach oben steigt und dort auf sehr kalte Luftmassen trifft, entsteht Hagel. Die feuchte Luft gefriert und bildet Eisklumpen. Diese Eiskugeln können erbsengroß sein, aber auch die Größe von Tennisbällen erreichen. Manchmal richtet Hagel viel Schaden an.

Hai

Obwohl die Haie zu den Fischen gehören, weisen sie doch einige Besonderheiten auf. Ihr Skelett besteht nicht aus Knochen, sondern aus Knorpeln. Außerdem bedecken keine Schuppen, sondern spitze Zähne ihre Haut. Die Zähne im Maul wachsen in mehreren Reihen hintereinander. Ist die eine Reihe

Handball

abgenutzt, frisst der Hai mit der nächsten. Es gibt viele verschiedene Arten von Haien. Der Walhai ist der größte Fisch der Welt. Dieses friedliche Tier ernährt sich ausschließlich von Plankton. Nur einige wenige Haie können auch dem Menschen gefährlich werden. Zu ihnen gehören Hammerhai und Weißhai.

Halluzination

Nimmt jemand etwas wahr, das es nicht wirklich gibt, sprechen wir von einer Halluzination. So eine Sinnestäuschung tritt bei seelischen und körperlichen Krankheiten auf oder nach der Einnahme von ➡ Rauschgift. Die Betroffenen hören zum Beispiel Stimmen oder fühlen sich verfolgt. Dabei sind sie fest davon überzeugt, dass ihre Eindrücke Wirklichkeit sind.

Hamster

Der Hamster gehört zu den Nagetieren. Ein beliebtes ➡ Heimtier bei uns ist der Goldhamster, der ursprünglich aus Syrien stammt. In der freien Natur legt der so genannte Gemeine Hamster emsig Nahrungsvorräte für den Winter an, die er in breiten Backentaschen zu seinem Erdbau transportiert. Hamster sind nachtaktive Tiere. Das bedeutet, sie schlafen tagsüber und gehen erst nachts auf Nahrungssuche.

Handball

Handball ist ein Mannschaftsspiel. Jede Mannschaft besteht aus sechs Feldspielern und einem Torhüter. Beide Mannschaften haben das Ziel, den Ball möglichst oft in das Tor des Gegners zu werfen. Handball wird fast nur noch in der Halle gespielt.

Früher war vor allem in Deutschland auch Feldhandball weit verbreitet.

Die großen Haiarten leben in warmen Meeren. In Nord- und Ostsee sowie dem Mittelmeer gibt es nur kleine Haie wie den Dornhai.

H

Doppel-pedalharfe

Handel

Wenn Waren getauscht, verkauft und gekauft werden, spricht man von Handel. Als es noch kein ➡ Geld als Zahlungsmittel gab, betrieben die Menschen Tauschhandel, das heißt, sie tauschten Ware gegen Ware, beispielsweise Eier gegen Mehl. Heute kaufen meist Großhändler den Herstellern große Mengen von Waren ab und verkaufen diese in kleineren Mengen an Einzelhändler. Einzelhändler verkaufen die Waren dann in ihren Läden und Geschäften an die Verbraucher oder Kunden.

Handwerk

Im Handwerk werden – anders als in der ➡ Industrie – Waren nicht in Massen, sondern in kleinen Mengen und auf Bestellung des Kunden hergestellt.

Harfe

Die Harfe ist ein Instrument mit 46 bis 48 Saiten und zwei Pedalen. Die Saiten werden mit den Fingern beider Hände gezupft, die Pedale mit dem Fuß betätigt.

Hase

Das Auffallendste an Hasen sind ihre langen Ohren und die langen, kräftigen Schneidezähne. Hasen legen keine Baue an. Droht Gefahr, drücken sie sich fest an den Boden und laufen erst im letzten Moment fort, wobei sie Haken schlagen, um die Verfolger zu verwirren.

Haselnuss

Im Frühling trägt der Haselnussstrauch lange, gelbe Kätzchen. Wenn diese männlichen Blüten die weiblichen befruchten, werden aus diesen Haselnüsse, die man im Herbst ernten kann.

Haustier

Seit 10.000 Jahren hält sich der Mensch Haustiere. Dabei haben sie sich verändert oder wurden vom Menschen so gezüchtet, dass sie ihm mehr Nahrung, zum Beispiel Milch, Fleisch, Eier, und Rohstoffe, beispielsweise Wolle, liefern oder dass sie besser für ihn arbeiten. Das älteste Haustier ist wahrscheinlich der ➡ Hund.

Heimischer Feldhase

Die Haselnuss gehört zu den Birkengewächsen.

Haut

Das größte ➡ Organ des Menschen ist die Haut. Sie bedeckt den gesamten ➡ Körper und hat viele Aufgaben. So schützt sie den Körper nach außen hin vor Verletzungen und schädlichen Einflüssen. Sie enthält Nerven, mit denen wir fühlen, tasten und ➡ Schmerz empfinden können sowie ➡ Drüsen, die Schweiß absondern (➡ Schwitzen). Auch ein Teil der ➡ Atmung geschieht durch die Haut.

Heide

Eine flache Landschaft fast ohne Bäume, die vor allem mit Zwergsträuchern wie dem Heidekraut bewachsen ist, nennt man Heide.

Heidelbeere

Heidelbeeren sind kleine, blauschwarze Beeren, die an niedrigen Sträuchern im Wald wachsen. Sie werden auch Blau- oder Bickbeeren genannt.

Heilpflanze

Heilpflanzen enthalten Wirkstoffe gegen Krankheiten. Meist befinden sich diese Stoffe nur in bestimmten Pflanzenteilen, beispielsweise in den Blüten.

Heilpraktiker

Ein Heilpraktiker heilt Menschen mit natürlichen Mitteln. Dies können ➡ Heilpflanzen oder Behandlungen mit ➡ Homöopathie und ➡ Akupunktur sein. Immer jedoch sieht er Körper und Seele als Einheit.

Heimtier

Hält sich der Mensch ein Tier, – zum Beispiel einen ➡ Hamster – das ihm im Gegensatz zum ➡ Haustier keinen Nutzen bringt, wird es als Heimtier bezeichnet.

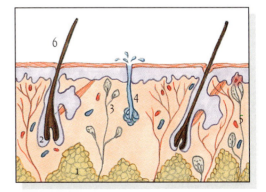

Querschnitt durch die Haut: 1 Unterhaut, 2 Haarwurzel, 3 Nerven, 4 Schweißdrüse, 5 Lederhaut, 6 Haar

H Heizung

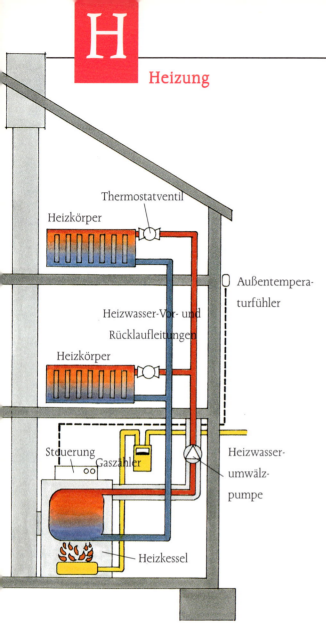

Heizung
Früher verbrannte man um Räume zu erwärmen, Holz und Kohle in einem Ofen oder Kamin. Heute haben die meisten Häuser Zentralheizung, die die Wärme durch Rohre an die Heizkörper in den einzelnen Zimmern verteilt.

Helm
Früher schützten sich Krieger mit einem Helm vor Kopfverletzungen. Heute tragen Bauarbeiter, aber auch Motorrad-, Renn- und Fahrradfahrer Schutzhelme.

Herz
Das Herz ist ein Hohlmuskel, der das ➡ Blut durch die Blutgefäße pumpt. Wenn sich das Herz zusammenzieht, wird das Blut herausgedrückt. Erschlafft das Herz, fließt erneut Blut ein. Die Schläge des Herzen sind als Puls spürbar.

Heuschnupfen
Der Heuschnupfen ist eine ➡ Allergie gegen Blüten- und Gräserpollen. Die Folgen sind Niesen, Schnupfen und tränende Augen.

Heuschrecke
Heuschrecken sind ➡ Insekten. In den Tropen und Subtropen gibt es Wanderheuschrecken, die ganze Landstriche kahl fressen.

Hexe
Im Volksglauben heißen Frauen, die angeblich zaubern können, Hexen. Jahrhundertelang wurden sie wegen ihres Wissens verfolgt und verbrannt.

HIV

Römerhelm

Ritterhelm

Bikerhelm

Motorradhelm

Hi-Fi
(gesprochen: heifi oder heifei). Hi-Fi ist die Abkürzung von High Fidelity (gesprochen: hei fidäliti), was so viel bedeutet wie „hohe Wiedergabetreue". Hi-Fi-Geräte haben einen sehr guten Klang.

Hightech
(gesprochen: hei täk). Hightech ist die Abkürzung von High Technology (gesprochen: hei täknolotschi) und bedeutet so viel wie „modernste, anspruchsvolle Technik".

Himalaja
In ➡ Asien liegt der Himalaja, das größte ➡ Gebirge der Welt. Dort steht auch der Mount Everest (gesprochen: maunt ewerest), der mit 8848 Metern der höchste Berg der Welt ist.

Himbeere
Die Himbeere ist ein Rosengewächs, das süße, rote Früchte trägt. Sie kommt in Wald und Garten vor.

HIV
1980 entdeckten Wissenschaftler in den USA das ➡ Virus, das ➡ Aids auslöst – seine Abkürzung lautet HIV. Nach einer ➡ Infektion vergehen meist Jahre, bevor die Krankheit ausbricht. Aber schon in dieser Zeit kann der Betroffene andere beim Geschlechtsverkehr oder durch Blut anstecken.

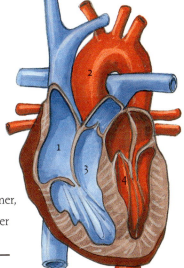

Das Herz im Überblick:
1 Rechter Vorhof,
2 Aortabogen,
3 Rechte Herzkammer,
4 Linke Herzkammer

Hobby

Hobby
Ein Hobby ist eine Beschäftigung, der man in seiner Freizeit mit großer Begeisterung nachgeht. Es dient als Ausgleich zur Arbeit. Briefmarkensammeln kann ebenso ein Hobby sein wie Fußballspielen, Lesen oder Kaninchenzucht.

Ein Schiff verschwindet am Horizont.

Hockey
(gesprochen: hocki). Hockey ist ein Mannschaftsspiel, bei dem zwei Mannschaften mit je zehn Feldspielern und einem Torhüter versuchen, einen kleinen Ball mit einem speziell gebogenen Schläger ins gegnerische Tor zu treiben. Beim Hallenhockey hat jede Mannschaft nur fünf Feldspieler, da das Spielfeld kleiner ist.

Hoden
In dem Hautsack unter dem männlichen Glied befinden sich die Hoden. In den eiförmigen Drüsen werden die männlichen Samenzellen gebildet, die die Eizelle einer Frau befruchten können.

Höhle
Unterhalb der Erdoberfläche sind im Laufe der Zeit viele Hohlräume entstanden. Sie bildeten sich entweder zusammen mit dem Gestein oder Wasser hat sie nach und nach ausgeschwemmt. Den Urmenschen dienten Höhlen als Wohnung und Zufluchtsstätte. Bis heute ist die Erforschung von Höhlen ein großes ➡ Abenteuer.

Homöopathie
In der Homöopathie werden Stoffe, die eine bestimmte Krankheit auslösen, so stark verdünnt, bis sie fast nicht mehr nachweisbar sind, und als Medikament gegen eben diese Krankheit eingesetzt. Der Grundsatz der Homöopathie lautet: „Ähnliches wird durch Ähnliches geheilt".

Homosexualität
Die Vorsilbe „homo-" stammt aus dem Griechischen und bedeutet „gleich". Homosexuelle Menschen verlieben sich in einen Partner des gleichen Geschlechts. Zu allen Zeiten und in allen Ländern gab und gibt es Homosexualität. Heute geht man davon aus, dass etwa zehn Prozent aller Menschen homosexuell veranlagt sind.

H

Horoskop

Honigbiene

Während die wilde Honigbiene ihr Nest in hohlen Bäumen baut, wird die von Imkern gezüchtete Honigbiene in Bienenkörben oder Bienenstöcken gehalten. Die Tiere eines Volkes bilden einen Staat mit Arbeitsteilung. Darin stellen weibliche Arbeitsbienen die überwiegende Mehrheit dar. Von ihnen werden alle Arbeiten erledigt. Die Bienenkönigin oder Weisel ist das einzige fruchtbare Weibchen ihres Volkes. Die einzige Aufgabe der wenigen Männchen (Drohnen) besteht in der Fortpflanzung.

Horizont

Wenn man über eine Ebene oder übers Meer blickt, kann man eine Grenzlinie sehen, an der Erde und Himmel aneinander zu stoßen scheinen. Diese Linie nennt man Horizont. Der Horizont bildet einen Kreisbogen, da die Erde kugelähnlich ist.

Hormon

Hormone sind Stoffe, die wie Boten Informationen an Organe überbringen. Hergestellt werden sie in den ➡ Drüsen, weitergeleitet durch das ➡ Blut. So schüttet zum Beispiel die Bauchspeicheldrüse das Hormon Insulin aus, welches den Zuckerspiegel im Blut regelt. Ist seine Herstellung gestört, bekommt der Betroffene die so genannte Zuckerkrankheit.

Tierhorn

Horn

Horn ist ein harter Eiweißstoff. Aus Horn bestehen Haare, Nägel, Krallen, Hufe, Federn, Schnäbel, Schuppenpanzer, Hornhaut und die Außenschicht von Hörnern. Als Horn wird auch ein Blasinstrument bezeichnet.

Blechblasinstrument

Horoskop

Astrologen, wie Vertreter der ➡ Astrologie genannt werden, erstellen Horoskope, die den Charakter eines Menschen beschreiben und die Zukunft vorhersagen sollen. Dazu berechnen sie die Stellung der Sterne und Planeten zum Zeitpunkt der Geburt des jeweiligen Menschen. Als Einteilung dienen die ➡ Tierkreiszeichen.

Hydrant

H
Hubschrauber

Hubschrauber

Hubschrauber
Ein Hubschrauber ist ein kleines Flugzeug, das keine Tragflächen, sondern Drehflügel (Rotoren) hat. Diese Rotoren halten ihn in der Luft. Ein Hubschrauber kann senkrecht landen und starten, in der Luft stehen bleiben und rückwärts oder seitwärts fliegen. Er eignet sich besonders als Rettungsgerät. Als Höchstgeschwindigkeit erreicht ein Hubschrauber bis zu 300 Stundenkilometer.

Humus
Humus ist fruchtbare, schwarze Erde. Er entsteht, wenn Kleinstlebewesen wie Würmer, Pilze und Bakterien abgestorbene Tiere und Pflanzen im Boden zersetzen. Humus lässt sich leicht selbst herstellen, wenn man natürliche Küchen- und Gartenabfälle auf dem Komposthaufen verrotten lässt. Den so entstandenen Kompost kann man als wertvollen biologischen ➡ Dünger unter die Gartenerde mischen.

Hund
Der Vorfahr aller Hunde war der Wolf. Vor 10.000 Jahren begannen die ersten ➡ Wölfe, beim Menschen zu leben. Vielleicht liefen sie dem Menschen zu, weil sie bei ihm Nahrung und Unterschlupf fanden. Vielleicht holten sich aber auch die Menschen Wölfe, damit sie vor gefährlichen Tieren gewarnt und geschützt wurden oder damit die Wölfe ihnen bei der Jagd halfen. Bis heute hat der Mensch über 300 verschiedene Hunderassen gezüchtet. Die meisten haben heute kaum noch Ähnlichkeit mit dem Wolf. Der Irische Wolfshund und die Deutsche Dogge sind mit bis zu 90 Zentimeter Schulterhöhe am größten. Der Chihuahua (gesprochen: schiwahwah) als kleinste Art wird nur 15 bis 20 Zentimeter hoch.

Ein Hund betrachtet die Menschen, bei denen er lebt, als sein Rudel. Wird er gut erzogen, ordnet er sich problemlos unter und erfüllt Aufgaben, die ihm gestellt werden. Als Gebrauchs- oder Diensthund

Hygiene

wird ein Hund bezeichnet, der gehalten wird, weil er einen bestimmten Nutzen erfüllt. So gibt es Spür-, Schutz-, Wach-, Blinden- und Lawinenhunde. Viele Hunde werden aber auch nur als Freund und Begleiter des Menschen gehalten.

Hunger

Wer in einem reichen Teil der Erde lebt, kennt Hunger nur als ein unangenehmes Gefühl. Für unzählige Menschen, vor allem in der ➡ Dritten Welt, ist Hunger jedoch lebensbedrohend. Täglich sterben etwa 30.000 Kinder an Hunger, Unterernährung und den damit verbundenen Krankheiten.

Hydrant

Hydranten sind Zapfstellen, die mit dem unterirdischen Wassernetz verbunden sind. Im Falle eines Brandes schließt die ➡ Feuerwehr ihre Schläuche an Hydranten an. Diese stehen entweder als eiserne Säulen am Straßenrand oder sie liegen unter der Erde.

Hygiene

Hygiene im eigentlichen Sinn ist ein Teilgebiet der Medizin, nämlich die Lehre von der Gesundheit und ihrer Erhaltung. Man meint damit aber meist alles, was zu Sauberkeit und Körperpflege gehört. Wenn Menschen in unhygienischen Verhältnissen leben, kann es zu Krankheiten und ansteckenden ➡ Seuchen kommen.

Vorstehhund (Pointer)

Italienisches Windspiel

Dalmatiner

Boxer

ICE

ICE
Der Intercityexpress (abgekürzt: ICE) ist ein Hochgeschwindigkeitszug der Deutschen Bahn AG. Er erreicht eine Spitzengeschwindigkeit von 250 Stundenkilometern.

Igel
Der Igel ist ein stacheliges Säugetier. Er kann sehr gut sehen und riechen. So findet er mühelos seine Nahrung, die vor allem aus Insekten, Schnecken und jungen Mäusen besteht. Bei Gefahr rollt er sich zu einer Kugel zusammen und ist dann rundherum durch seine Stacheln geschützt. Im Winter hält er Winterschlaf.

Immunisierung
Das lateinische Wort „immun" bedeutet „unempfänglich". Eine Immunisierung macht unempfänglich gegen ➡ Infektionen. Dies wird durch eine ➡ Impfung erreicht. Daneben gibt es Krankheiten, in deren Verlauf der Körper Abwehrstoffe bildet, die er lebenslang behält. Er ist dann für immer immun gegen diese Krankheit.

Impfung
Mit einer Impfung wird der Körper unempfindlich gegen eine bestimmte Krankheit gemacht (➡ Infektion). Bei einer Impfung werden geringe Mengen Krankheitserreger in den Körper gebracht.

Diese schaden nicht, aber der Körper beginnt sofort, Schutzstoffe gegen diese Krankheit zu bilden, so genannte Antikörper. Dann ist er immun. Impfungen helfen gegen Krankheiten wie Kinderlähmung, Cholera oder Pocken.

Indianer
➡ Seite 124-125

Indien
Das riesige Land Indien liegt im Süden ➡ Asiens und ist nach China das bevölkerungsreichste Land der Erde (etwa 800 Millionen Einwohner). Die Hauptstadt heißt Neu-Delhi. In den Städten gibt es verschiedenste Bevölkerungsgruppen, viele Menschen hausen aber noch immer im Elend. 80 Prozent der Inder bekennen sich zur Religion des Hinduismus.

Tadsch Mahal ist das Grabmal einer indischen Prinzessin.

Industrie

Im Gegensatz zum ➡ Handwerk werden in der Industrie Waren in großen Mengen hergestellt. Die Erfindung der ➡ Dampfmaschine führte zu einer so großen Veränderung im Leben der Menschen, dass man den Vorgang der Industrialisierung auch industrielle Revolution nannte. Die moderne Industriegesellschaft war entstanden.

Infektion

Unter einer Infektion wird die Ansteckung oder Übertragung einer Krankheit verstanden. Dies geschieht, beispielsweise durch Berührung oder über winzige Tröpfchen in der Luft. Infektionskrankheiten sind ansteckend. Die Erreger sind zum Beispiel ➡ Bakterien, ➡ Pilze oder Viren (➡ Virus).

Inka

Die Inka waren ein südamerikanisches Indianervolk, das nach seinen Herrschern, den Inka, benannt war. Der Inkaherrscher wurde als Sonnengottheit verehrt. Ab 1531 eroberten die Spanier das Inkareich, töteten viele Inka und zerstörten ihre Hochkultur.

Inliner

(gesprochen: inleiner). Inlineskates (gesprochen: inleinskejts) werden meist nur Inliner genannt. Bei diesen Rollschuhen, die aus den USA zu uns kamen, sind je vier Rollen hintereinander in einer Reihe (in line) montiert. Inlineskating ist ein Spaß für Jung und Alt. Inlineskater sollten unbedingt eine Schutzausrüstung aus Helm, Handgelenk-, Ellbogen- und Knieschonern tragen.

I
Indianer

Indianer

Als Kolumbus (➡ Entdeckungsreisen) im Jahr 1492 Amerika entdeckte, traf er dort auf die Ureinwohner. Er nannte sie Indianer, da er glaubte, in ➡ Indien angekommen zu sein. Vermutlich wanderten diese Ureinwohner vor etwa 30.000 Jahren während einer ➡ Eiszeit von Asien nach Amerika ein. Auf dem gesamten amerikanischen ➡ Kontinent gab es viele verschiedene Indianerstämme, die oft eine so unterschiedliche ➡ Kultur und Sprache hatten, dass sie sich gegenseitig gar nicht verständigen konnten.

„Indianer" wurde zum Sammelnamen für die Ureinwohner Amerikas. Nordamerikas Indianer lebten als Jäger, die sich von der Büffeljagd, vom Fischfang und von gesammelten Früchten ernährten. Um beweglich zu sein, hatten sie Zelte, die Tipis. Im Osten Nordamerikas lebten die Waldindianer, die feste Hütten aus Rinden bauten, die so genannten Wigwams. Manche Indianer zogen ihren Feinden die Kopfhaut (Skalp) ab, die sie als Zeichen des Sieges am Gürtel trugen. Gekämpft wur-

Indianer

de mit Pfeil und Bogen, mit Lanzen und mit dem Tomahawk, einem Kriegsbeil. Wenn der Kampf beendet war, rauchte man die Friedenspfeife. Indianerfrauen hießen Squaws.

Die Ausbreitung der weißen Siedler änderte das Leben der Indianer grundlegend. Rücksichtslos nahmen sie den Indianern ihr Land. Ganze Stämme wurden durch Krieg und eingeschleppte Krankheiten ausgerottet. Heute leben die etwa eine Million Indianer Nordamerikas in Reservaten. Um ihre Gleichberechtigung müssen sie noch immer kämpfen.

In Mittel- und Südamerika trafen die Eroberer auf die Hochkulturen der ➡ Azteken, ➡ Inka und Maya. Da die spanischen und portugiesischen Eroberer das Land und vor allem die Goldschätze der Indianer besitzen wollten, unterwarfen sie diese gewaltsam. Dabei mussten viele Indianer sterben.

Ihre Nachfahren nennt man Indios. Sie bilden heute eine Minderheit, die nach alter Tradition lebt. Mit der rücksichtslosen Abholzung des ➡ Regenwalds wird ihr Lebensraum immer mehr zerstört, sodass es vielleicht bald keine Indios mehr geben wird.

1 Squaw, 2 Indianer, 3 Tipi, 4 Totempfahl, 5 Kanu, 6 Bogen, 7 Köcher, 8 Tabakpfeife, 9 Tomahawk

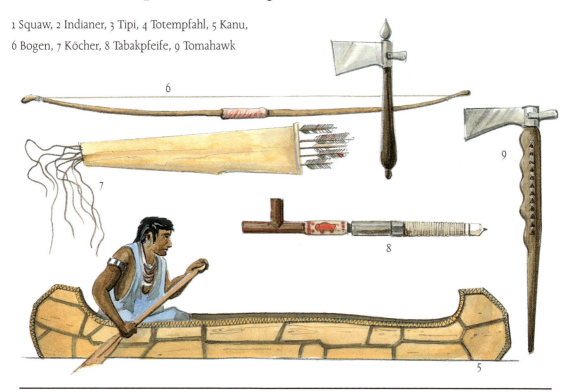

Insekt

Libelle
Bläuling
Hirschhornkäfer
Heuschrecke

Insekt

Keine Tiergruppe ist auf der ganzen Welt so zahlreich vertreten wie die Insekten. Es gibt etwa eine Million verschiedene Arten, beispielsweise ➡Fliegen, ➡Käfer, ➡Ameisen, ➡Flöhe und ➡Schmetterlinge. Insekten bestehen aus Kopf, Brust und Hinterleib, die meisten haben sechs Beine und zwei Fühler. Die Körperteile sind durch Einkerbungen voneinander getrennt, weshalb man Insekten auch Kerbtiere nennt.

Insel

Ein von Wasser umgebenes Festland nennt man Insel. Inseln können auf unterschiedliche Art und Weise entstehen, zum Beispiel durch Überflutung, Korallenriffe oder Vulkanausbruch. Eine Gruppe von Inseln nennt man Archipel, kleinere Inseln Eiland. Eine Halbinsel ist mit dem Festland verbunden und nur zum Teil von Wasser umschlossen.

Instinkt

Das Verhalten von Tieren ist zum großen Teil angeboren, sie müssen es nicht erlernen. Dies nennt man Instinkt. So sticht zum Beispiel eine ➡Biene bei Gefahr mit ihrem Stachel, ohne dass sie dies lernen muss. Instinkte sind Erfahrungen, die von Generation zu Generation vererbt werden.

Intelligenz

Wer sich in Problemsituationen stets umsichtig und klug verhält und wer aus Erfahrungen Lehren ziehen kann, wird als intelligent bezeichnet. Intelligenz ist also die Fähigkeit des Auffassens, Begreifens und Urteilens. Auch Tiere verfügen über ein bestimmtes Maß an Intelligenz.

Irland

Internet

Das Internet ist ein weltweiter Verbund von vielen Datennetzen. Jeder kann im Internet surfen (gesprochen: sörfn), das heißt, man kann Daten abrufen, sich gegenseitig Nachrichten oder Informationen schicken, die man E-Mails (gesprochen: ie-mejls) nennt, oder Werbung betreiben. Man braucht dazu nur einen ➡ Computer und einen Internetanschluss.

Interview

(gesprochen: interwju). Bei einem Interview stellen Journalisten bekannten Leuten Fragen über bestimmte Themen. Die Antworten veröffentlichen sie in Zeitungen und Zeitschriften, in Hörfunk und Fernsehen.

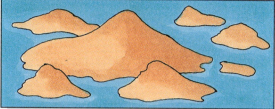
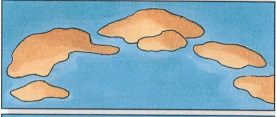
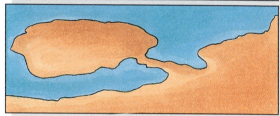

Verschiedene Inselformen

Irland

Irland wird die „Grüne Insel" genannt, weil es dort sehr viele Grünflächen gibt. Irland ist nicht nur landschaftlich sehr reizvoll, sondern besitzt auch zahlreiche alte Burgen, Schlösser und Klöster, die gerne von Touristen besucht werden. Knapp die Hälfte aller Iren lebt auf dem Land. Trotzdem gilt Irland als Industriestaat. Die Hauptstadt der Republik Irland ist Dublin. Nordirland gehört zu ➡ Großbritannien. Da auch viele Nordiren frei leben wollen, kommt es immer wieder zum Bürgerkrieg (➡ Krieg).

Fischerdorf an der Südküste von Irland

I

ISDN

ISDN ....

Das Integrated services digital network (gesprochen: integrejtid sörwisis ditschitl nätwörk), abgekürzt ISDN, ist ein internationales, öffentliches Postnetz. Über dieses Fernmeldenetz können unterschiedliche Verständigungsarten wie Sprache, Text, Daten und Bild schnell übermittelt werden.

Islam ....

Der Islam gehört zu den großen Religionen der Welt. Er lehrt, dass Allah der einzige ➡ Gott ist. Der Begründer des Islam war Mohammed; er lebte vor etwa 1300 Jahren. Wer an den Islam glaubt, ist ein Moslem. Zu den Pflichten eines Moslems gehört es, fünfmal am Tag zu beten. Im arabischen Fastenmonat Ramadan darf er tagsüber weder essen noch trinken. Einmal im Leben soll er nach Mekka fahren, um den Geburtsort Mohammeds zu besuchen. Moslems dürfen kein Schweinefleisch essen und keinen Alkohol trinken. Das heilige Buch der Moslems heißt Koran. Ein islamisches Gotteshaus wird Moschee genannt. Sie hat einen hohen Turm (Minarett), von dem ein Muezzin die Gläubigen zum Gebet ruft.

Komasmoschee von Isfahan mit ihren 4 Minaretten

Italien

Island

Island gilt als Insel aus Feuer und Eis: Einesteils sind elf Prozent der Landesfläche von Eis bedeckt, anderenteils besitzt das Land zahlreiche ➡ Vulkane und sprudelnd heiße Quellen (Geysire). Obwohl Island im Norden fast an den Polarkreis heranreicht, ist das ➡ Klima dank den Ausläufern des ➡ Golfstroms relativ warm. Island ist nur sehr dünn besiedelt. Die meisten Bewohner leben von Fischfang und Viehzucht.

Israel

Der Staat Israel wurde 1948 gegründet. Die Hauptstadt heißt Jerusalem. ➡ Juden aus der ganzen Welt zogen dorthin. Allerdings wird dieses Land auch von den arabischen Palästinensern als Heimat beansprucht. Sie und die arabischen Nachbarstaaten stehen deshalb in ständigem Konflikt mit Israel. Immer wieder kommt es dabei zu gewaltsamen und blutigen Auseinandersetzungen.

Italien

Italien ist ein Land in Südeuropa. Die Hauptstadt heißt Rom. Seine äußere Form erinnert an einen Stiefel. Auch die Inseln Sizilien und Sardinien gehören zum Staatsgebiet. Italien besitzt eine äußerst abwechslungsreiche Natur. So gelten die felsigen Dolomiten als eines der schönsten Alpengebiete. Gardasee und Adria laden zum Baden ein, die hügelige Toskana zum Wandern. Überall gibt es Baudenkmäler aus römischer Zeit.

Der Tourismus (➡ Tourist) ist daher eine wichtige Einnahmequelle für das Land.

Innerhalb Italiens liegen die beiden kleinsten Staaten der Welt: Der Vatikan ist der Kirchenstaat, sein Oberhaupt ist der ➡ Papst. San Marino liegt in der Nähe von Rimini. Die Einwohner sprechen Italienisch und zahlen mit italienischem Geld (Lira). Die Republik druckt jedoch eigene ➡ Briefmarken.

Schiefer Turm von Pisa

J

Jaguar

Jaguar

Die größte Raubkatze Mittel- und Südamerikas ist der Jaguar. Er ähnelt dem Leoparden, aber die Zeichnung seines Fells besteht aus Ringen, die in der Mitte einen Fleck haben. Größeren Beutetieren lauert er von Bäumen aus auf, um sich dann auf sie zu stürzen.

Japan

Japan besteht aus 3922 Inseln, die im Inneren sehr gebirgig sind. Es gibt zahlreiche Vulkane; Erdbeben kommen häufig vor. Japan ist ein hoch entwickelter Industriestaat, der Großteil der Bevölkerung lebt in Städten. Die Hauptstadt Tokio zählt zu den größten Städten der Welt. Japan ist das einzige Land, in dem es auch heute noch einen ➡ Kaiser (Tenno) gibt. Er hat jedoch v. a. repräsentative Aufgaben, etwa bei Staatsbesuchen.

Jazz

(gesprochen: dschääs). Vor knapp 100 Jahren entstand in den Südstaaten der USA die Musikrichtung Jazz. Sie war zunächst die Musik der Schwarzen, wurde aber später auch von weißen Musikern übernommen.

Jeans

(gesprochen: dschiens). Jeans ist die Abkürzung von Blue Jeans (gesprochen: bluu dschiens). Diese Hosen aus Baumwollstoff hatte der Amerikaner Levi Strauss im vorigen Jahrhundert für Goldgräber geschneidert. Damit Platz für Werkzeug und Goldkörner war, hatten sie mehrere Taschen. Heute werden Jeans in den verschiedensten Farben getragen.

Jesus

Jesus Christus begründete die Religion des Christentums. Er wurde um das Jahr fünf vor unserer Zeitrechnung in Bethlehem geboren. Gefolgt von seinen Jüngern, zog er als Prediger durch Palästina (➡ Israel) und verkündete die Botschaft Gottes. Er küm-

Judo

1 Menora, 2 Scheitelkappe, 3 Hebräische Schriftzeichen, 4 Thora

merte sich um die Armen, Kranken, Sünder und Geächteten und predigte Nächstenliebe. Als die Schar seiner Anhänger immer größer wurde, verurteilten ihn die Römer zum Tod durch ➡ Kreuzigung.

Judentum

Das Judentum gehört zu den Weltreligionen. Es verwendet auch Texte der ➡ Bibel. Juden glauben jedoch nicht an ➡ Jesus, sondern warten noch immer auf die Ankunft des Messias, des Erlösers. Die Gesetze des Judentums sind im Talmud sehr genau festgelegt: So dürfen Juden Fleisch und Milchprodukte nicht zusammen essen. Ihr wöchentlicher Feiertag ist der Sabbat, der auf unseren Samstag fällt. Am Sabbat darf ein Jude keinerlei Arbeit verrichten. Das jüdische Gotteshaus heißt Synagoge, der Vorsteher einer Gemeinde Rabbi. Es gibt ungefähr 16 Millionen Juden auf der ganzen Welt. Davon leben etwa 3,5 Millionen in ➡ Israel. In der Zeit des ➡ Nationalsozialismus wurden die Juden verfolgt und getötet. Auch heute noch werden Juden in aller Welt wegen ihrer Religion benachteiligt und missachtet (➡ Antisemitismus).

Judo

Judo ist ein Zweikampf- und Selbstverteidigungssport, der aus ➡ Japan kommt. Ziel ist es, das Gleichgewicht des Gegners so zu stören, dass man ihn überraschend zu Boden werfen kann. Schläge, Tritte und Stöße sind dabei verboten. Ein Judosportler heißt Judoka.

Käfer

Käfer

Käfer bilden die artenreichste Gruppe unter den ➡ Insekten: Es gibt über 300.000 Arten. Ihr vorderes, horniges Flügelpaar (➡ Horn) bedeckt fast den gesamten Körper. Käfer legen Eier, aus denen Larven schlüpfen. Später verpuppen sich diese und werden zu Käfern.

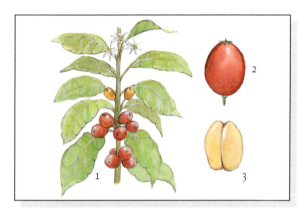

1 Kaffeestrauch, 2 Kaffeekirsche, 3 Kaffeebohne

1 Kakaobaum, 2 Kakaofrucht mit Samen

Kaffee

Der Kaffee gehört zu den Genussmitteln und wirkt durch das Koffein anregend. Die Kaffeebohnen sind die ➡ Samen des Kaffeestrauches. Je zwei Bohnen wachsen in einer Kaffeekirsche. Nach der Ernte wird erst das Fruchtfleisch entfernt, dann werden die Bohnen getrocknet und braun geröstet.

Kaiser

Das Wort „Kaiser" leitet sich vom lateinischen „Cäsar" ab. „Cäsar" war der Beiname der römischen Herrscher. Wer Kaiser war, trug den höchsten Titel eines weltlichen Herrschers. Noch in unserem Jahrhundert gab es Kaiser: in Deutschland, Österreich und Russland. Der heutige Kaiser von ➡ Japan hat nur noch wenig Macht.

Kakao

Kakaobäume wachsen u. a. in Süd- und Mittelamerika. Aus den gemahlenen ➡ Samen der Kakaofrüchte entsteht Kakaopulver, das zur Herstellung von Trinkschokolade und Schokoladenwaren dient. Erst durch Gärung, Trocknung und Röstung erhalten die bitteren Bohnen ihren besonderen Geschmack. Anschließend wird ihnen Fett entzogen – die Kakaobutter. Diese wird vor allem für Kosmetikartikel verwendet.

Kalender

Unser Kalender teilt das Jahr in 12 Monate, 52 Wochen und 365 Tage ein. Er gilt in ganz Europa und in großen Teilen der Erde. Er wurde 1582 von Papst Gregor XIII. festgelegt und nach ihm gregorianischer Kalender genannt.

Kamel

Es gibt zwei Arten von Kamelen: Die Dromedare haben einen Höcker, Trampeltiere zwei. Alle Kamele sind besonders gut für das Leben in der Wüste ausgerüstet. Ihre breiten Füße sinken im Wüstensand nicht ein. Während der Sandstürme verschließen sie ihre Nasenlöcher. Kamele sind sehr genügsam und können mehr als zehn Tage ohne Wasser und Futter auskommen, da sie im Magen Wasser und in den Höckern Fett speichern.

Kanal

Kanal ist ein anderes Wort für Wasserrinne. Ein Kanal kann eine künstlich angelegte Wasserstraße sein. Außerdem gibt es auch Bewässerungs-, Entwässerungs- und Abwasserkanäle. In der Funktechnik ist ein Kanal ein Sende- und Empfangsbereich.

Känguru

Kängurus sind Beuteltiere, die in Australien leben. Es gibt ungefähr 50 Arten. Manche leben auf Bäumen, andere hüpfen mit bis zu 40 Stundenkilometer über den Boden. In der Regel bekommen Kängurus nur ein Junges, das sie in einer Beuteltasche auf dem Bauch tragen, bis es acht Monate alt ist.

Känguru

Dromedar

Trampeltier

Kaninchen

Kaninchen

Das Kaninchen gehört zu den ➡ Haustieren. Durch Züchtung gibt es heute viele verschiedene Rassen. Das Wildkaninchen kam ursprünglich aus dem Mittelmeerraum und breitete sich von dort über fast ganz Europa und andere Erdteile aus.

Kapitalismus

Wenn das Zusammenleben von Menschen durch das Streben nach hohem Gewinn und wirtschaftlicher Macht bestimmt wird, spricht man von der Gesellschaftsordnung des Kapitalismus. Darin besitzen wenige, die Arbeitgeber, Fabriken und andere Mittel, die notwendig sind, um Waren herzustellen. Von ihnen sind die meisten Menschen als Arbeitnehmer abhängig.

Karies

Karies ist eine Erkrankung der ➡ Zähne. Dabei zerstören ➡ Bakterien den Zahnschmelz. Es entstehen Löcher, die zunächst als braune Flecken erkennbar sind. Wird Karies nicht behandelt, zerstört sie schließlich den Zahnnerv und der Zahn stirbt ab. Karies wird auch Zahnfäule genannt.

Kastanie

Das Auffallendste am Kastanienbaum sind seine Blätter sowie die stacheligen Früchte. Es gibt verschiedene Arten. Die Edelkastanie wächst im Mittelmeerraum. Ihre Früchte, die Maronen oder Esskastanien genannt werden, sind essbar. Die Früchte unserer Rosskastanie können dagegen nur als Tierfutter verwendet werden. Für den Menschen sind sie ungenießbar.

Katalysator

Ein Stoff, der einen chemischen Vorgang beschleunigt, ohne dabei verbraucht zu werden, ist ein Katalysator. Heute versteht man unter Katalysator meist den Abgaskatalysator im ➡ Auto. Dies ist ein Gerät, das die Autoabgase von giftigen Gasen reinigt. Autos mit Katalysator benötigen bleifreies Benzin. Sie sind umweltfreundlicher als Autos, die verbleites Benzin tanken müssen.

Kernenergie

Katastrophe

Schreckliche Ereignisse mit schlimmen Folgen nennt man Katastrophen. Dies können schwere Unglücksfälle wie Flugzeugabstürze, Zugunfälle oder Großbrände sein, aber auch Naturkatastrophen wie Erdbeben, Vulkanausbrüche und Überschwemmungen. Heute kommt es immer wieder zu Umweltkatastrophen, zum Beispiel wenn große Mengen Gift auslaufen oder wenn Öl ins Meer fließt.

Katze

Katzen sind Raubtiere, die mit scharfen Eckzähnen ihre Beutetiere packen und reißen. Sie haben empfindliche Schnurrhaare, die genauso lang sind, wie ihr Körper breit ist; so können sie ertasten, wo sie hindurchpassen. Katzen können im Gegensatz zu ➡ Hunden die Krallen einziehen. Dadurch wird ihr Gang nahezu lautlos und sie können sich gut an ihre Beute anschleichen.

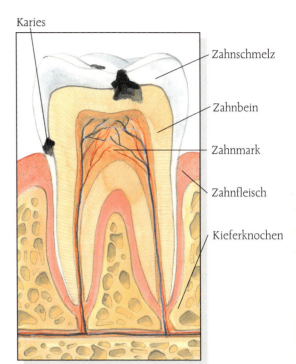

Karies, Zahnschmelz, Zahnbein, Zahnmark, Zahnfleisch, Kieferknochen

Weil sie ihre Pupillen weit öffnen können und deshalb auch im Dunkeln hervorragend sehen, sind Katzen auch in der Nacht sehr gute Jäger. Es gibt etwa 40 Katzenarten, zum Beispiel Hauskatze, ➡ Löwe, ➡ Tiger und ➡ Jaguar.

Kernenergie

Durch Beschuss mit Neutronen können die Kerne von ➡ Atomen gespalten werden. Es kommt zu einer Kettenreaktion, bei der Kernenergie, aber auch radioaktive Strahlung (➡ Radioaktivität) freigesetzt wird. Die Kernspaltung erfolgt in ➡ Atomkraftwerken.

Im alten Ägypten waren Katzen heilige Tiere.

Kinderlähmung

Kinderlähmung

Kinderlähmung ist eine Infektionskrankheit, die vor allem Kinder befällt. Das ➡ Virus greift die Nerven an, vor allem das Rückenmark. Dadurch werden die Beine gelähmt, was oft zu bleibenden Schäden führt. Manchmal sind auch die Atemmuskeln betroffen – dann endet die Krankheit tödlich. Gegen Kinderlähmung gibt es eine ➡ Impfung, die regelmäßig wiederholt werden muss.

Kläranlage

Unser ➡ Abwasser enthält viele Schmutz- und Schadstoffe. Deshalb muss man es reinigen, bevor man es wieder in Flüsse oder Seen fließen lassen kann. In einer Kläranlage wird es gereinigt, bis es wieder ganz sauber ist. Dabei entsteht Klärschlamm, den man als Dünger verwenden kann, wenn er keine Giftstoffe enthält. Lässt man den Schlamm in Faultürmen gären, entsteht Heizgas.

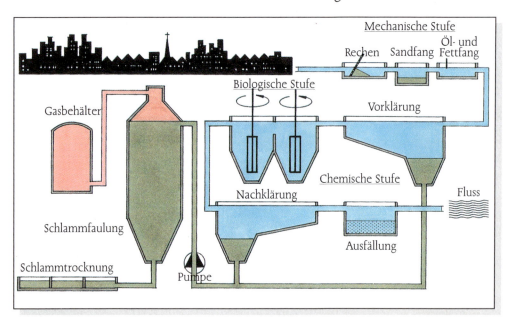

Kirche

Als Kirche bezeichnet man einerseits das Gotteshaus, in dem Christen ihren Gottesdienst feiern, andererseits die Gemeinschaft aller Gläubigen.

Klavier

Das Klavier ist ein Tasteninstrument mit unterschiedlich langen Saiten. Wenn man die Tasten drückt, bringen Filzhämmerchen die Saiten zum Klingen.

Klima

Der Begriff Klima umfasst alle möglichen Erscheinungen des Wetters in einem Gebiet, zum Beispiel Temperaturen und Niederschläge.

Klonen

Das Klonen ist ein Verfahren der ➡Gentechnologie. Dabei werden Lebewesen erzeugt, deren Gene vollkommen gleich sind.

Kloster

In einem Kloster leben und arbeiten Mönche oder Nonnen nach strengen Regeln ihrer Religion. Geleitet wird ein Mönchskloster von einem Abt, ein Nonnenkloster von einer Äbtissin.

Knochen

Knochen stützen den ➡Körper und halten ihn zusammen. Mit den Knorpeln bilden sie das Skelett. Beim Menschen besteht das Skelett aus etwa 200 Knochen.

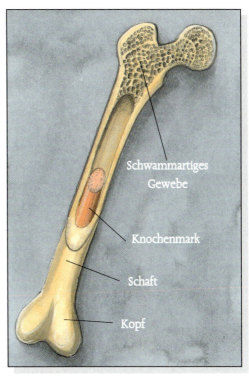

Knospe

Blüten und Blätter, die noch nicht voll entwickelt sind, nennt man Knospen. Die meisten entfalten sich im Frühjahr.

Klavier

Flügel

Kohle

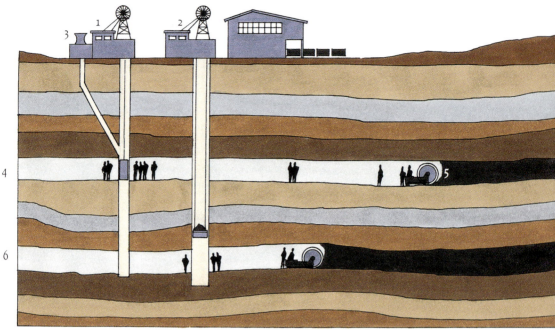

1 Förderschacht für Personen
2 Förderschacht Kohle
3 Frischluftzufuhr
4 Kohleflöz
5 Kohlestreb (Abbaustelle)
6 Kohlehobel

Kohle

Zu den wichtigsten Bodenschätzen der Erde gehört die Kohle. Sie wird im ➡ Bergbau abgebaut und dient als Brennstoff. Entstanden ist Kohle im Laufe vieler Millionen Jahre aus abgestorbenen Bäumen und Pflanzen.

Kolonie

Eine Kolonie ist ein Gebiet, das sich im Besitz eines fremden ➡ Staates befindet. Viele europäische Länder eroberten während der ➡ Entdeckungsreisen Kolonien auf anderen ➡ Kontinenten.

Kommunion

In der katholischen Kirche nennt man den Empfang des Abendmahls Kommunion. Mit etwa neun Jahren feiern die Kinder die erste heilige Kommunion.

Kommunismus

Der Kommunismus ist eine Lehre, die 1848 durch Karl Marx begründet wurde. Im Kommunismus soll es keinen Privatbesitz und daher auch keine Herrschaft von Menschen über andere Menschen geben. Alle Versuche, die Lehre zu verwirklichen, scheiterten.

Kompass

Mit dem Kompass kann man die Himmelsrichtung bestimmen. Die Magnetennadel weist immer nach Norden, weil sie sich durch das magnetische Erdfeld in diese Richtung einstellt. So kann man sich auch in unbekanntem Gelände zurechtfinden.

Komponist

Ein Mensch, der sich Musikstücke ausdenkt und sie in Noten aufschreibt, ist ein Komponist.

Konfirmation

In der evangelischen Kirche werden die Jugendlichen im Alter von etwa 14 Jahren feierlich in die Gemeinde aufgenommen. Dies nennt man Konfirmation oder Einsegnung. Ab der Konfirmation dürfen die Jugendlichen zum Abendmahl gehen.

König

Früher war der König nach dem Kaiser der Herrscher mit dem höchsten Rang. Heute sind nur noch ein paar Länder Königreiche, wie zum Beispiel Großbritannien, Dänemark und Spanien. König oder Königin regieren aber das Land nicht mehr.

Kontaktlinsen

Kontaktlinsen sind Schälchen aus Kunststoff, die direkt auf den ➡ Augen getragen werden und wie eine Brille Sehfehler ausgleichen.

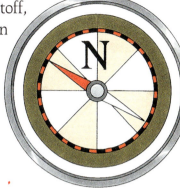

Kompass

Kontinent

Kontinente sind Erdteile. Es gibt sechs Kontinente: ➡ Europa, ➡ Afrika, Amerika (➡ Nordamerika, ➡ Südamerika), ➡ Asien, ➡ Australien und die ➡ Antarktis. Bis vor etwa 200 Millionen Jahren waren alle Kontinente miteinander verbunden waren.

Koralle

Korallen sind Tiere, die fest auf dem Meeresgrund sitzen. Ihr Skelett besteht aus Kalk. Junge Tiere wachsen auf abgestorbenen Korallen. So entstehen Korallenbänke, -riffe und Atolle (➡ Insel).

Körper

Körper

Der Körper des Menschen ist ein Wunderwerk – alle Körperfunktionen sind aufeinander abgestimmt. Störungen werden meist automatisch durch die körpereigenen Abwehrkräfte beseitigt. Aber natürlich kann der Körper auch einmal überlastet sein. ➡ Ärzte und ➡ Heilpraktiker haben jedoch immer mehr Mittel zur Verfügung, Krankheiten zu heilen.

Das Gerüst des Körpers, das alle Organe zusammenhält, besteht aus den ➡ Knochen und Knorpeln des Skelettes.

Alle ➡ Organe eines Menschen arbeiten zusammen und bilden eine Einheit, die den Körper am Leben erhält.

Die Schaltzentrale des Körpers ist das ➡ Gehirn. Es regelt fast alle Körperfunktionen und überwacht den Hormonhaushalt (➡ Hormon). Das Gehirn ist unser wichtigstes Organ, ohne das wir zu keiner kontrollierten Handlung fähig sind. In der modernen Medizin gilt deshalb ein Mensch erst dann als tot, wenn keine Gehirnströme mehr fließen.

Am Skelett setzen die ➡ Muskeln an, die Bewegungen erst ermöglichen. Die ➡ Haut überzieht den ganzen Körper und schützt

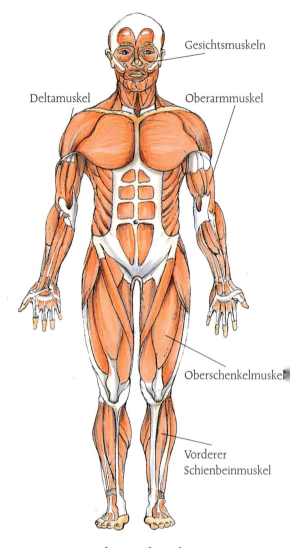

vor Hitze, Kälte und Verletzungen.

Damit der Körper funktionieren kann, braucht er ➡ Energie. Diese wird über die Nahrung zugeführt und durch die ➡ Verdauung freigesetzt. Den Transport der lebenswichtigen Stoffe übernimmt das ➡ Blut. In einem Kreislauf gelangt

K

Kot

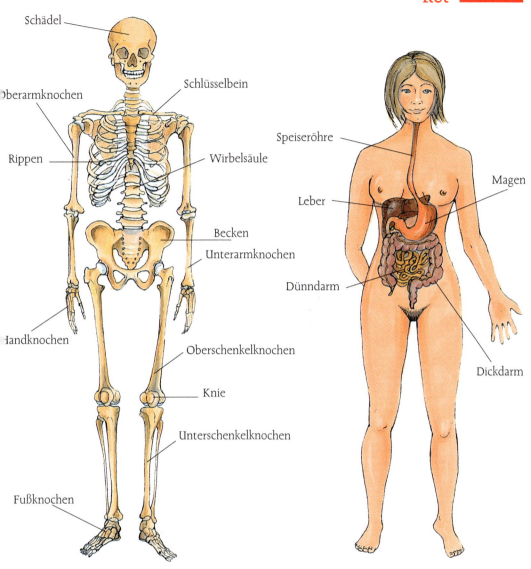

es über ➡ Adern und Venen in jede ➡ Zelle des Körpers. Der Blutkreislauf besteht aus zwei Teilen: Der große Blutkreislauf oder Körperkreislauf versorgt alle Organe außer der Lunge. Diese wird vom kleinen Blutkreislauf oder Lungenkreislauf erreicht.

Kot . . . .

Kot wird vom ➡ Darm über den ➡ After ausgeschieden und besteht aus vom ➡ Körper nicht mehr verwertbaren Bestandteilen der Nahrung. Der Kot von manchen Tieren, etwa von Kühen und Pferden, wird als ➡ Dünger verwendet.

Krabbe

Drehkran

Krabbe

Krabben sind ➡ Krebse mit zehn Füßen. Es gibt viele verschiedene Arten. Manche werden nur wenige Zentimeter, andere bis fünf Meter lang werden. Die meisten Krabben laufen seitwärts.

Kraftwerk

In einem Kraftwerk wird elektrische ➡ Energie gewonnen. Dies kann durch Verbrennung von ➡ Kohle oder ➡ Erdöl geschehen. Umstritten sind ➡ Atomkraftwerke, die ➡ Kernenergie nutzen. Am umweltfreundlichsten sind Kraftwerke, die Wasser- und Windkraft oder ➡ Solarenergie in Strom umwandeln.

Kran

Mit einem Kran können schwere Lasten gehoben, gesenkt und seitlich bewegt werden. Es gibt Dreh- und Laufkräne.

Krankheit

Wenn das Wohlbefinden eines Menschen gestört ist, dann hat er eine

Kredit

Tiefseegarnele
Schwimmkrabbe
Hummer

Krankheit. Sowohl der ➡Körper als auch die ➡Seele können krank werden. Schwere Krankheiten müssen immer ärztlich behandelt werden.

Kraut

Pflanzen ohne holzige Stängel nennt man Kräuter. Blumen, Unkraut und eine Reihe von Wiesenpflanzen zählen dazu.

Krebs

Krebse haben einen harten Körper und vier Fühler. Einige Arten haben zwei kräftige Scheren, mit denen sie Beute fangen. Viele Krebsarten kann man essen, beispielsweise Hummer, Langusten oder Flusskrebse.

Bei der Krankheit Krebs verändern sich ➡Zellen des ➡Körpers. Sie wuchern, bilden Geschwülste, überschwemmen den ganzen Körper und vergiften ihn. Heute kann man jedoch viele Krebserkrankungen heilen.

Kredit

Wenn jemand weniger ➡Geld besitzt, als er braucht, kann er bei einer ➡Bank Geld leihen. Er nimmt dann einen Kredit auf. Dieses geliehene Geld kostet ihn ➡Zinsen.

Kreis

Kreis

Unter einem Kreis versteht man in der Mathematik eine geschlossene Linie aus Punkten. Vom Mittelpunkt sind alle Punkte gleich weit entfernt. Diese Entfernung ist der Radius. Wenn man eine Linie durch den Mittelpunkt zieht, erhält man den Durchmesser.

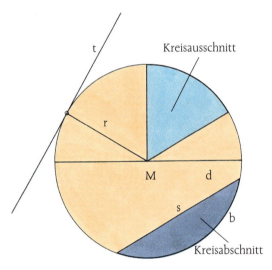

M Mittelpunkt	t Tangente
r Radius	s Sehne
d Durchmesser	b Bogen

Kreuzigung

Wenn ein Mensch wie ➡ Jesus Christus am Kreuz getötet wird, nennt man dies Kreuzigung.

Kreuzotter

Die Kreuzotter ist die einzige Giftschlange, die bei uns vorkommt. Man erkennt sie an der schwarzen Zickzacklinie auf dem Rücken. Sie ist sehr scheu. Ihre Nahrung besteht aus kleinen Tieren wie Fröschen und Mäusen.

Kreuzung

Den Schnittpunkt zweier Straßen nennt man Kreuzung. Meist ist hier der Verkehr durch Ampeln oder Verkehrszeichen geregelt. Von einer Kreuzung spricht man aber auch, wenn verschiedene Rassen, Gattungen oder Arten von Tieren oder Pflanzen gemischt werden.

Kreuzzug

Im ➡ Mittelalter wurden insgesamt sieben Kreuzzüge durchgeführt. Christliche Kreuzritter zogen aus, um die heiligen Stätten, an denen ➡ Jesus Christus gelebt hatte, mit Waffengewalt von den Anhängern des

K

Krokodil

Krippe

Eine Krippe ist ein Futtertrog für Tiere. Wenn Christen die Heilige Familie mit Figuren darstellen, spricht man von einer Weihnachtskrippe. Außerdem ist eine Krippe, ein Hort, in dem Kinder bis zu drei Jahren betreut werden.

Kristall

Viele Stoffe treten in Kristallform auf. Sie haben eine regelmäßige Form mit vielen Ecken.

Kroatien

Kroatien ist erst seit 1991 ein selbstständiger Staat. Bis dahin gehörte es zu Jugoslawien. Die Hauptstadt ist Zagreb.

Futterkrippe

➡ Islam zu befreien. Die Kreuzzüge wurden mit großer Grausamkeit durchgeführt.

Krieg

Krieg ist eine bewaffnete Auseinandersetzung zwischen ➡ Staaten. Manchmal werden unterschiedliche Religionen als Vorwand missbraucht, um einen Krieg zu führen. Tatsächlich jedoch geht es immer um die Vermehrung von Macht und Besitz für die Herrschenden. Wenn verschiedene Volksgruppen innerhalb eines Landes mit Waffengewalt gegeneinander kämpfen, sprechen wir von einem Bürgerkrieg.

Krokodil

Krokodile sind so genannte Panzerechsen. Sie werden bis zu zehn Meter lang und leben vor allem im Süßwasser der Tropen und Subtropen. Die Weibchen legen bis zu 100 Eier, die sie von der Wärme der Sonne ausbrüten lassen.

Krokodile sind Fleischfresser.

Kröte

Kröte

Kröten gibt es auf der ganzen Welt. Sie gehören zur Familie der Lurche (Amphibien). Sie sind kräftiger und dicker als ➡ Frösche. Aus ihrer warzigen Haut können sie eine giftige Flüssigkeit absondern.

Kuckuck

Der Kuckuck ist ein Vogel. Er ist bekannt dafür, dass er seine Eier in fremde Nester legt. Sobald das Kuckucksjunge geschlüpft ist, wirft es sämtliche Eier der eigentlichen Nestbewohner aus dem Nest.

Kult

Wenn eine Gottheit übermäßig verehrt wird, spricht man von Kult. Manche Menschen betreiben einen Kult aber auch um Personen wie berühmte Schauspieler, Sänger oder Sportler.

Kuckuck

Kultur

Unter Kultur versteht man im Gegensatz zur Natur alles, was vom Menschen geschaffen wird. Dazu zählen zum Beispiel Wissenschaft, Religion, Philosophie, Kunst und Landwirtschaft. Verschiedene Völker entwickeln völlig unterschiedliche Kulturen. Dies kann zu Missverständnissen und Konflikten führen.

Kunst

Alles, was von Menschen schöpferisch hergestellt wird und nicht nur einen Nutzwert hat, ist im weitesten Sinne Kunst. Zu den Ausdrucksformen der Kunst gehören Malerei, Bildhauerei, Baukunst, Musik, Tanz, Theater und Dichtung.

Kröten leben an Land. Nur einmal im Jahr wandern sie zum Wasser, wo sie sich paaren und ihren Laich ablegen.

Kutsche

Kunststoff

Kunststoff, auch Plastik genannt, ist die Bezeichnung für alle chemisch hergestellten Stoffe. Dazu werden vor allem Erdöl und Kohle verwendet. Kunststoffe sind zwar widerstandsfähiger als natürliche Werkstoffe wie Holz oder Metall, aber sie verrotten nicht, sodass sie sehr viel Müll verursachen.

Kupfer

Kupfer ist ein weiches, hellrotes ➡ Metall. Es war das erste Metall, das zur Herstellung von Gegenständen diente. Vor rund 7000 Jahren fanden es Menschen in Ägypten und in Vorderasien im Boden. Da Kupfer elektrischen Strom gut leitet, wird es für Kabel verwendet. Kupfer ist nach ➡ Eisen das meist verwendete Metall.

Küste

Dort, wo das Meer ans Land stößt, ist die Küste. Durch die Bewegung des Meeres verändert sich eine Küstenlinie ständig.

Kutsche

Eine Kutsche ist ein mit Verdeck versehener Wagen, der von Pferden gezogen wird. Früher dienten sie zur Personenbeförderung.

Verschiedene Gegenstände aus Kunststoff:
1 Zahnbürste, 2 Telefon, 3 Putzeimer, 4 Spielfigur, 5 Dichtungsring, 6 Schulranzen, 7 Armbanduhr

Labor

Verschiedene Disziplinen der Leichtathletik: 1 Diskuswerfen, 2 Stabhochsprung, 3 Speerwerfen, 4 Hürdenlauf, 5 Hochsprung, 6 Kugelstoßen, 7 Laufen, 8 Weitsprung, 9 Hammerwerfen, 10 Gehen

Labor

In einem Labor werden Unter-suchungen und Experimente durchgeführt, die in Wissenschaft, Technik, Forschung und Medizin notwendig sind.

Labyrinth

Im ➡ Altertum war ein Labyrinth ein weitläufiges Gebäude, in dem es viele Treppen, Innenhöfe und Gänge gab. In ihnen konnte man sich leicht verirren. Heute legt man Labyrinthe zum Beispiel aus Hecken an. In diesen Irrgärten können Besucher aus Spaß den richtigen Weg suchen.

Laser

(gesprochen: lejser). Laser bezeichnet eine Lichtquelle mit einem besonders stark gebündelten, energiereichen Lichtstrahl. Dieser kann zum Bohren, Schneiden und Schmelzen härtester Materialien verwendet werden. Bei sehr feinen Operationen wird er wie ein Messer eingesetzt. Außerdem dient er zum Abspielen einer ➡ CD.

Laus

Läuse sind winzige, flügellose ➡ Insekten. Die Menschenlaus saugt Blut und klebt ihre Eier, die Nissen, an den Haaren fest.

Lexikon

Lawine

Wenn an steilen Gebirgshängen plötzlich große Schneemassen abstürzen, spricht man von einer Lawine. Ursachen sind schnelle Temperaturwechsel oder Erschütterungen. Es gibt auch Geröll-, Stein- und Schlammlawinen.

Leichtathletik

Leichtathletik umfasst die Wettkämpfe im Laufen, Springen und Werfen. Schon bei den ➡ Olympischen Spielen im alten Griechenland wurden einige der Disziplinen ausgetragen. Heute zählen zur Leichtathletik Disziplinen wie 100-m-Lauf und Weitsprung. Daneben gibt es Mehrkämpfe, bei denen ein einziger Sportler mehrere Disziplinen ausübt.

Lettland

Wie Estland und ➡ Litauen gehört Lettland zum Baltikum. Dieses Gebiet stand 200 Jahre lang unter der Herrschaft ➡ Russlands und war später Teil der ➡ Sowjetunion. Seit 1991 ist Lettland unabhängig. Die Hauptstadt heißt Riga.

Leuchtturm

Leuchttürme stehen an Flussufern und Meeresküsten. Sie weisen den Schiffen bei Nacht und schlechtem Wetter den Weg zu Hafeneinfahrten oder warnen die Seeleute vor Gefahren.

Lexikon

Ein Lexikon ist ein Nachschlagewerk, das alphabetisch geordnet ist. Es erklärt die Bedeutung von Wörtern und gibt Auskünfte über Namen und Begriffe.

Leuchttürme haben an der Spitze ein starkes Blinklicht, das in bestimmten Abständen aufleuchtet.

L

Liechtenstein

Lupe

Liechtenstein

Das Fürstentum Liechtenstein liegt zwischen ➡Österreich und der ➡Schweiz. Die Hauptstadt heißt Vaduz. Dank einer hoch spezialisierten Industrie gehört das kleine Land zu den reichsten Staaten der Welt. Liechtenstein ist bekannt für günstige ➡Steuern und seltene Briefmarken.

Linde

Linden sind Laubbäume. Es gibt sie in verschiedenen Arten. Alle haben herzförmige Blätter und weiches Holz. Ein Tee aus getrockneten Lindenblüten hilft zum Beispiel bei Erkältungen.

Litauen

Litauen bildet gemeinsam mit Estland und ➡Lettland das Baltikum. Das ➡Klima ist recht rau. Im Landesinneren gibt es ungefähr 4000 Seen, zahlreiche ➡Moore und Wälder, aber auch fruchtbare Acker- und Weideflächen. Die Hauptstadt heißt Wilna.

Literatur

Mit dem lateinischen Begriff „Literatur" bezeichnet man im Allgemeinen alle Texte, die geschrieben werden. Meist meint man mit Literatur allerdings Sprachkunstwerke. Dabei sind Unterscheidungen möglich, wie zum Beispiel schöngeistige Literatur, Unterhaltungsliteratur oder Fachliteratur.

Lotse

Ein Lotse ist ein Seemann, der in schwierigen Gewässern oder bei der Einfahrt in einen Hafen die Führung eines Schiffs übernimmt, da er sich in dem Gebiet besser auskennt als der Kapitän. Der Kapitän muss den Anweisungen des Lotsen gehorchen. Auf Flughäfen arbeiten Fluglotsen, die dafür sorgen, dass der Flugverkehr ohne Unfälle verläuft. Schülerlotsen sorgen für sichere Schulwege.

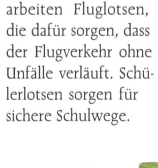

Luxemburg

Löwe

Löwen sind die größten Raubkatzen Afrikas. Der männliche Löwe wird wegen seiner mächtigen Mähne in ➡ Sagen und ➡ Märchen als König der Tiere bezeichnet.

Tatsächlich jedoch ruht oder schläft er am liebsten den ganzen Tag. Die Hauptarbeit beim Jagen und bei der Aufzucht der Jungen übernehmen die Löwinnen. Sie sind kleiner als die Männchen und haben keine Mähne.

Löwenzahn

Der Löwenzahn wird auch Pusteblume genannt, weil seine gelben Blütenblätter zu winzigen Fallschirmen verblühen, an denen die ➡ Samen vom Wind übers Land geweht werden. Der Löwenzahn gehört zu den ➡ Heilpflanzen. Er wird zum Beispiel zu Hustensaft verarbeitet. Junge Blätter können auch als Salat gegessen werden. Sie sind sehr schmackhaft und enthalten viele ➡ Vitamine.

Luchs

Der Luchs ist eine Wildkatze, die in Europa, Asien und Amerika lebt. Er kann sehr gut klettern und sehen.

Luft

Luft umgibt die Erde wie eine Hülle. Diese nennt man auch Atmosphäre. Luft besteht aus Sauerstoff, Stickstoff und anderen Gasen.

Lupe

Eine Lupe ist ein Vergrößerungsglas, mit dessen Hilfe man zum Beispiel sehr kleine Schriften lesen kann.

Luxemburg

Das Großherzogtum Luxemburg ist ein reicher, hoch industrialisierter Staat. Die Hauptstadt Luxemburg-Stadt ist ein internationales Finanzzentrum mit beinahe 200 Banken.

Magie

Magie

Im eigentlichen Sinne ist Magie der Glaube, dass Menschen mit Gedanken und ganz bestimmten Handlungen Kräfte der Natur beherrschen können. Dazu gehört auch die Beeinflussung anderer Menschen. Es wird unterschieden zwischen weißer Magie, die dem Menschen helfen, und schwarzer Magie, die schaden will. Im Allgemeinen bezeichnet man Zaubertricks ebenfalls als Magie. Der Zauberkünstler heißt Magier.

Maiglöckchen

In unseren Wäldern wachsen nur noch selten Maiglöckchen. Die Zuchtformen dieser giftigen Pflanze blühen dagegen in vielen Gärten und Parks. Sie haben größere Blüten, duften aber nicht so stark wie die wild wachsenden Blumen.

Maiglöckchen werden bis zu 20 Zentimeter hoch. Vorsicht: Sie sind giftig!

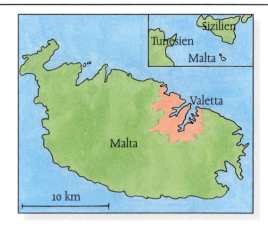

Makedonien

Makedonien gehörte bis 1991 zum früheren Jugoslawien. Viele Kunstschätze dort stammen aus dem ➡ Altertum. Auch im Nachbarstaat ➡ Griechenland gibt es ein Gebiet, das Makedonien heißt. Dies führt immer wieder zu Problemen zwischen den Ländern.

Malaria

Übersetzt bedeutet Malaria „schlechte Luft", denn früher glaubte man, diese Infektionskrankheit (➡ Infektion) würde durch Sumpfgase verursacht. Inzwischen weiß man jedoch, dass die Erreger von bestimmten ➡ Mücken übertragen werden, die in tropischen Sümpfen leben.

Malariakranke bekommen immer wieder hohes ➡ Fieber, das ihren ➡ Körper sehr schwächt. Zwischen den Fieberschüben können Monate oder Jahre vergehen.

Mammut

Malta

Die Inselgruppe Malta, zu der die Inseln Malta, Gozo und Comino gehören, liegt an einer Engstelle des Mittelmeers zwischen den Kontinenten Afrika und Europa. Die Hauptstadt heißt Valetta. Malta gehörte bis 1964 zu ➡Großbritannien, seither ist es jedoch ein unabhängiger Staat. Trotzdem ist Englisch neben Maltesisch noch heute Amtssprache.

Malz

Gekeimtes Getreide (Gerste, Roggen oder Weizen), das zur Herstellung von Bier, Branntwein, Spiritus oder Kaffeeersatz verwendet wird, bezeichnet man als Malz. Aus Malz werden auch süße Bonbons hergestellt.

Mammut

Das Mammut ist eine ausgestorbene Elefantenart. Es lebte in der ➡Eiszeit und hatte ein langhaariges, rotbraunes Fell, kleine Ohren, riesige Stoßzähne und wurde etwa fünf Meter lang und drei Meter hoch. Ihre größten Feinde waren die heute ausgestorbenen Säbelzahntiger und Höhlenmenschen.

Mammut

Manager

Manager

(gesprochen: mänädscher). Das Wort Manager kommt aus dem Englischen und bezeichnet „eine Person, die etwas zu Stande bringt". Manager sind leitende Angestellte. Sie sind verantwortlich für die Erfolge der Firma und müssen deren Mitarbeiter anleiten. Auch berühmte Künstler und Sportler haben einen Manager, der ihre Geschäfte organisiert.

Mandeln

Die Mandeln sind Organe im Gaumen und Rachen des Menschen, die die Form einer Mandel haben. Sie bilden Abwehrstoffe gegen ➡ Infektionen.

Märchen

Märchen sind Erzählungen, in denen wunderbare Dinge geschehen und Figuren wie ➡ Hexen, Zauberer, Feen und Riesen auftreten. Vor vielen hundert Jahren entstanden sie als Volksmärchen. Diese wurden zunächst nur mündlich überliefert und waren auch bei Erwachsenen sehr beliebt. Die Gebrüder Grimm schrieben die bekanntesten Volksmärchen im 19. Jahrhundert auf und veröffentlichten sie als Buch. Es gibt aber auch

Kunstmärchen, deren Verfasser bekannt sind. Hans Christian Andersen war zum Beispiel so ein berühmter Märchenschreiber.

Marder

Marder sind Raubtiere, die am ➡ After ➡ Drüsen haben, aus denen sie bei Gefahr eine stinkende Flüssigkeit verspritzen können. Weltweit gibt es verschiedene Arten. Auch der ➡ Dachs gehört dazu.

Mathematik

Marionette
Marionetten sind Puppen, mit denen man Theater spielen kann. Sie haben bewegliche Glieder, die mit Fäden oder Drähten so gezogen werden, dass die Puppen wie lebendig wirken. Ein bekanntes Marionettentheater ist die Augsburger Puppenkiste.

Maschine
Maschinen nehmen Menschen körperliche Arbeit ab. Sie übertragen Kraft oder verrichten Arbeitsgänge selbstständig. Moderne Maschinen treiben zum Beispiel ➡ Autos, ➡ Flugzeuge, Züge und Haushaltsgeräte an.

Massage
Bei einer Massage wird Gewebe des ➡ Körpers nach genauen Regeln gedrückt, geknetet und gestreichelt. Dadurch werden unter anderem die ➡ Muskeln gelockert. Wer von Berufs wegen massiert, ist ein Masseur.

Mathematik
Unter Mathematik verstehen wir die Wissenschaft von Zahlen und Figuren mit berechenbaren Formen. Gesetze und Regeln werden mit Formeln ausgedrückt.

Hebel (1), Rad (2), Schraube (3) und Keil (4) sind Beispiele für einfache Maschinen. Die Bohrmaschine (5) ist eine moderne, elektrisch betriebene Maschine.

Maulwurf

Maulwurf
Der Maulwurf lebt unter der Erde. Dort gräbt er mit seinen breiten, zu Schaufeln entwickelten Händen und Füßen ausgedehnte Baue. Viele Menschen stören sich an den Maulwurfshügeln, weshalb sie die Tiere jagen und töten. Dabei sind Maulwürfe sehr nützlich, da sie sich ausschließlich von ➡ Insekten ernähren.

Maus
Mäuse sind auf der ganzen Welt verbreitet. Es gibt etwa 2000 Arten. Sie leben in unterirdischen Höhlen, manchmal auch in Gebäuden. Einige Arten können Krankheitserreger verbreiten. Andere vernichten Getreide und Vorräte.

Als Maus wird auch ein Zubehör für den ➡ Computer bezeichnet, das an den Rechner angeschlossen wird und Signale überträgt.

Medien
„Medien" bedeutet eigentlich „Mittel", „Vermittler". Heute wird das Wort für alles verwendet, was mit der öffentlichen Verbreitung, Weiterverarbeitung oder Weitergabe von Informationen zu tun hat. Als Massenmedien bezeichnet man zum Beispiel Zeitungen, Zeitschriften, Film, Rundfunk und Fernsehen.

Medikament
Medikamente werden auch Arzneien, Arzneimittel oder Medizin genannt. Sie sind Heilmittel chemischer, pflanzlicher oder tierischer Herkunft. Mit ihnen werden ➡ Krankheiten geheilt oder gelindert. Oft haben sie jedoch Nebenwirkungen, die andere Beschwerden verursachen können. Einige Medikamente können sogar zur ➡ Sucht führen. Es gibt Medikamente in

M

Medizin

Waldmaus

Hausmaus

Form von Pulvern, Tabletten, Tropfen und Säften. Andere Medikamente werden auch gespritzt.

Meditation

Bei einer Meditation vertieft sich ein Mensch in Gedanken und Gefühle. Dadurch entspannt er sich und gelangt zu neuen Erfahrungen und Erkenntnissen. Es gibt verschiedene Arten der Meditation, die man allein oder unter Anleitung in einer Gruppe ausüben kann. Anfänger brauchen dazu eine ruhige Umgebung. Geübte können fast überall meditieren. In manchen Religionen gehört Meditation zu den vorgeschriebenen Übungen, beispielsweise im ➡ Buddhismus.

Medizin

Im eigentlichen Sinne bedeutet Medizin Heilkunde. Sie erforscht und behandelt ➡ Krankheiten. Auch die Vorbeugung von Erkrankungen gehört dazu. Es gibt viele Berufe in der Medizin, zum Beispiel Krankenschwester, Pfleger oder ➡ Arzt. Im Allgemeinen werden auch ➡ Medikamente als Medizin bezeichnet.

Meer

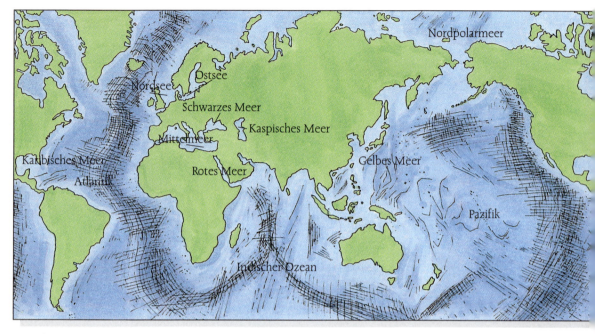

Aus der Luft betrachtet erkennt man, wie die Ozeane und ihre Nebenmeere die Kontinente umgeben.

Meer

Fast drei Viertel der Erdoberfläche sind mit Wasser bedeckt. Das meiste Wasser befindet sich im Meer. Dieses Weltmeer ist an seiner tiefsten Stelle über 11.000 Meter tief. Es gliedert sich in drei große Ozeane: den Pazifischen Ozean, der auch Pazifik oder Stiller Ozean genannt wird, den Atlantischen Ozean oder Atlantik und den Indischen Ozean. Zwischen ihnen liegen die ➡ Kontinente.

Meerwasser ist salzig, es enthält etwa einen Esslöffel Salz pro Liter. Im Meer leben viele Tiere: über 20.000 verschiedene Arten von ➡ Fischen und unzählige andere Tiere und Pflanzen wie ➡ Krebse, ➡ Schnecken, ➡ Muscheln, ➡ Quallen und ➡ Korallen.

Die Meere sind für die Menschen auch in wirtschaftlicher Hinsicht wichtig. Sie liefern ihnen Nahrung, zum Beispiel Fische, Muscheln, Krebse und Kostbarkeiten wie Korallen und Perlen, lebenswichtige Stoffe wie Kochsalz und Jod und in manchen Gebieten auch Bodenschätze wie ➡ Erdöl und ➡ Erdgas.

Seepferdchen

Meeresschnecke

Meer

Das Wasser der Meere steigt (Flut) und fällt (Ebbe) im Laufe eines Tages regelmäßig. Etwa alle sechs Stunden gibt es so einen Wechsel der ➡ Gezeiten.

Der Meeresboden ähnelt dem Festland der Erde. Auch unter Wasser gibt es flache Ebenen, Schluchten, ➡ Gebirge und sogar ➡ Vulkane. Sehr hohe Berge sind als Inseln über dem Meer sichtbar.

Miesmuschel

Technisches Tiefseetauchen:
1 Gerätetaucher
2 Fester Tauchanzug und Helm
3 U-Boot
4 Beaver IV
5 Taucherglocke
6 Deep Quest
7 Alvin
8 Aluminant
9 Bodenprobennahmen
10 Archimede
11 Trieste 1960

Seestern

Die meisten Meereswesen leben in der Nähe der Wasseroberfläche. In die Tiefen des Meeres gelangt nämlich kein Licht und das Wasser ist sehr kalt. Dort leben nur wenige Fische und Kraken.

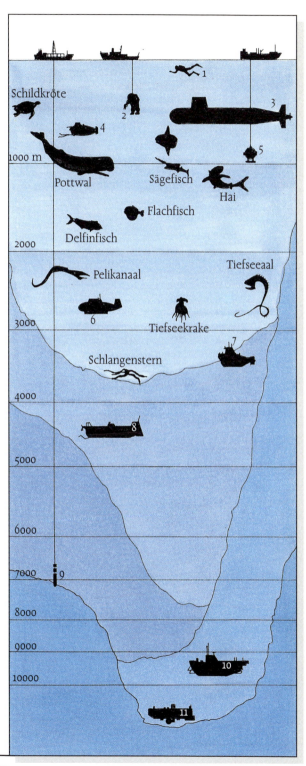

Meerschweinchen

Meerschweinchen

Meerschweinchen sind wie Mäuse und Hamster Nagetiere. Ihren Namen bekamen sie, da sie auf dem Seeweg aus Südamerika nach Europa gebracht wurden und ähnlich wie junge Schweine quieken.

Meise

Meisen sind lebhafte Singvögel, die in Baumhöhlen leben. Zu den einheimischen Arten gehören zum Beispiel Blau-, Kohl- und Haubenmeise.

Messing

Messing ist eine Mischung der Metalle ➡ Kupfer und Zink. Es glänzt ähnlich wie Gold und rostet nicht. Man verwendet es deshalb zum Beispiel für Wasserrohre, Wasserhähne, Schrauben und im Schiffbau.

Metall

Metalle, wie zum Beispiel Gold, Eisen oder Aluminium, kommen normalerweise nur in fester Form vor. Das Metall Quecksilber allerdings ist flüssig. Metalle sind nie durchsichtig, sie glänzen und leiten Wärme und elektrischen Strom gut. Durch Walzen, Pressen, Ziehen und Schmieden kann man sie verformen.

Blaumeise

Mikrofon

Ein Mikrofon ist ein Gerät, das Töne in elektrische Signale umformt. Durch die Töne wird ein dünnes Blättchen im Mikrofon zum Schwingen gebracht. Die Schwingungen bewirken im Mikrofon Stromschwankungen, die wiederum durch einen Lautsprecher hörbar gemacht werden. Mithilfe von Mikrofonen können Töne, zum Beispiel Musik, verstärkt oder aufgenommen werden. Auch im ➡ Telefon befindet sich ein kleines Mikrofon.

Mikroskop

Mit einem Mikroskop können winzige Gegenstände bis zu tausendmal vergrößert werden. Mit einem modernen Elektronenmikroskop sind sogar bis zu hunderttausendfache Vergrößerungen möglich.

Milbe

Milben sind Spinnentiere, die beißen oder stechen und saugen. Gegen Hausstaubmilben bekommen manche Menschen eine ➡ Allergie. Zu den Milben gehört auch die ➡ Zecke.

Mineralstoffe

Neben ➡ Vitaminen muss die Nahrung des Menschens genügend Mineralstoffe enthalten. Eisensalze beispielsweise sind notwendig für das ➡ Blut, Kalziumverbindungen für die ➡ Knochen und Fluoride schützen die ➡ Zähne vor ➡ Karies.

Minister

Das aus dem Lateinischen stammende Wort Minister bedeutet „Diener". Ein Minister ist ein Diener des ➡ Staates. Als Regierungsmitglied leitet er ein Ministerium und ist dafür verantwortlich, dass Parlamentsbeschlüsse (➡ Parlament) von den zuständigen Ämtern ausgeführt werden. Die wichtigsten Ministerien sind Finanz-, Wirtschafts-, Außen-, Innen-, Sozial-, Verteidigungs- und Landwirtschaftsministerium.

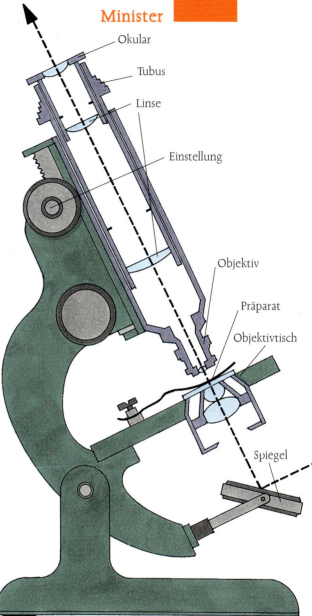

M

Mittelalter

Mittelalter

Als Mittelalter wird die Zeit zwischen Antike und Neuzeit bezeichnet, also etwa von 500 bis 1500 nach Christus. Die Gesellschaft des Mittelalters war in so genannte Stände untergliedert, nämlich in Adelige, Geistliche, Bürger, Handwerker, Bauern und eine Unterschicht (Leibeigene), die gar keine Rechte hatte. Den meisten Menschen im Mittelalter ging es sehr schlecht: Armut, Hunger und ➡ Seuchen bestimmten das Leben.

Modem

Ein Modem ist ein elektronisches Gerät, das Daten zwischen ➡ Computern übertragen kann.

Moldawien

Die Republik Moldawien liegt in Südosteuropa. In dem Land leben viele unterschiedliche Nationalitäten, was immer wieder zu Spannungen im Land selbst und gegenüber den Nachbarstaaten ➡ Rumänien und ➡ Ukraine führt. Die Hauptstadt heißt Kischinew.

Mont Blanc

Der Mont Blanc ist der höchste Berg Europas (4807 m). Er ist das ganze Jahr über schneebedeckt. Durch den Berg führt ein Tunnel von Frankreich nach Italien.

Moor

Eine Landschaft aus ➡ Sümpfen, in denen ➡ Torf entsteht, wird Moor genannt. Es gibt Flachmoore, die in Senken liegen, und Hochmoore. In Hochmooren wachsen nur ➡ Moose.

Spiegel · Tank · Blinker · Blinker · Teleskopgabel · Auspuff · Scheibenbremsen · Motor · Antriebskette

Möwe

Moos
Moose sind sehr einfache Pflanzen. Es gibt sie fast überall auf der Welt außer in Wüsten.

Motorrad
Motorräder sind einspurige, zweirädrige Kraftfahrzeuge, die von einem Verbrennungsmotor angetrieben werden. Damit der Motor nicht zu heiß wird, wird er durch den Fahrtwind oder durch Wasser gekühlt. Das erste Motorrad wurde 1885 von Gottlieb Daimler gebaut.

Motte
Motten sind kleine Schmetterlinge, die winzige Härchen an den Flügeln haben. Die Kleidermotte ist ein Schädling, der Löcher in Stoffe frisst.

M
Mücke

Mount Everest
Der höchste Berg der Erde ist der Mount Everest (8848 m) im ➡ Himalaja. 1953 wurde er das erste Mal von Menschen bestiegen.

Mountainbike
(gesprochen: mauntn beik). Ein Mountainbike ist ein stabiles Geländesportrad mit groben Profilreifen.

Möwe
Möwen gibt es an den Ufern aller Gewässer der Erde. Sie haben Schwimmhäute zwischen den Zehen. Ihre Nahrung besteht aus Fisch, ➡ Aas und Abfällen.

Mücke
Mücken sind ➡ Insekten. Einige Arten saugen Blut. Dabei können sie ➡ Krankheiten wie ➡ Malaria übertragen.

Bremse — Federgabel — Drehschaltgriff — Bremse
Profilreifen
21-Gang-Kettenschaltung

Mühle

Mühle

Eine Mühle ist eine Maschine, mit der man feste Stoffe zerkleinern kann. So mahlen Kornmühlen Getreide zu Mehl. Mühlen lagen früher meist an Flüssen und Bächen. Durch das Wasser wurde ein Wasserrad angetrieben, das wiederum die Mühlsteine drehte. Heute werden Mühlen normalerweise elektrisch betrieben. Doch auch in unserer Zeit gibt es noch Windmühlen, die zur Erzeugung von Strom eingesetzt werden.

Müll

Müll ist das, was die Menschen als Abfall produzieren. Da die Müllmengen immer größer wurden, versucht man seit einiger Zeit, Müll zu vermeiden und so viel wie möglich wieder zu verwerten. Die Entsorgung des so genannten Restmülls auf Mülldeponien oder in Verbrennungsanlagen ist jedoch noch immer problematisch.

Mumie

Unter bestimmten Bedingungen können die Körper von toten Menschen und Tieren austrocknen und als Mumie erhalten bleiben. Im alten ➡ Ägypten wurden die Körper von Herrschern nach deren Tod künstlich erhalten. Vor dem so genannten Einbalsamieren entfernte man das Gehirn und die Organe.

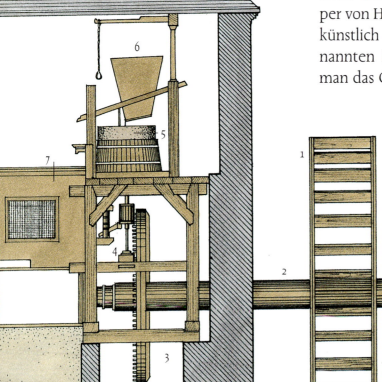

Historische Getreidemühle:
1 Wasserrad
2 Wellbaum
3 Kammrad
4 Getriebe: Umwandlung der vertikalen in horizontale Drehbewegung
5 Mühlstein
6 Getreidetrichter
7 Mehlkasten

Muskel

Gekrümmte Harmonika

Chromatische Harmonika

Mundharmonika

Die Mundharmonika ist ein Blasinstrument. Durch Ein- und Ausatmen werden Metallzungen in Schwingung versetzt, wodurch die Töne entstehen.

Murmeltier

In den ➡ Alpen und in anderen Hochgebirgen leben die Murmeltiere. Sie ernähren sich ausschließlich von Pflanzen und leben in Erdhöhlen. Im Sommer fressen sie sich eine dicke Fettschicht an, von der sie während ihres Winterschlafes zehren.

Muschel

Muscheln sind Weichtiere. Ihr weicher Körper ist von zwei Kalkschalen umhüllt und geschützt. Meist leben sie fest an den Meeresboden geheftet. Einige Arten wie Austern, Jakobs- und Miesmuscheln gelten als Delikatesse.

Museum

In einem Museum sind wertvolle und sehenswerte Gegenstände ausgestellt. Es gibt Museen für Kunst, Geschichte, Naturwissenschaften, Technik, Völkerkunde oder für Alltagsgegenstände wie Brot, Uhren oder Spielzeug.

Musik

In der Antike bezeichnete man mit Musik eine Tätigkeit, die den Geist bildete. Erst im Lauf der Zeit verwendete man den Begriff für die „Kunst der Töne". Musik wird entweder gesungen (Vokalmusik) oder von Instrumenten gespielt (Instrumentalmusik).

Muskel

Ein Muskel ist ein ➡ Organ, das zur Bewegung des ➡ Körpers dient. Durch ➡ Nerven gesteuert, ziehen sich die Muskeln zusammen, und lösen so die Bewegung aus. Manche Muskeln können bewusst angespannt werden, zum Beispiel die Armmuskeln. Andere, wie die Herzmuskeln, sind vom Willen nicht beeinflussbar.

Murmeltier

N

Nachtigall

Nachtigall
Die Nachtigall ist bekannt für ihren schönen Gesang. Sie lebt in Europa und Nordafrika.

Narkose
Bei einer Narkose werden Menschen oder Tiere so betäubt, dass sie bewusstlos sind und bei einer Operation keine Schmerzen mehr empfinden. Hervorgerufen wird dies durch das Einspritzen von Betäubungsmitteln oder durch das Einatmen von Gasen wie Äther und Chloroform.

Nashorn
Äußerlich wirken Nashörner gefährlich. Ausgewachsene Bullen können bis zu 3500 Kilogramm schwer werden. Tatsächlich sind sie jedoch ausgesprochen friedlich und ernähren sich nur von Pflanzen. Ihre gepanzerte Haut ist sehr empfindlich.

Nationalsozialismus
Der Nationalsozialismus ist die deutsche Form des ➡ Faschismus. Die Nationalsozialisten (abgekürzt: Nazis) kamen 1933 an die Macht. Sie verkündeten den Herrschaftsanspruch der Deutschen über alle anderen. Juden (➡ Judentum) und Andersdenkende wurden verfolgt und in Konzentrationslager gesperrt. Die meisten wurden getötet. Um fremde Länder zu erobern, begannen die Nazis 1939 den Zweiten Weltkrieg (➡ Krieg), der 1945 mit ihrer Niederlage endete. Der Führer der Nazis war Adolf Hitler.

Naturschutz
Die Eingriffe des Menschen in die Natur bedrohen Landschaften, Tiere und Pflanzen. Deshalb versu-

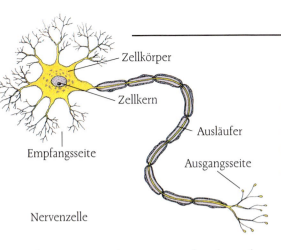

Nervenzelle

chen Naturschützer sie durch vielfältige Maßnahmen zu erhalten. Der Naturschutz ist Aufgabe des ➡Staates, der beispielsweise Naturschutzgebiete errichtet. Aber jeder einzelne Mensch kann und soll dazu beitragen. So kann beispielsweise jeder Energie sparen, Nistkästen aufstellen oder seltene Pflanzen schützen.

Nebel

Wenn die Luft abkühlt, verdampft Wasser. Es entstehen feinste Tröpfchen, die wir als Nebel wahrnehmen.

Nerv

Die Steuerung von Bewegungen und Vorgängen im ➡Körper verläuft über die Nerven. Sie leiten in Bruchteilen von Sekunden Reize an das Gehirn weiter. Das ➡Gehirn ist das Steuerzentrum. Wenn zum Beispiel die Hand eine heiße Herdplatte berührt, leitet die ➡Haut diesen Reiz über Nervenbahnen an das Gehirn weiter. Von dort wird dann wieder über Nervenstränge der Befehl an die ➡Muskeln gegeben, die Hand sofort zurückzuziehen.

Neurodermitis

Als Neurodermitis werden verschiedene Erkrankungen der ➡Haut bezeichnet, die alle einen juckenden ➡Ausschlag hervorrufen. Eine Heilung ist meist äußerst schwierig und dauert sehr lange.

Niederlande

Die Niederlande sind ein Königreich in Westeuropa. Industrie und Landwirtschaft sind hoch entwickelt. Kein anderes Land Europas exportiert so viel Gemüse und Blumen. Die Hauptstadt heißt Amsterdam.

Die berühmtesten Käsesorten der Niederlande sind Gouda und Edamer.

Nikolaus

Nikolaus

Am 6. Dezember ist der Nikolaustag. Er geht zurück auf den heiligen Bischof Nikolaus aus Myra, der vor über 1500 Jahren lebte und zu allen Menschen sehr gut und großzügig war.

Nixe

Nixen sind Figuren aus ➡ Sagen und ➡ Märchen. Diese Wasserfrauen haben einen Fischschwanz.

Nobelpreis

Jedes Jahr im Herbst wird je ein Nobelpreis für ➡ Literatur, ➡ Physik, ➡ Chemie, ➡ Medizin und Wirtschaftswissenschaft verliehen. Außerdem wird eine Person geehrt, die sich um den Frieden verdient gemacht hat. Der Nobelpreis ist die höchste Auszeichnung, die man erhalten kann.

Nordamerika

Als Nordamerika bezeichnen wir den nördlichen Teil des Doppelkontinents (➡ Kontinent) Amerika. Eine Landbrücke, die man Mittel- oder Zentralamerika nennt, verbindet es mit ➡ Südamerika.

Nordpol

Der Nordpol ist der nördlichste Punkt der Erde. Die Eisregion um ihn herum wird ➡ Arktis genannt. Hier leben Eisbären und Robben. Da die Sonnenstrahlen sehr flach auftreffen, ist es immer kalt. Außerdem ist die Sonne dort sechs Monate nicht zu sehen. Dann herrscht Polarnacht.

Nordsee

Die Nordsee ist ein Nebenmeer (➡ Meer) des Atlantischen Ozeans. Sie ist rund 580.000 Quadratkilometer groß und erstreckt sich zwischen dem europäischen Festland, den Britischen Inseln und Skandinavien. Im Durchschnitt ist sie nur 93 Meter tief.

Norwegen

Norwegen gehört zu Skandinavien. Es gibt dort viele ➡ Fjorde und ➡ Gletscher. Der wichtigste Rohstoff ist Erdöl, das vor allem in der Nordsee vorkommt. Die Hauptstadt heißt Oslo.

Nixe

Norwegen

Nordamerika ist im Hinblick auf seine Größe nur dünn besiedelt. Die meisten Menschen leben in den großen Städten wie New York, Los Angeles und Washington.

NORDAMERIKA

New York
Washington
Los Angeles

Freiheitsstatue

Von Norden nach Süden erstreckt sich Nordamerika über rund 8000 Kilometer, von Westen nach Osten über rund 6000 Kilometer. Zu Nordamerika gehören die Länder USA und Kanada.

Oase

Oliven müssen eingelegt werden, damit man sie essen kann.

Oase
Oasen sind fruchtbare Stellen in Wüsten, an denen Grundwasser an die Oberfläche dringt oder die künstlich bewässert werden.

Obst
Als Obst werden alle essbaren Früchte und Samen bezeichnet. Obst enthält viele lebenswichtige ➡ Vitamine und ➡ Mineralstoffe.

Offizier
Ein Offizier ist ein Führer bei der Armee oder ➡ Polizei. Er betreut auch die Auszubildenden.

Ökologie
Die Ökologie beschäftigt sich mit den Beziehungen der Lebewesen zu sich und ihrer Umwelt.

Öl
Öle sind flüssige Fette. Pflanzliche Öle sind für den menschlichen Körper besser verträglich als tierische Fette.

Olive
Oliven wachsen im Mittelmeerraum. Zu Beginn der Reifezeit sind sie grün, dann verfärben sie sich schwarz.

Ölpest
Wenn nach einem Tankerunfall große Mengen von Erdöl das Meer verschmutzen, spricht man von einer Ölpest. Da Öl leichter ist als Wasser, bildet es einen so genannten Ölteppich. Eine Ölpest bedeutet für viele Tiere den Tod.

Olympische Spiele
Während der Antike wurden in ➡ Griechenland alle vier Jahre zu Ehren des Göttervaters Zeus Festspiele abgehalten. 1896 fanden in der griechischen Hauptstadt Athen die ersten Olympischen Spiele der Neuzeit statt. Seither wird dieser internationale sportliche Wettbewerb alle vier Jahre an wechselnden Orten veranstaltet. Seit 1924 gab es auch olympische Winterspiele.

Oper

Eine Oper ist ein musikalisches Theaterstück. Berühmte Opernkomponisten waren zum Beispiel Wolfgang Amadeus Mozart, Richard Wagner und Guiseppe Verdi.

Operation

Eine Operation ist ein ärztlicher Eingriff in den Körper eines Menschen oder Tieres. Meist ist dies nur unter Vollnarkose (➡ Narkose) möglich. Bei kleineren Eingriffen reicht es aus, die zu operierende Stelle zu betäuben (örtliche Betäubung).

Optimismus

Eine frohe, zuversichtliche Einstellung zum Leben wird Optimismus genannt.

Olympische Ringe

Olympisches Feuer
Schießen
Fechten
Gewichtheben
Rudern
Schwimmen
Weitsprung
Hammerwerfen
Marathon
Olympiastadion München

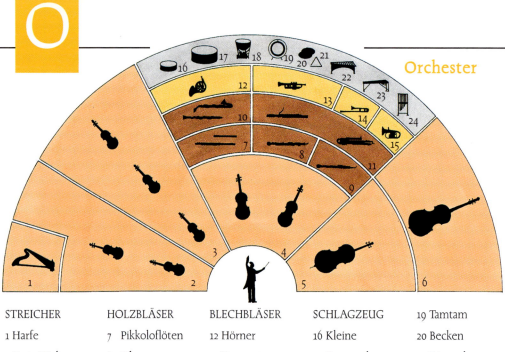

Orchester

STREICHER	HOLZBLÄSER	BLECHBLÄSER	SCHLAGZEUG	
1 Harfe	7 Pikkoloflöten	12 Hörner	16 Kleine Trommel	19 Tamtam
2 Erste Violinen	8 Oboen	13 Trompeten		20 Becken
3 Zweite Violinen	9 Englisch Horn	14 Posaunen	17 Große Trommel	21 Triangel
4 Bratschen	10 Klarinetten,	15 Tuba		22 Vibrafon
5 Celli	11 Bassflöten,		18 Pauken	23 Xylofon
6 Kontrabässe	Fagotte			24 Röhrenglocken

Orchester

In einem großen Sinfonieorchester spielen über 100 Menschen unter der Leitung eines Dirigenten. Kammerorchester sind kleiner.

Orchidee

Die meisten der ungefähr 25.000 Orchideenarten wachsen in den ➡ Tropen.

Organ

Einen Teil des ➡ Körpers, der eine bestimmte Aufgabe zu erfüllen hat, nennt man Organ. Auch Einrichtungen mit bestimmten Aufgaben werden als Organe bezeichnet. So ist ein ➡ Gericht das Organ der Rechtsprechung.

Orgel

Die Orgel ist gleichzeitig Tasten- und Blasinstrument. Man drückt Tasten und Pedale, sodass Luft durch bestimmte Pfeifen der Orgel strömt, die Töne erzeugen.

Orthopäde

Ein Orthopäde ist ein Facharzt, der Erkrankungen und Fehlbildungen an ➡ Knochen, Gelenken und ➡ Muskeln behandelt.

Ozon

Ostern

Ostern ist das älteste und höchste Fest der Christen. Es erinnert an die Auferstehung ➡ Jesu von den Toten. Eine vierzigtägige Fastenzeit und die Karwoche bereiten das Fest vor.

Österreich

Österreich ist ein hoch entwickelter Industriestaat. Aber auch der Tourismus ist ein äußerst wichtiger Wirtschaftszweig. Die Hauptstadt heißt Wien.

Ostsee

Die Ostsee ist ein Nebenmeer der ➡ Nordsee. Weil sie nicht direkt mit dem Atlantik verbunden ist, treten kaum ➡ Gezeiten auf. Da der Salzgehalt recht gering ist, friert sie im Winter teilweise zu.

Outdoor

(gesprochen: autdor). Outdoor kommt aus dem Englischen und bedeutet so viel wie „im Freien".

Outsider

(gesprochen: autseider). Das Wort Outsider bedeutet Außenseiter und bezeichnet Menschen, die sich keiner gesellschaftlichen Gruppe zugehörig fühlen.

Ozon

Das ➡ Gas Ozon bildet sich, wenn ultraviolette Strahlen der Sonne auf den Sauerstoff in der Luft einwirken, aber auch bei elektrischen Entladungen, zum Beispiel bei einem Blitz. In 15 bis 50 Kilometern Höhe befindet sich rund um die Erdkugel eine Ozonschicht, die Menschen, Tiere und Pflanzen vor den schädlichen UV-Strahlen der Sonne schützt. Durch ➡ Abgase und Umweltgifte wird diese Schutzschicht immer mehr zerstört. Deshalb erkranken immer mehr Menschen an Hautkrebs (➡ Krebs).

Der Ostersonntag hat kein festes Datum. Er ist der erste Sonntag nach dem ersten Frühlingsvollmond.

P

Palme

Palme

Palmen sind typische Tropenbäume (➡ Tropen). Meist haben sie einen schlanken, langen Stamm und einen große Krone mit fedrigen Blättern. Datteln und Kokosnüsse wachsen auf Palmen.

Hellroter Ara

Edelpapageien-Paar

Panik

Plötzliche starke Angst wird Panik genannt. Sie führt oft zu unüberlegten Handlungen oder zur Flucht. Panik kann durch wirkliche Gefahren ausgelöst werden, aber auch durch Dinge, die nur als bedrohlich empfunden werden. So geraten manche Menschen in Panik, wenn sie in enge Räume oder große Ansammlungen von Menschen kommen.

Papagei

Es gibt über 300 Arten von Papageien. Alle leben in warmen Regionen der Erde. Den kräftigen Schnabel benutzen sie beim Klettern wie eine Hand. Außerdem können sie damit Fruchtstücke abbeißen und Nüsse knacken.

Papier

Das erste Papier wurde in ➡ Ägypten vor etwa 4000 Jahren hergestellt. Weil dazu die Stängel der Papyruspflanze verwendet wurden, entstand der Begriff Papier. In Europa kennt man Papier erst seit etwa 1000 Jahren. Bis dahin wurde auf Pergament (dünnes Leder) geschrieben. Heute wird Papier meist aus Holzbrei und chemischen Mitteln hergestellt.

Paprika

Die Schoten der Paprikapflanze werden roh, gegart oder sauer eingelegt als ➡ Gemüse gegessen. Getrocknet und gemahlen ergeben sie ein kräftiges ➡ Gewürz. 40 Prozent aller Paprikaschoten werden in ➡ Ungarn angebaut.

Papst

Der Papst ist der ➡ Bischof von Rom, Herrscher des ➡ Vatikan und gleichzeitig das Oberhaupt der katholischen Kirche. Er wird von den Kardinälen auf Lebenszeit gewählt.

P

Passwort

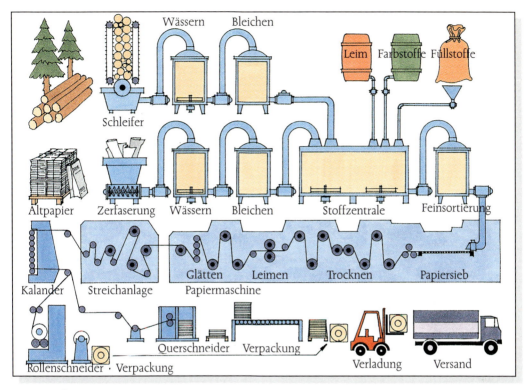

Parlament

Im Parlament sitzen die ➧Abgeordneten eines Landes. Sie überwachen die Arbeit der Regierung und beraten neue ➧Gesetze.

Partei

Zu einer Partei schließen sich Menschen mit gleichen politischen (➧Politik) Ansichten und Überzeugungen zusammen. Die Partei, die bei den Wahlen die meisten Stimmen erhält, bildet die Regierung. Reichen die Wählerstimmen nicht aus, benötigt sie dazu die Unterstützung einer anderen Partei.

Pass

Der Pass ist ein ➧Ausweis, den man für Reisen in andere Länder benötigt. Manche ➧Staaten verlangen ein Visum, das in den Pass eingetragen wird und eine Einzelerlaubnis für die Einreise ist.

Passwort

Ein Passwort ist ein geheimes Kennwort, eine so genannte Losung. Es ist nur Eingeweihten vertraut. Einen Computer kann man zum Beispiel so programmieren, dass er nur mit einem bestimmten Passwort benutzt werden kann.

P

Pate

Pelikan

Pate
Bei Christen spricht der Taufpate für den Täufling das Taufgelöbnis. Wenn den Eltern etwas zustößt, sollte sich der Pate um das Kind kümmern. In der katholischen Kirche gibt es außerdem den Firmpaten.

Patent
Erfindungen können durch ein Patent geschützt werden. Es wird auf dem Patentamt beantragt, damit der Erfinder als Einziger seine Idee nutzen darf.

Paternoster
Der Paternoster ist ein besonderer Aufzug. Er hat offene Kabinen, die ständig in Bewegung sind.

Pavian
Paviane sind eine afrikanische Affenart. Sie haben hundeähnliche Schnauzen, kräftige Gebisse und rote Gesäßschwielen.

Pelikan
Pelikane sind große Schwimmvögel. Sie leben vor allem an Meeresgewässern und ernähren sich fast ausschließlich von Fischen. In einem dehnbaren Hautsack am Unterschnabel und im Kropf können sie ihre Beute aufbewahren, bis sie sie fressen.

Perle
Wenn in bestimmte ➡ Muscheln Sandkörner eindringen, bilden sich darum harte Geschwulste – die Perlen. Die glänzenden Kugeln werden zu Schmuck verarbeitet. Je größer die Perle ist, desto höher ist ihr Wert.

Pest
Zu den schlimmsten ➡ Seuchen gehört die Pest, die im ➡ Mittelalter „Schwarzer Tod" genannt wurde und mehrmals ➡ Europa und ➡ Asien heimsuchte. Heute tritt die Pest nur noch in eng begrenzten Gebieten auf, vor allem in Asien und ➡ Afrika.

Pfau
Aus Asien stammen die Pfauen. Sie gehören zu den ➡ Fasanen. Ihre Schwanzfedern können sie zu einem Rad aufrichten.

Physik

Pfeffer
Pfeffer wächst in Südasien (➡ Asien). Die Körner werden ganz oder gemahlen als Speisegewürz verwendet.

Pferd
Schon vor 5000 Jahren wurden Pferde als Haustiere gehalten. Man unterscheidet das kräftige, aber träge Kaltblut (Zug- und Lasttier), das leichtere Warmblut zum Reiten und das temperamentvolle Vollblut für den Rennsport. Ponys sind kleine, äußerst lebhafte Pferde, die nur bis 1,50 Meter Schulterhöhe haben.

Phänomen
Eine auffallende, überraschende und ungewöhnliche Erscheinung wird als Phänomen bezeichnet. Oft ist sie mit dem Verstand nicht erklärbar.

Philosophie
Der Begriff „Philosophie" kommt aus dem Griechischen und heißt „Liebe zur Weisheit". Schon in der Antike suchten Philosophen nach Antworten auf solche Fragen wie: Worin besteht der Sinn des Lebens? Was ist gut und böse?

Pfau

Physik
Die Physik ist eine Wissenschaft, die die unbelebte Natur erforscht. In Experimenten suchen Physiker nach den Gesetzen, die den Verlauf von Vorgängen bestimmen. Dabei geht es zum Beispiel darum, wie ➡ Energie erzeugt werden kann oder wie Kräfte wirken.

Pony, Pinto

Deutsches Warmblut, Brauner

Piercing

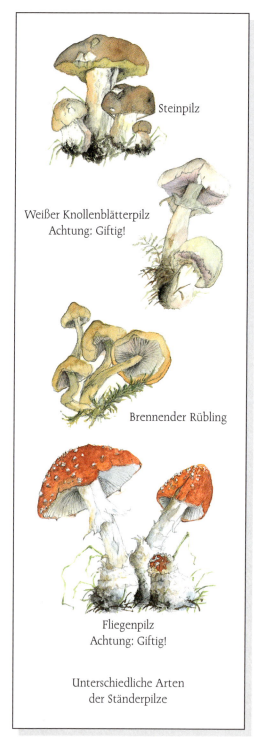

Steinpilz

Weißer Knollenblätterpilz
Achtung: Giftig!

Brennender Rübling

Fliegenpilz
Achtung: Giftig!

Unterschiedliche Arten
der Ständerpilze

Piercing
(gesprochen: piersing). Von „Piercing" spricht man, wenn ein Mensch seine Haut an den verschiedensten Körperstellen durchbohren lässt, um dort ein Schmuckstück zu tragen.

Pigment
Pigmente sind Farbteilchen. Sie können aus Mineralien oder Pflanzen gewonnen werden. Rührt man sie mit Öl oder Ei an, erhält man Farbe. Auch in der ➡ Haut gibt es Pigmente, etwa Sommersprossen und Muttermale.

Pilz
Pilze gibt es in den verschiedensten Formen und Größen. Hefepilze dienen der Herstellung von Brot und Bier. Manche Pilze verursachen aber auch Hautkrankheiten, zum Beispiel Fußpilz. Zu den am höchsten entwickelten Pilzen gehören die teils giftigen, teils essbaren Ständerpilze.

Pinguin
Obwohl Pinguine zu den Vögeln gehören, können sie nicht fliegen. Dafür sind sie geschickte Schwimmer und Taucher. Pinguine gibt es nur auf der Südhalbkugel der Erde.

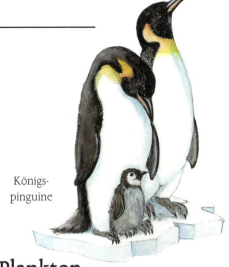

Königs-
pinguine

Plankton

Plankton ist eine Sammelbezeichnung für verschiedenste kleine Pflanzen und Tiere, die im Wasser leben. Sie bewegen sich selbst kaum und werden von der Strömung getragen.

Plantage

(gesprochen: plantaasche). Plantagen sind landwirtschaftliche Großbetriebe. Meist wird dort nur eine einzige Pflanzenart angebaut, zum Beispiel ➡ Baumwolle oder ➡ Kaffee.

Plattenspieler

Bevor es ➡ CDs und CD-Player gab, zeichnete man Musik oder Sprache vor allem auf Schallplatten auf. Zu ihrer Wiedergabe dient der Plattenspieler.

Pocken

Im Mittelalter zählten die Pocken zu den schwersten ➡ Seuchen. Die Krankheit verursacht hohes ➡ Fieber und eiternde Pusteln, die Narben hinterlassen. Heute gelten sie als ausgerottet.

Polen

Polen liegt im Osten Mitteleuropas. Im Süden, an der Grenze zur ➡ Slowakei, liegen die Karpaten, ein Hochgebirge (➡ Gebirge). Nach Nordwesten zu wird das Land immer flacher, bis es im Küstengebiet der ➡ Ostsee endet. Polens Hauptstadt heißt Warschau.

Altstadt von Warschau an der Weichsel

P
Politik

Politik

Im weitesten Sinne ist Politik die Fähigkeit, verschiedene Interessen miteinander zu vereinbaren. Meist wird damit das Führen eines ➡ Staates bezeichnet.

kehr, die Kriminalpolizei klärt Straftaten auf und der Bundesgrenzschutz bewacht die Staatsgrenze.

Ständig wird die Ausrüstung der Polizei modernisiert, damit sie bei der Verbrechensbekämpfung stets

USA

Deutschland

Simbabwe

Großbritannien („Bobby")

Thailand

Polizei

Die Aufgabe der Polizei ist es, für Ordnung und Sicherheit zu sorgen. Polizisten wachen darüber, dass Gesetze eingehalten werden und verfolgen Straftäter. Die meisten tragen im Dienst Uniform, damit jeder sie erkennt.

Die verschiedenen Aufgaben der Polizei werden von einzelnen Polizeibehörden übernommen. So regelt die Verkehrspolizei den Ver-

mit der neuesten Technik und den besten Geräten ausgestattet ist. Funkleitzentralen stellen rasch Verbindungen zwischen den Polizeikräften her und organisieren deren Einsätze. Die Polizisten verschiedener Länder arbeiten mithilfe von Computern immer enger zusammen. Auch Hunde gehören zur Polizei. Sie werden von besonderen Polizisten, den Hundeführern, ausgebildet. Zum Einsatz kommen sie

Popmusik

entweder als Schutzhunde, die Polizisten begleiten, oder als Suchhunde. Diese spüren anhand der Fährten fliehende Verbrecher und vermisste Menschen auf oder sie suchen nach ➡ Rauschgift.

Popmusik

Seit den 60er Jahren ist Popmusik ein Sammelbegriff für populäre, das heißt, beliebte Unterhaltungsmusik, in der vor allem die Bedürfnisse der jungen Leute zum Ausdruck kommen. Sie weist meist einfache und einprägsame Rhythmen auf, die ins Ohr gehen.

King of Pop – Michael Jackson

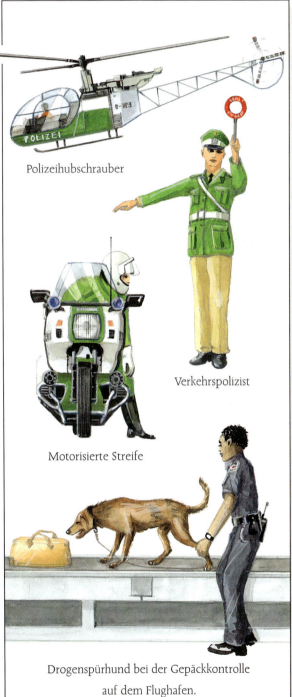

Polizeihubschrauber

Verkehrspolizist

Motorisierte Streife

Drogenspürhund bei der Gepäckkontrolle auf dem Flughafen.

Portugal

Portugal

Von der Küste des westeuropäischen Landes Portugal aus segelten einst große Seefahrer auf ➡ Entdeckungsreisen. Heute noch sind die Gebiete an den Küsten wesentlich weiter entwickelt als die abgelegenen Landesteile im Inneren und der gebirgige Norden. Die wichtigste Hafenstadt des Landes ist die Hauptstadt Lissabon. Berühmt ist Portugal für Korkeichen und für den Portwein. Bei Touristen ist vor allem das felsige Küstengebiet der Algarve beliebt. Zum Land gehören auch die Atlantikinsel Madeira und die Inselgruppe der Azoren.

Der bunte Hahn – Portugals Nationalsymbol

Porzellan

Porzellan ist zunächst ein nasser Teig aus Quarzsand, aus dem Geschirr, Vasen und Figuren geformt werden. Durch Trocknen und Brennen entsteht ein weißes, durchscheinendes Material. Berühmte Porzellanmanufakturen (Herstellungsbetriebe für Porzellan) gibt es in Meißen, Selb und München.

Priester

Schon seit frühester Zeit gab es in vielen Religionen Priester. Sie sind die Mittler zwischen der Gottheit und den Gläubigen. In der katholischen Kirche empfängt ein Priester die Priesterweihe. Er ist damit zur Ehelosigkeit verpflichtet und hat zum Beispiel die Aufgabe, die ➡ Sakramente zu spenden. In der evangelischen Kirche können auch Frauen Priester werden. Evangelische Priester nennt man Pastor oder Pastorin. Sie dürfen im Gegensatz zu katholischen Geistlichen eine Familie gründen.

Prostitution

Wenn ein Mann oder eine Frau gegen Geld zu sexuellen (➡ Sexualität) Handlungen bereit ist, spricht man von Prostitution.

Prothese

Eine Prothese ist ein künstlicher Ersatz für ein verlorenes Körperteil. Schon früh wurden Bein- und Armprothesen hergestellt. Heute können immer mehr Körperteile künstlich ersetzt werden, zum Beispiel Gelenke, die Linse im ➡ Auge, Blutgefäße und Herzklappen (➡ Herz). Auch für verlorene ➡ Zähne gibt es Prothesen.

Psyche

Das Wort „Psyche" kommt aus dem Griechischen und bedeutet „Hauch, Atem". Es bezeichnet die ➡ Seele des Menschen. Die Psychologie untersucht als Wissenschaft die seelischen Vorgänge des Menschen. Dabei werden auch alle Bedingungen berücksichtigt, unter denen er lebt. Ein Psychologe untersucht diese Vorgänge und Bedingungen wissenschaftlich, zum Beispiel an einer Universität. Ein Psychiater ist ein Facharzt für Störungen und Krankheiten der menschlichen Psyche. Er versucht bei seelischen Problemen zu helfen, deren Ursachen zu ergründen und Lösungen mit dem Patienten zu erarbeiten.

Pubertät

In der Zeit der Pubertät findet die Geschlechtsreife statt, das heißt, dass aus einem Kind allmählich ein Erwachsener wird. Äußerlich wachsen die Geschlechtsmerkmale, so bekommen Mädchen einen Busen und Jungen einen Bart. Das Erwachsenwerden ist meist eine schwierige Zeit, in der die Jugendlichen auch um Anerkennung kämpfen. In Mitteleuropa sind Mädchen ungefähr zwischen dem 10. und 15., Jungen zwischen dem 11. und 16. Lebensjahr in der Pubertät.

Punk

(gesprochen: pank). Punk kommt aus dem Englischen und bedeutet „Mist, Dreck, Schund". Als Punks oder Punker bezeichnen sich die Angehörigen einer bestimmten Jugend- und Protestbewegung, die durch grelle Kleidung, Frisur und Aufmachung auffallen.

Quadrat

Quadrat
Ein Quadrat ist ein Rechteck mit vier gleich langen Seiten und vier rechten Winkeln.

Qualität
Die Eigenschaften einer Sache bestimmen ihre Qualität. Wenn zum Beispiel ein Stoff sehr widerstandsfähig und reißfest ist, hat er eine gute Qualität.

Qualle
Quallen bestehen zu 98 Prozent aus Wasser. Auf ihrer Oberfläche sitzen viele Nesselkapseln. Wenn man sie berührt, platzen sie auf. Die austretende Flüssigkeit verursacht Verätzungen.

Quarantäne
Wird befürchtet, dass sich Menschen oder Tiere mit einer gefährlichen Infektionskrankheit (➡ Infektion) angesteckt haben, werden sie eine Zeit lang isoliert. Man sagt, sie kommen in Quarantäne. So soll die Ausbreitung von Krankheiten und ➡ Seuchen verhindert werden.

Quartett

Quark
Wenn Magermilch sauer wird, gerinnt der in der Milch enthaltene Eiweißstoff (➡ Eiweiße) und es entsteht Quark. Quark ist weiß und breiig und enthält alle wichtigen Nähr- und Aufbaustoffe der Milch.

Quartett
Der Begriff „Quartett" leitet sich vom lateinischen Wort „quartus", „der Vierte", ab. Vier Musiker (➡ Musik), die zusammen musizieren (mit Instrumenten oder mit Gesang), bilden ein Quartett. Auch Musikstücke, die speziell für Quartette komponiert werden, nennt man so.

Quecksilber

Quecksilber ist ein ➡ Metall, das bei Zimmertemperatur flüssig ist. Es wird vor allem in ➡ Thermometern und ➡ Barometern eingesetzt. Es gefriert bei etwa – 39 Grad Celsius. Quecksilber ist ein äußerst gefährliches Umweltgift. Man sollte deshalb besonders vorsichtig damit umgehen. Es muss als Sondermüll entsorgt werden. Quecksilber ist auch in Zahnfüllungen aus Amalgam (so genannten Plomben) enthalten.

Quelle

Eine Quelle sprudelt dort, wo Grundwasser an die Erdoberfläche tritt. Aus einer Quelle entspringt ein Bach, der sich wiederum mit anderen Bächen zu einem Fluss vereinigt und schließlich im ➡ Meer endet.

Heilquellen, deren Wasser gesund für den menschlichen ➡ Körper ist, dringen durch mineralhaltige Erd- und Gesteinsschichten und nehmen dabei Mineralien auf. Als Thermalquellen bezeichnet man Heilquellen mit warmem oder heißem Wasser. Ihr Wasser wird im Erdinneren durch Vulkane aufgeheizt. Heiße Springquellen nennt man Geysire.

Im übertragenen Sinne spricht man auch bei Überresten und Überlieferungen aus einer vergangenen Zeit von historischen Quellen.

Quittung

Mit einer Quittung wird der Empfang von Geld oder Sachen schriftlich bestätigt.

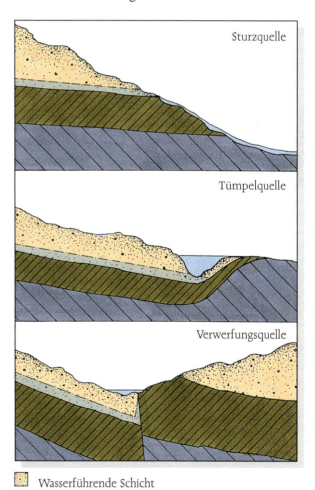

Sturzquelle

Tümpelquelle

Verwerfungsquelle

Wasserführende Schicht
Undurchlässige Tonschicht
Untergrundgestein

R

Rabe

Rabe
Raben sind große, schwarze Vögel mit kräftigen Schnäbeln. Es gibt viele verschiedene Arten.

Rad
Das Rad ist ein Rollkörper, der drehbar um eine Achse gelagert ist. Die Erfindung des Rades vor etwa 5000 Jahren war ein gewaltiger Schritt für die Menschheit. Schwere Lasten konnten leichter und schneller fortbewegt werden.

Radar
Radar kann mithilfe elektromagnetischer Wellen auch solche Ziele erfassen, die sehr weit weg sind. Radar ermöglicht es zum Beispiel, die Flugrichtung und Entfernung von Flugzeugen zu bestimmen. Von Dunkelheit, Nebel oder Regen wird Radar nicht beeinflusst.

Radio
Beim Radio werden elektromagnetische Wellen von einem Sender ausgestrahlt und von einer ➡ Antenne eingefangen. Im Lautsprecher werden die Wellen dann in Sprache oder Musik umgewandelt. Die ersten Radios wurden um 1900 entwickelt.

Radioaktivität
Mit Radioaktivität bezeichnet man die Eigenschaft der Atomkerne (➡ Atom), unter Aussendung von Strahlen zu zerfallen. Radioak-

Rollende Baumstämme als Vorläufer des Rades

Scheibenrad aus H
Drahtspeichen mit Vollgummirei

Speichenrad mit Eisenreifen

Luftbereiftes Motorradrad

tive Strahlung ist weder zu sehen noch zu hören, zu riechen oder zu fühlen. Sie kann gefährliche Krankheiten hervorrufen, die sogar zum Tode führen können, zum Beispiel ➡ Krebs.

Rakete

Raketen sind Flugkörper, die sich nach Zündung einer Treibstoffladung durch Rückstoß fortbewegen. Da sie ihren gesamten Treibstoff mit sich führen müssen, machen die Treibstofftanks den größten Teil einer Rakete aus.

Rap

(gesprochen: räp). Rap ist rhythmischer Sprechgesang, der in der ➡ Popmusik vorkommt.

Raps

Raps ist eine gelb blühende Feldpflanze. Sie dient zur Ölgewinnung und als Futterpflanze.

Rasse

Gruppen von Lebewesen, die gemeinsame erbliche Merkmale haben und aus einem bestimmten Gebiet stammen, werden als Rasse bezeichnet. Menschliche Rassen unterscheiden sich zum Beispiel durch die Hautfarbe.

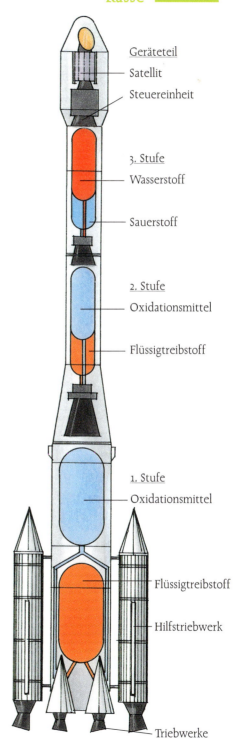

Typ: Ariane 4 (ESA)
3-stufige Trägerrakete

R

Ratte

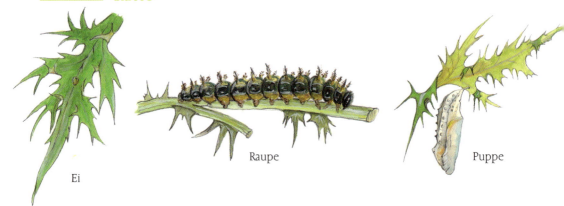

Ei Raupe Puppe

Ratte
Ratten sind eine auf der ganzen Welt verbreitete Gattung der ➡ Mäuse. Sie werden bis zu 30 Zentimeter lang und haben einen langen Schwanz.

Raubtier
Wenn ein Tier andere Tiere jagt, um sich von ihnen zu ernähren, wird es vom Menschen als Raubtier bezeichnet. Raubtiere haben ein kräftiges Gebiss mit großen Eckzähnen und starken Reißzähnen.

Raupe
Die Larven von ➡ Schmetterlingen werden Raupen genannt. Sie ernähren sich ausschließlich von Pflanzen und verursachen dadurch häufig großen Schaden.

Rauschgift
Rauschgifte wirken auf die ➡ Nerven, rufen Erregungszustände, Gefühlsschwankungen und ➡ Halluzinationen hervor. Es gibt verschiedene Arten von Rauschgift. Sie werden geraucht, geschnupft, geschluckt oder gespritzt. In der Regel machen sie abhängig und rufen eine ➡ Sucht hervor. Auf die Dauer zerstören sie ➡ Körper und ➡ Seele und führen schließlich zum Tod.

Rave
(gesprochen: rejv). Eine Party, auf der Jugendliche zu ➡ Techno-Musik tanzen, wird Rave genannt.

Recycling
(gesprochen: riseikling). Das Wort Recycling kommt aus dem Englischen und bedeutet „wieder in den Kreislauf bringen". Man bezeichnet damit die Wiederverwertung von Stoffen, die im Abfall enthalten sind, zum Beispiel Altpapier und Altglas.

R

Regenwald

Distelfalter

Reederei

Ein Schifffahrtsunternehmen nennt man Reederei. Der Eigentümer eines Schiffes ist der Reeder.

Reform

Eine Reform ist eine Neuordnung oder Verbesserung. Im Gegensatz zur ➡Revolution erfolgen Reformen langsamer und immer ohne Gewalt.

Regen

Regen entsteht, weil der Wasserdampf der aufsteigenden warmen Luft in den oberen, kälteren Luftschichten abkühlt und kondensiert, das heißt, Tröpfchen bildet. Man kann sie als Wolken sehen. Wenn die Tröpfchen zu schwer werden, fallen sie als Regen zu Boden.

Regenwald

Der immergrüne Wald der ➡ Tropen, wird Regenwald genannt. Hier lebt eine Vielzahl von Pflanzen und Tieren. Regenwälder gelten als grüne Lungen der Erde, da sie große Mengen ➡Sauerstoff produzieren. Ihre Zerstörung hat spürbare negative Auswirkungen auf das ➡Klima der ganzen Erde.

Die größten Wassermengen verdunsten über dem Meer. An Land regnen die Wolken ab.

Regenwurm

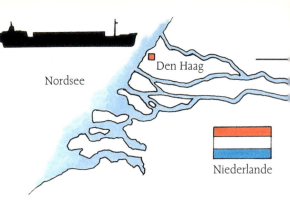

Nordsee   Den Haag

Niederlande

Regenwurm
Regenwürmer leben im Erdboden. Sie ernähren sich von Pflanzenteilen und Erde.

Regisseur
Ein Regisseur leitet beim Film und Theater die künstlerische Umsetzung des Stückes oder des Drehbuches.

Reh
Rehe leben in ➡ Europa und ➡ Asien. Diese scheue Hirschart ernährt sich von Pflanzen.

Reifen
Ein Reifen umspannt die Felge eines ➡ Rades. Meist ist er abnehmbar. Fahrzeugreifen können aus Vollgummi oder luftgefüllt sein.

Reis
Reis gehört zu den ➡ Gräsern und wird schon seit über 4000 Jahren angebaut. Er gedeiht als Sumpfreis auf Terrassen, die zeitweise unter Wasser gesetzt werden, oder als Bergreis auf trockenen Feldern bis in 2000 Meter Höhe.

Rekorder
Rekorder dienen der magnetischen Aufzeichnung von Musik, Sprache, Bildern und Daten auf Bändern und Platten.

Rente
Berufstätige, die aufgrund ihres Alters zu arbeiten aufhören, erhalten vom Staat eine Rente. Dafür haben sie während ihres Berufslebens Abgaben an die Rentenversicherung bezahlt.

Reportage
Aktuelle Berichte in Zeitung, Rundfunk oder Fernsehen (➡ Medien) werden Reportagen genannt. Der Berichterstatter ist ein Reporter.

Rehe

R

Ringelnatter

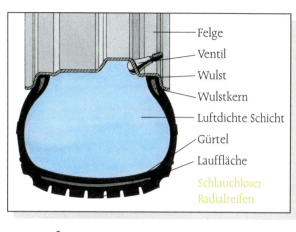

Schlauchloser Radialreifen

Revolution

Revolutionen sind plötzliche, gewaltsame Umstürze und grundlegende Änderungen.

Rhein

Der Rhein ist der längste Fluss ➡ Deutschlands (1320 Kilometer). Er entspringt in der Schweiz und mündet in die Nordsee.

Richtfest

Ist beim Hausbau der Dachstuhl fertig, wird das so genannte Richtfest gefeiert.

Ringelnatter

Zu den völlig harmlosen ➡ Schlangen gehört die Ringelnatter. Man erkennt sie an den beiden gelben Flecken am Hinterkopf.

R
Ritter

Visier
Helm
Brustharnisch
Panzerhandschuh
Schwert
Kniebuckel
Beinröhre
Bärlatsch
Lanze mit Banner

Ritter

Das Wort Ritter kommt von Reiter. Im ➡ Mittelalter zogen die Ritter zu Pferde für ihren Fürst oder König in den Krieg. Dafür erhielten sie ein so genanntes Lehen in Form von Grundbesitz und Burgen. Jeder, der ritterliche Vorfahren hatte, konnte Ritter werden. Dazu musste er mit sieben Jahren bei der Frau eines Ritters den Pagendienst antreten. Mit 14 Jahren wurde er Knappe bei einem Ritter und von diesem in der Kriegs- und Jagdkunst unterwiesen. Mit etwa 21 Jahren schließlich wurde er zum Ritter geschlagen. Die ritterlichen Ideale waren kriegerische Tüchtigkeit und Zucht, Treue zum Lehnsherrn, aber auch Schutz der Schwachen und Verehrung der Frauen.

Wenn ein Ritter in den Kampf zog, trug er einen eisernen Schutzpanzer, den man Rüstung nannte. Die Rüstung schützte den Ritter in der Schlacht vor den Waffen seiner Gegner (Schwerter, Streitäxte, Pfeile und Speere).

R
Ritter

Die Rüstungen wogen zwischen 25 und 50 Kilogramm. Dadurch waren die Ritter sehr unbeweglich und konnten von schnellen Fußtruppen leicht überwältigt werden. Mit der Erfindung der Schusswaffen kam das Ende der Rüstungen, da die Metallplatten den Gewehrkugeln nicht mehr standhielten.

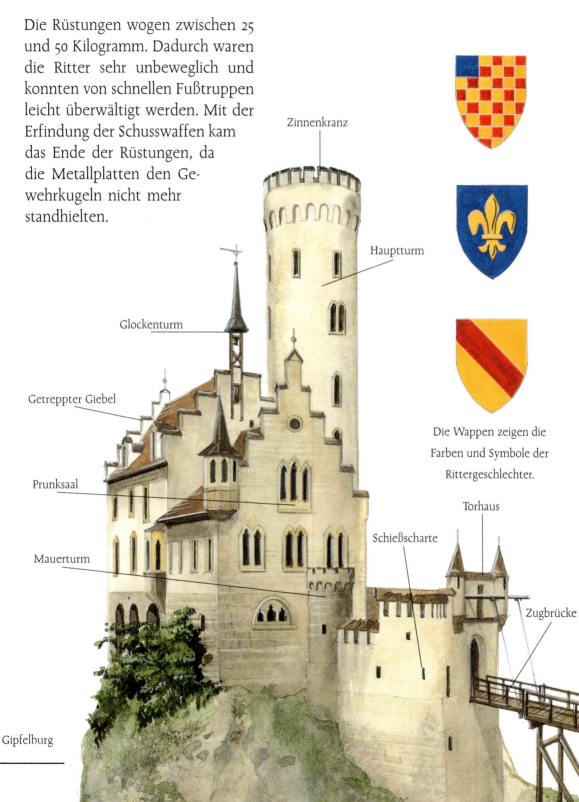

Die Wappen zeigen die Farben und Symbole der Rittergeschlechter.

Zinnenkranz
Hauptturm
Glockenturm
Getreppter Giebel
Prunksaal
Mauerturm
Schießscharte
Torhaus
Zugbrücke
Gipfelburg

Robbe

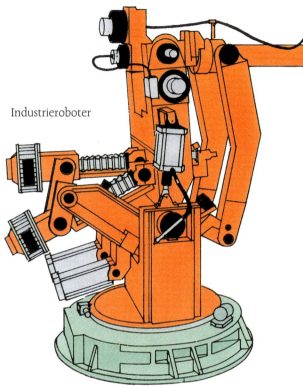
Industrieroboter

Robbe
Robben sind im Wasser lebende ➡Raubtiere, die auch in der Nordsee vorkommen. An Land halten sie sich nur zum Sonnen auf oder um ihre Jungen zu bekommen. Robbenbabys werden Heuler genannt.

Roboter
Roboter sind Maschinen, die vor allem in Bereichen eingesetzt werden, die für Menschen gesundheitsschädlich und gefährlich sind, oder in denen Menschen nicht genau genug arbeiten können.

Rockmusik
Diese Art der ➡Popmusik entwickelte sich aus dem amerikanischen ➡Rock 'n' Roll der 50er Jahre. Sie ist elektronisch verstärkt und hat einen „harten" Rhythmus.

Rock 'n' Roll
Um 1955 entwickelte sich in Amerika der Musikstil Rock 'n' Roll. Bekannte Rock 'n' Roll-Musiker waren Bill Haley und Elvis Presley. Rock 'n' Roll ist auch ein Modetanz.

Röntgen
Beim Röntgen durchleuchten Röntgenstrahlen den ➡Körper und machen auf dem Röntgenbild Krankheiten und Verletzungen sichtbar. Die Röntgenstrahlen wurden 1895 von dem Physiker (➡Physik) Wilhelm Conrad Röntgen entdeckt.

Röteln
Röteln sind eine harmlose Kinderkrankheit, die leichtes ➡Fieber und kleinfleckigen ➡Ausschlag verursacht. Gefährlich ist die Erkrankung lediglich bei Erwachsenen.

Russland

Rotes Kreuz

1863 wurde die internationale Hilfsorganisation Rotes Kreuz von dem Schweizer Henri Dunant gegründet, um Verletzten im Krieg zu helfen. Die Fahne des Roten Kreuzes erinnert deshalb an die Schweizer Nationalflagge. Heute hat das Rote Kreuz viele Aufgaben. So übernimmt es den Transport und die Pflege von Kranken und hilft bei Unglücksfällen.

Ruine

Ruinen sind die Überreste alter Gebäude. Auch zu einem nicht fertig gestellten modernen Haus kann man Ruine sagen.

Rumänien

Rumänien liegt in Südosteuropa. Rumänisch ist die einzige osteuropäische Sprache, die vom Latein der Römer abgeleitet wurde und deshalb zu den so genannten romanischen Sprachen zählt. Minderheiten wie Ungarn, Deutsche, Sinti und Roma sprechen allerdings ihre eigenen Sprachen. Die Hauptstadt Rumäniens heißt Bukarest.

Russland

Russland ist der größte ➡ Staat der Welt. Er erstreckt sich über ➡ Europa und ➡ Asien. Über 100 Völkergruppen leben hier. Seit dem Zerfall der ➡ Sowjetunion versucht Russland, sich zu einem modernen Industriestaat zu entwickeln. Von Nutzen ist der Reichtum an Bodenschätzen. Die Hauptstadt Russlands heißt Moskau.

Basilius-Kathedrale in Moskau

S

Sage

Wilhelm Tell ist ein berühmter schweizer Sagenheld.

Sage

Sagen sind Volkserzählungen, in denen es um Götter, Helden, Teufel, Drachen und wunderbare Geschehnisse aus alten Zeiten geht. Von ➡ Märchen unterscheiden sie sich vor allem dadurch, dass sie an einem bestimmten Ort und in einer bestimmten Zeit spielen. Manchmal liegt einer Sage auch eine wahre Begebenheit zu Grunde.

Sahne

Wenn von der Milch die Magermilch abgetrennt wird, bleibt die Sahne, auch Rahm genannt, übrig. Sie hat einen hohen Fettgehalt. Aus süßem Rahm lässt sich Schlagsahne herstellen.

Sakrament

Sakramente sind symbolische Handlungen (➡ Symbol) in der Kirche. Sie gehen auf das Wirken von ➡ Jesus Christus zurück. Sakramente sind Zeichen des Glaubens und der Liebe Gottes zu den Menschen. In der katholischen Kirche gibt es sieben Sakramente: ➡ Taufe, ➡ Beichte, ➡ Kommunion, ➡ Firmung, Ehe, Priesterweihe, Krankensalbung. Die protestantische Kirche hat nur zwei Sakramente: Taufe und Abendmahl.

Salmonellen

Salmonellen sind ➡ Bakterien, die sich in Lebensmitteln vermehren können und schwere Vergiftungen hervorrufen. Man kann sie weder sehen noch schmecken.

Anders als beim Handstand mit Überschlag, berühren die Hände beim Salto den Boden nicht.

Salto

Ein Salto ist ein freier Überschlag um die Querachse des Körpers – vorwärts oder rückwärts – hoch in der Luft, wie ihn Turner, Wasserspringer oder Artisten vollführen.

Salz

Wenn man von Salz spricht, meint man meist Kochsalz. Dieses ist ein sehr wichtiges ➡ Gewürz. Der Körper braucht Salze, damit alle Körperfunktionen (➡ Körper) reibungslos ablaufen. Über ➡ Urin, Schweiß (➡ Schwitzen) oder ➡ Tränen scheidet der Mensch Salz aus, sodass er es über die Nahrung wieder aufnehmen muss.

Samen

Samen dienen der Vermehrung von Menschen, Tieren und Pflanzen. Bei Menschen und vielen Tieren werden in den männlichen Hoden Spermien gebildet. Pflanzensamen entstehen im Fruchtknoten. Sie werden durch Insekten, Vögel und den Wind verbreitet.

Wenn Pflanzensamen auf fruchtbaren Boden fallen, keimen sie aus und werden zu neuen Pflanzen.

Sampler

(gesprochen: sämpler). Sampler sind Sammelaufnahmen verschiedener Musikinterpreten.

S

San Marino

San Marino

San Marino ist der älteste Staat ➡ Europas und liegt in ➡ Italien. Mehr als drei Millionen Menschen besuchen jährlich San Marino.

Sand

Als Sand bezeichnet man eine lose Anhäufung von kleinen Mineralkörnern. Sand kommt in vielen Böden und lockeren Gesteinen vor.

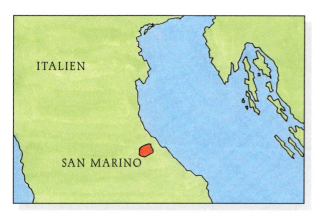

Er dient zur Herstellung von ➡ Glas und ➡ Porzellan sowie als Zutat für Mörtel und ➡ Beton. Außerdem wird er als Form-, Schleif- und Strahlsand verwendet.

Sanitäter

Ein Sanitäter hilft bei der Pflege von Kranken und bei der Versorgung von Verletzten.

Satellit

Ein Satellit ist im ursprünglichen Sinn ein Himmelskörper, der um einen Planeten kreist. So ist die Erde ein Satellit der Sonne. Oft spricht man heute allerdings von künstlichen Satelliten und meint damit unbemannte Raumflugkörper. Diese werden mit ➡ Raketen in eine Erdumlaufbahn geschossen und kreisen um die Erde.

Sauerstoff

Sauerstoff ist ein farbloses, geruchloses und geschmackloses ➡ Gas. Fast alle Lebewesen brauchen Sauerstoff, den sie mit der ➡ Atmung aufnehmen. Pflanzen geben mehr Sauerstoff ab, als sie verbrauchen, sodass für Menschen und Tiere immer genug vorhanden ist.

Bauer

Läufer

Springer

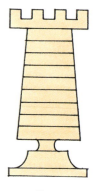

Turm

Säugetier

Bei den Säugetieren werden die Jungen von der Mutter gesäugt. Dazu produziert diese in ihren Brustdrüsen (➡ Drüse) Milch. Biologisch (➡ Biologie) gesehen gehört auch der Mensch zu den Säugetieren.

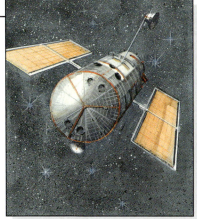

Weltraumsatellit

Sauna

Die Sauna, die in ➡ Finnland ihren Ursprung hat, ist ein Heißluftraumbad. Man sitzt in trockener Hitze von 85 bis 95 Grad Celsius. Der Wechsel zwischen trockener Hitze und anschließender Kaltwasserdusche regt die Durchblutung und damit den Stoffwechsel an.

Säure

Manche Säuren wie Milch-, Zitronen- und Essigsäure sind in Lebensmitteln oder ➡ Gewürzen enthalten. Andere wie Schwefel- oder Salzsäure sind hingegen gefährlich und rufen schwerste Verätzungen hervor.

Schach

Schach gehört zu den ältesten Brettspielen. Jeder der beiden Spieler hat 16 Figuren. Ziel ist es, den König des Gegners zu schlagen. Turnierschach gilt als Sportart.

Schädling

Als Schädlinge bezeichnet man Tiere, Pflanzen und ➡ Viren, die andere Tiere, Pflanzen und den Menschen schädigen.

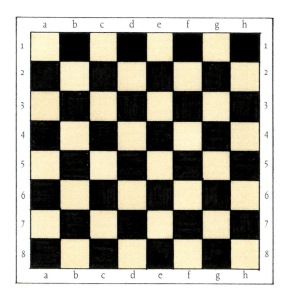

Schachbrett

König · Dame

S Scheck

1 Einbaum, Anfang des Schiffbaus
2 Griechische Bireme, 800 v. Chr.
3 Dreimastige Karacke, 15. Jh.
4 Raddampfer, 18. Jh.
5 Schnelldampfer, 19. Jh./20. Jh.
6 Luxuspassagierschiff für Kreuzfahrten, 20. Jh.

Scheck

Mit einem Scheck kann man ohne Bargeld bezahlen. Dazu trägt man auf einem Scheckvordruck den Betrag ein und unterschreibt.

Scheidung

Wenn Ehepaare nicht mehr zusammenleben wollen, reichen sie die Scheidung ein. Nachdem sie ein Jahr getrennt gelebt haben, werden sie von einem ➡ Gericht geschieden. Das Gericht entscheidet, wie bestehendes Vermögen und gemeinsame Güter aufgeteilt werden und ob ein Partner den anderen durch Geldzahlungen unterstützen muss. Das Sorgerecht für die Kinder haben beide Elternteile weiterhin gemeinsam.

Schiene

Eisen-, Straßen- und U-Bahn bewegen sich auf Schienen. Als Schiene bezeichnet man auch eine Stützvorrichtung, mit der man Körperteile (➡ Körper) ruhig stellt.

Schiff

Schiffe sind im Gegensatz zu Booten große Wasserfahrzeuge. Die meisten dienen dem Transport von Menschen und Waren. Es gibt aber auch Kriegsschiffe (➡ Krieg).

Schildkröte

Schildkröten gehören zu den ältesten Tierarten. Sie haben einen Panzer aus ➡ Horn und Knochen und legen Eier.

Schimmel

Schimmel ist die Abkürzung für Schimmelpilz (➡ Pilz). Einige Schimmelpilze sind giftig und für den Menschen ungenießbar. Andere Arten sind essbar, zum Beispiel der weiße Belag auf dem Camembert.

Schlaf

Im Schlaf erholen sich Menschen und Tiere. Die Körpertemperatur ist herabgesetzt und die Tätigkeit der meisten ➡ Organe des ➡ Körpers verlangsamt.

Schlagzeug

Mit Schlagzeug bezeichnet man die Gruppe der Rhythmus- und Geräuschinstrumente innerhalb eines ➡ Orchesters oder einer Band.

Schlange

Schlangen sind Kriechtiere ohne Füße. Es gibt rund 3000 Arten. Manche sind harmlos. Andere besitzen Giftzähne, wieder andere sind so stark, dass sie ihre Opfer mit ihrem Körper erdrücken können.

S

Schleuse

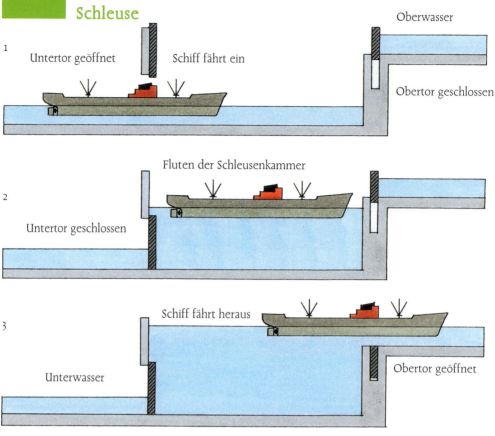

Schleuse

Schleusen ermöglichen es ➡ Schiffen, von einem Fluss- oder Kanalabschnitt mit höherem Wasserspiegel zu einem solchen mit niedrigerem Wasserspiegel zu gelangen und umgekehrt.

Schlitten

Als Transportmittel auf ➡ Eis und ➡ Schnee dienen schon seit langem Schlitten. Bob und Rennschlitten sind Weiterentwicklungen des normalen Schlittens.

Schmerz

Schmerz ist ein Warnsignal des ➡ Körpers, dass er krank oder verletzt ist. Auch wenn die ➡ Seele nicht gesund ist, kann sich das in körperlichen Schmerzen äußern.

Schmetterling

Schmetterlinge gehören zu den ➡ Insekten und durchlaufen verschiedene Entwicklungsstufen. Ihre vier Flügel sind von ➡ Schuppen bedeckt, die in den verschiedensten Farben bunt schillern.

Schnecke

Schnecken sind Weichtieren. Die meisten tragen ein Haus auf dem Rücken, in das sie sich bei Gefahr zurückziehen. Gartenschnecken sind gefürchtete ➡ Schädlinge. Die meisten Schnecken leben jedoch im ➡ Meer.

Zitronenfalter

Schnee

Niederschlag, der in Form von Eiskristallen auf der Erde auftrifft, wird Schnee genannt. Pulverschnee mit seinen trockenen, körnigen Eiskristallen in Plättchenform bildet sich bei starkem Frost. Pappschnee entsteht bei Temperaturen nahe dem Gefrierpunkt aus feucht werdenden Schneekristallen.

Schnupfen

Der Schnupfen gehört zu den leichten Infektionskrankheiten (➡ Infektion). Er führt zu einer Entzündung des Nasen- und Rachenraums. Eine Sonderform ist der ➡ Heuschnupfen.

Schock

In der Alltagssprache wird ein plötzlicher Schreck als Schock bezeichnet. In der ➡ Medizin wird unter einem Schock ein lebensgefährlicher Zustand verstanden. Er kann unter anderem durch einen Unfall oder eine ➡ Allergie ausgelöst werden.

Schokolade

Schokolade ist ein Nahrungsmittel, das aus ➡ Kakao, Milch und ➡ Zucker hergestellt wird. Schokolade wirkt leicht anregend und ist bei vielen Menschen beliebt. Allerdings hat sie einen sehr hohen Nährwert.

Schreibmaschine

Bei einer Schreibmaschine werden die Buchstaben, Ziffern und Zeichen durch Niederdrücken von Tasten mittels eines Farbbandes auf Papier abgedruckt.

Schnecke mit Schneckenhaus

Schule

Eine Schule ist eine Einrichtung, die dazu dient, dass Kinder und Jugendliche, manchmal auch Erwachsene, gebildet werden. Das heißt, ihnen wird in einem regelmäßigen Unterricht Wissen vermittelt. Mit Schule bezeichnet man aber auch das Gebäude, in dem der Unterricht stattfindet.

Im ➡ Griechenland des ➡ Altertums lernten die Jungen ab dem sechsten Lebensjahr Lesen, Schreiben, Rechnen, Musizieren, Gymnastik, Ringen, Boxen und Schwimmen. In wohlhabenden Familien leistete man sich einen Hauslehrer für die Kinder. Auf diese Weise erhielt auch manches Mädchen Unterricht. Bei den Römern durften in der Regel ebenfalls nur die Jungen etwas lernen. Selbst im ➡ Mittelalter, als Unterricht und Erziehung in Händen von Kirche und Klöstern lagen, gab es keine Schule für die Mädchen. Später gingen reiche Eltern wieder dazu über, ihre Kinder von Privatlehrern unterrichten zu lassen. Aber erst als Ende des 18. Jahrhunderts in einigen Ländern die so genannte Schulpflicht eingeführt wurde, konnten auch die Kinder ärmerer Leute zur Schule gehen.

Heute müssen bei uns alle Kinder ab dem sechsten Lebensjahr die Grundschule besuchen. Danach gibt es die Möglichkeit, auf das Gymnasium, zur Realschule oder zur Hauptschule zu gehen.

Verschiedene Schulfächer:
1 Sport, 2 Musik, 3 Mathematik,
Fast alle britischen Privatschulen schreiben ihren Schülern eine Schuluniform vor (7).

Schule

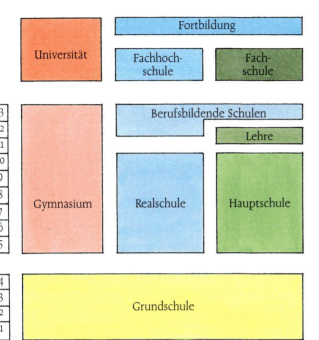

Prinzip des deutschen Schulsystems

Für Kinder, die in irgendeiner Weise behindert sind, gibt es spezielle Schulen, in denen man auf ihre Fähigkeiten besser eingehen kann.

In manchen Ländern müssen die Schüler eine Schuluniform tragen. Dies nimmt den Kindern zwar die Freiheit, sich so anzuziehen, wie sie wollen. Es hat aber auch den Vorteil, dass durch die Kleidung nicht sichtbar wird, ob ein Kind aus armem oder reichem Hause stammt.

Hunderte Millionen Kinder der ➡ Dritten Welt haben nicht die Möglichkeit, zur Schule zu gehen und dort etwas zu lernen. Sie müssen für Hungerlöhne arbeiten und haben kaum Hoffnung auf eine gute Ausbildung und einen ordentlichen Beruf.

Erst nach neun Schuljahren endet die Schulpflicht. Manche Schüler studieren nach dem Besuch des Gymnasiums an einer ➡ Universität. Wer nach dem Schulabschluss eine Ausbildung macht, geht während dieser Zeit regelmäßig zur Berufsschule.

4 Deutsch, 5 Erdkunde,
6 Kunst. Durch die verschiedenen Unterrichtsfächer soll jedes Kind eine möglichst umfassende Allgemeinbildung erhalten.

S

Schuppen

Schuppen
Bei Erkrankungen der ➡ Haut kann sich deren oberste Schicht in Form von weißlichen oder gelblichen Schuppen ablösen. Am häufigsten kommt dies auf der Kopfhaut vor. Schuppen nennt man aber auch die Plättchen auf der Haut von ➡ Fischen, ➡ Eidechsen und ➡ Schlangen sowie auf den Flügeln von ➡ Schmetterlingen.

Schwalbe
Schwalben gehören zur Familie der Singvögel. Sie bauen ihre Nester aus Lehm, den sie mit Speichel befeuchten.

Schwan
Schwäne sind Entenvögel mit langen Hälsen und kurzen Beinen mit Schwimmflossen. Sie bleiben ihr Leben lang mit einem Partner zusammen.

Schwangerschaft
Unter Schwangerschaft versteht man die Zeitspanne, in der die befruchtete Eizelle (➡ Ei) im Körper einer Frau bis zur Geburt des Kindes heranwächst. Sie dauert etwa 40 Wochen.

Schweden
Schweden ist ein Land in Nordeuropa. Dort kann es in den nördlichen Gebieten im Winter bis zu -40 Grad Celsius kalt werden. Nördlich des Polarkreises herrscht während der Wintermonate Polarnacht. Im Sommer geht in diesem Teil des Landes die Sonne nicht unter. Dies nennt man Mitternachtssonne. Die Hauptstadt von Schweden heißt Stockholm.

Schweiz
Gleich vier Sprachen sprechen die Schweizer: eine Mehrheit deutsch, Minderheiten französisch, italienisch oder rätoromanisch. Heute ist die Schweiz eines der reichsten Länder der Welt. Die Hauptstadt heißt Bern.

Rauchschwalben

Die Füße der Schwalben sind zum Laufen ungeeignet. Daher fangen sie Insekten im Flug.

Seestern

Raumschiff „Voyager" aus der Sciencefictionserie „Star Trek"

Schwitzen

Beim Schwitzen gibt der erhitzte ➡ Körper Wärme ab. Dabei tritt durch die Poren der ➡ Haut ➡ Wasser aus, das von außen kühlt.

Sciencefiction

(gesprochen: seiensfikschn). Sciencefiction wird nach ihren Hauptinhalten auch Zukunfts- oder Weltraumliteratur genannt. Heute gibt es auch zahlreiche Sciencefictionfilme und -serien.

Seeigel

Die kugelrunden Seeigel sind innen fast hohl und haben außen eine Kalkschale mit Stacheln. Tritt man in diese, können sie schmerzhafte ➡ Entzündungen verursachen. Seeigel sind Pflanzenfresser.

Seele

Mit Seele (➡ Psyche) bezeichnet man das unsichtbare Innerste eines Menschen (Gedanken, Gefühle, Empfindungen). In manchen Religionen herrscht der Glaube, dass die Seele im Gegensatz zum ➡ Körper unsterblich ist.

Seerose

Seerosen sind Wasserpflanzen. Sie wurzeln im Seeboden, ihre Schwimmblätter und ihre Blüten bleiben über der Wasseroberfläche.

Seestern

Wie die ➡ Seeigel sind auch Seesterne Stachelhäuter. Sie haben eine kalkhaltige Oberfläche und leben im Meer. Seesterne fressen ➡ Muscheln und ➡ Schnecken.

S

Segel

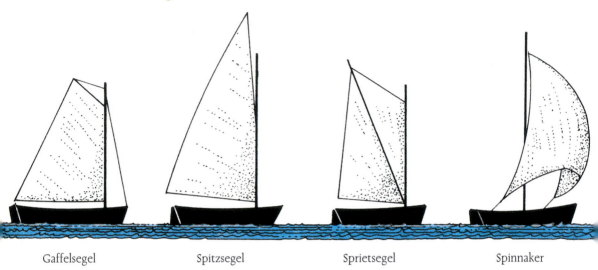

Gaffelsegel Spitzsegel Sprietsegel Spinnaker

Segel
Mit Segeln lässt sich die Windkraft zur Fortbewegung eines ➡ Schiffs nutzen. Heute ist Segeln nur noch ein Freizeit- und Wettkampfsport.

Seide
Bereits seit 4000 Jahren wird in ➡China Seide hergestellt. Das Ausgangsmaterial liefern die ➡Raupen des Seidenspinnerschmetterlings. Ihr Körper ist von einem einzigen langen Faden umwickelt, aus dem das Seidengarn gesponnen wird.

Seife
Etwa 2500 Jahre vor Christus gab es die erste Seife. Man gewann sie aus Asche (genannt Pottasche). Heute wird Seife unter Einsatz verschiedener Chemikalien (➡Chemie) hergestellt.

Seilbahn
Eine Seilbahn befördert Gondeln oder Wagen an einem Seil nach oben oder unten. Bei der Standseilbahn laufen die Wagen auf ➡Schienen. Bei Seilschwebebahnen oder Drahtseilbahnen hängen die Gondeln an einem Seil aus Stahl.

Bei Seilbahnen werden die Fahrgäste in geschlossenen Kabinen oder offenen Sesseln befördert.

S

Silber

Luggersegel   Dreimaster mit verschiedenen Segelformen

Sekte

Sekten sind Gruppen von Menschen, die sich von größeren religiösen Gemeinschaften abgespalten haben und von deren Glaubensinhalten abweichen. Zu den christlichen Sekten gehören zum Beispiel Mormonen, Baptisten oder Adventisten. Nicht selten aber geht es gar nicht so sehr um religiöse Inhalte. Die Sekte beziehungsweise deren Anführer will von den Mitgliedern Geld zur persönlichen Bereicherung bekommen.

Sense

Die Sense ist ein Handgerät zum Mähen von Gras und Getreide. Heute nutzt man sie vor allem dort, wo keine Mähmaschinen eingesetzt werden können.

Seuche

Eine Seuche ist eine schwere und außergewöhnlich ansteckende Krankheit, die sich sehr schnell verbreitet (➡ Infektion). Auch unter Tieren treten Seuchen auf.

Sexualität

Das Wort Sexualität bedeutet Geschlechtsleben. Dazu gehören zärtliches wie leidenschaftliches Streicheln, Umarmen und Küssen. Auch Tiere leben Sexualität. Bei ihnen ist sie vor allem auf die Fortpflanzung ausgerichtet.

Silber

Silber ist ein weiß glänzendes, dehnbares ➡ Metall. Von allen Metallen leitet es ➡ Elektrizität und Wärme am besten.

Sense

Silhouette

Silhouette

Eine Silhouette ist ein Schattenbild, bei dem nur die Umrisse dargestellt werden wie bei einem Scherenschnitt aus schwarzem Papier.

Silo

Ein Silo ist ein Großraumbehälter, in dem zum Beispiel Getreide, Futtermittel, Kohle oder Zement gelagert wird.

Single

(gesprochen: singl). Als Single bezeichnet man eine Schallplatte mit nur einem Titel auf jeder Seite. Singles nennt man aber auch Menschen, die allein leben.

Sinne

Mit den Sinnen nehmen Menschen die Umwelt, aber auch sich selbst wahr. So können sie mit den Augen sehen, mit den Ohren hören, mit der Nase riechen, mit dem Mund schmecken, mit den Händen tasten und mit der ➡ Haut Temperatur fühlen.

Skateboard

(gesprochen: skejtbord). Das Skateboard ist ein Rollerbrett, das als Freizeitsportgerät sehr beliebt ist. Gesteuert wird es, indem der auf dem Brett stehende Skater (gesprochen: skejter) sein Gewicht verlagert.

Ski

Schon vor etwa 5000 Jahren gab es Gebilde, die den heutigen Skiern ähnlich waren. Es handelte sich um brettförmige Schneeschuhe, mit deren Hilfe man über Schneeflächen gehen konnte, ohne einzusinken. Heute unterscheidet man alpine, nordische und neuere Skisportarten. Besonders beliebt ist vor allem bei Jugendlichen das Snowboardfahren (gesprochen: snoubord). Beim Snowboarden steht der Fahrer mit beiden Beinen auf einem breiten Brett.

Skinhead

(gesprochen: skinhed). Das Wort „Skinhead" kommt aus dem Englischen und bedeutet „Kahlkopf". Wenn man heute von Skinheads

Skateboard

S

Slowakei

spricht, meint man damit Jugendliche mit sehr kurz oder kahl geschorenem Kopf und spezieller Kleidung (Springerstiefel, Bomberjacken). Sie haben eine extreme politische Einstellung, die der des ➡ Nationalsozialismus ähnlich ist.

Sklave

Sklaven sind unfreie Menschen ohne jegliche Rechte, die im Besitz anderer Menschen sind. Im ➡ Altertum wurden meist Kriegsgefangene oder deren Nachkommen zu Sklaven gemacht. Seit den ➡ Entdeckungsreisen wuchs die Zahl der Sklaven. Vor allem nach Amerika wurden Sklaven aus Afrika geholt. Von ihnen stammt die heutige schwarze Bevölkerung in ➡ Nord-, Mittel- und ➡ Südamerika ab. Heute ist Sklaverei verboten.

Skulptur

Eine Skulptur ist ein Werk der Bildhauerkunst. Sie wird aus festem Material, meist Holz oder Stein, herausgearbeitet.

Slowakei

Die Slowakei ist ein Gebirgsland in der Mitte Europas. Erst seit 1993 ist die Slowakei selbstständig. Zu-

Nordischer Skisport: Langlauf

Alpiner Skisport: Abfahrtslauf

Neuerer Skisport: Snowboard

vor hatte sie mit ➡ Tschechien die Tschechoslowakei gebildet, die 1945 bis 1989 von der ➡ Sowjetunion abhängig war. Die Hauptstadt der Slowakei heißt Preßburg.

S

Slowenien

Manchmal verhindert eine warme Luftschicht, dass Abgase verfliegen. So kommt es zu Smog.

Slowenien

Slowenien liegt in Südeuropa. Im Gegensatz zum benachbarten ➡ Kroatien und Bosnien-Herzegowina ging 1991 die Loslösung Sloweniens vom früheren Jugoslawien weitgehend friedlich vonstatten. Die Hauptstadt heißt Laibach.

Smog

Das Wort „Smog" entstand aus den englischen Wörtern „smoke" (gesprochen: smouk), was so viel heißt wie „Rauch" und „fog" (gesprochen: fog), was „Nebel" bedeutet. Smog ist eine Art Nebel oder Dunstschicht voller gefährlicher Schadstoffe. Besonders in Industriestädten kommt er oft vor. Sind die Abgaswerte zu hoch, wird Smogalarm gegeben. Dann herrscht Fahrverbot für alle Autos.

Sojabohne

Die Sojabohne ist eine Hülsenfrucht, die in den Ländern ➡ Asiens häufig angebaut wird. Man kann sie zu den verschiedensten Lebensmitteln verarbeiten, wie zum Beispiel Sojamilch, Sojapaste, Sojasoße und sogar zu Speisen, die ähnlich wie Fleisch schmecken. Sojabohnen sind sehr gesund. Sojasprossen, die Keime der Sojabohne, kann man leicht selbst ziehen. Sie sind sehr vitaminreich.

Solarenergie

Solarenergie ist Energie, die aus Sonnenstrahlen gewonnen wird. Solarzellen setzen dabei das einfallende Sonnenlicht in elektrischen Strom um. Solarkollektoren verwandeln das Sonnenlicht in Wärme.

Sonnenbrand

Wer sich ohne Sonnencreme in der Sonne aufhält, kann Sonnenbrand bekommen. Ist dieser leicht, rötet sich die ➡ Haut. Bei starken Verbrennungen wirft sie Blasen und löst sich in ➡ Schuppen ab.

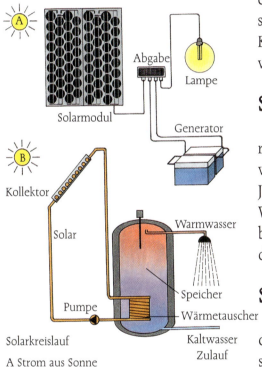

Solarkreislauf
A Strom aus Sonne
B Wärme aus Sonne

SOS

SOS ist die Abkürzung für das englische „Save Our Souls" (gesprochen: sejv auer souls), was „Rettet unsere Seelen" bedeutet. Es ist ein international festgelegtes Notsignal, das durch die Morsezeichen „kurz, kurz, kurz – lang, lang, lang – kurz, kurz, kurz" ausgesandt wird.

SOS-Kinderdorf

1949 gründete der Österreicher Hermann Gmeiner das erste SOS-Kinderdorf. Seither entstanden auf der ganzen Welt viele dieser Wohnsiedlungen, in denen elternlose Kinder und Jugendliche ähnlich wie Familien zusammenleben.

Soul

(gesprochen: soul). Die Musikrichtung des Soul wurde um 1955 von schwarzen Jazzmusikern (➡ Jazz) geschaffen. Das englische Wort „soul" bedeutet „Seele". Man bezeichnet damit ein Musizieren, das aus der ➡ Seele heraus entsteht.

Sowjetunion

Unter Führung ➡ Russlands wurde 1922 die „Union der Sozialistischen Sowjetrepubliken", kurz „Sowjetunion", gegründet. Sie wollte den ➡ Kommunismus aufbauen. Wegen wirtschaftlicher und politischer Schwierigkeiten zerfiel die Sowjetunion 1989 jedoch wieder in unabhängige Staaten.

Die Flagge der ehemaligen Sowjetunion.

S

Sozialhilfe

Sozialhilfe
Menschen, die in Geldnot geraten, weil sie nicht arbeiten können, bekommen vom Staat Sozialhilfe, um Miete, Nahrung und Kleidung zu bezahlen.

Sozialismus
Zu Beginn des 19. Jahrhunderts entstand in ➡ Frankreich unter den Arbeitern eine Bewegung, die Gleichheit und Gerechtigkeit für alle Menschen forderte, der Sozialismus. In verschiedenen Ländern wurde versucht, eine derartige Gesellschaft zu verwirklichen. Dies gelang jedoch bis heute nicht.

Spanien
Spanien liegt in Südwesteuropa. Obwohl das Klima trocken ist, kann das meiste Land dank künstlicher Bewässerung landwirtschaftlich genutzt werden. Zu Spanien gehören außerdem die Inselgruppe der Balearen und die Kanarischen Inseln. Die Hauptstadt Spaniens heißt Madrid.

Specht
Mit seinem kräftigen, langen Schnabel hämmert der Specht Löcher in Bäume. So findet er ➡ Insekten und baut seine Höhlen.

Australische Dinopis

Kreuzspinne

Mit den Spinndrüsen im Hinterleib spinnen die Spinnen ihr Netz. In diesem Netz lauern sie dann auf Beute.

Spinne
Spinnen sind Gliedertiere. Sie haben acht Beine, die am Kopfbruststück sitzen. Viele Giftspinnen können mit ihrem Biss auch Menschen gefährden.

Spion
Als Spione werden ➡ Agenten bezeichnet, die geheime Informationen auskundschaften, zum Beispiel für andere ➡ Staaten oder Industrieunternehmen.

Squash

(gesprochen: skwosch). Bei dem Ballspiel Squash stehen zwei Spieler nebeneinander und schlagen mit Schlägern einen Gummiball abwechselnd gegen eine Wand.

Staat

Ein Staat ist ein Gemeinwesen, das auf einem genau begrenzten Gebiet besteht. In ihm gibt es Regierung, Gesetzgebung und Rechtsprechung. Deutschland ist zum Beispiel ein Staat.

Staatsanwalt

Der Staatsanwalt vertritt vor ➡ Gericht die Anklage. Er ist somit der Vertreter des ➡ Staates. Sein Gegner ist der ➡ Anwalt.

Stadion

Ein Stadion ist eine meist ovale Sportanlage mit ansteigenden Zuschauertribünen.

Stahl

Stahl gehört in der Industrie zu den wichtigsten Materialien. Er wird in Stahlwerken aus ➡ Eisen unter Zugabe anderer Stoffe hergestellt. Es gibt Stahl in unterschiedlichen Härtegraden.

Stammbaum

Die Verwandtschaftsverhältnisse aller Mitglieder einer Familie kann man in einem Stammbaum darstellen. In der ➡ Biologie dient ein Stammbaum dazu, die Abstammung von Lebewesen aufzuzeigen.

Leichtathletikstadion

1 Laufbahn 400 m
2 Wassergraben
3 Stabhochsprunganlage
4 Weitsprung
5 Hammer · Diskus
6 Speerwurf
7 Hochsprung
8 Kugelstoßen

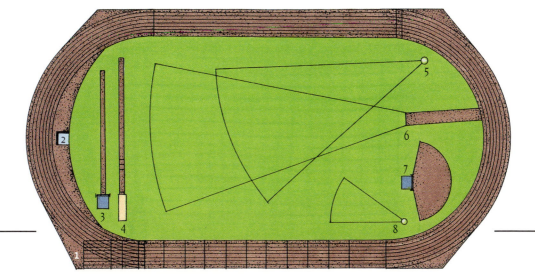

Standesamt

Auf einem Standesamt werden die Personen, die in einem Gebiet wohnen, registriert, Geburts- und Sterbeurkunden ausgestellt und Eheschließungen durchgeführt.

Faustkeile und Axt für den Ackerbau

Stausee

Ein Stausee entsteht, wenn mit einem ➡ Damm ein fließendes Gewässer aufgestaut wird. Häufig geschieht dies, um die Wasserkraft zur Erzeugung elektrischen Stroms zu nutzen. Die Wasservorräte dienen jedoch auch als Reserve in Trockenzeiten.

Steinbock

Der Steinbock lebt in Hochgebirgen und ist ein gewandter Kletterer. In den ➡ Alpen war er fast schon ausgestorben.

Steinzeit

Steinzeit ist die Bezeichnung für den Abschnitt in der Geschichte, in dem die ersten Menschen Werkzeuge aus Stein fertigten und benutzten. Aus dieser Zeit stammen auch die ersten Höhlenmalereien.

Stenografie

Stenografie ist eine Kurzschrift, die mit vereinfachten Schriftzeichen eine hohe Schreibgeschwindigkeit ermöglicht.

Stereo

Wenn Sprache oder Musik so aufgenommen und wiedergegeben wird, dass ein räumlicher Klang entsteht, spricht man von Stereofonie, abgekürzt Stereo.

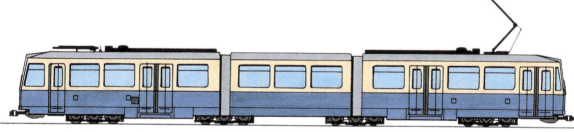

Achtachsiger Straßenbahnzug

Stern

Sterne sind riesengroße Gaskugeln im ➡Weltall. Auf ihnen herrschen so hohe Temperaturen, dass sie glühen.

Sternschnuppe

Sternschnuppen sind Objekte aus dem ➡Weltall, die beim Eintritt in die Erdatmosphäre verglühen und dabei kurz aufleuchten. Der Fachausdruck für solche Körper lautet Meteor oder Meteorit.

Steuer

Damit der ➡Staat das Geld für die Erfüllung seiner Aufgaben bekommt, erhebt er Steuern. So muss jeder Bürger einen genau festgelegten Teil seines Einkommens abgeben. Verbrauchssteuern sind die Mehrwert-, die Mineralöl-, die Alkohol- und die Tabaksteuer.

Storch

Der Storch ist ein großer Schreitvogel, der seine Nester auf Bäumen und Dächern baut.

Straßenbahn

Eine Straßenbahn wird elektrisch betrieben und läuft auf ➡Schienen. Früher wurden Straßenbahnen nur von Pferden gezogen.

Störche ernähren sich von Kleintieren wie Insekten, Fröschen und Mäusen. Im Winter ziehen sie in den Süden.

Strauch

Sträucher sind Bäume ohne langen Stamm. Sie verholzen und tragen Blüten.

Strauß

Mit über zwei Metern Körpergröße ist der Strauß der größte Vogel der Erde. Er kann zwar nicht fliegen, dafür aber sehr schnell laufen.

Streik

Wenn Arbeiter oder Angestellte ihre Arbeit niederlegen, um eine Forderung durchzusetzen, treten sie in Streik.

S

Stress

Im 16. Jahrhundert unterwarfen die Eroberer aus Spanien und Portugal Südamerika fast vollständig. Die Nachkommen der indianischen Ureinwohner, zum Beispiel die Inka, leben vor allem im Gebirge der Anden.

National Congress, Brasilia. Das größte Land in Südamerika ist Brasilien. Seine Hauptstadt heißt Brasilia. In Brasilien spricht man Portugiesisch.

Stress

Befindet sich ein Mensch in extremen Situationen, arbeitet sein ➡ Körper auf Hochtouren. Dies nennt man Stress. Positiver Stress führt zu Höchstleistungen. Negativer und lang anhaltender Stress kann dagegen krank machen.

Sturm

Starken Wind von Windstärke 9 bis 11 nennt man Sturm. Stürme können große Schäden anrichten.

Sucht

Sucht ist eine schwere Abhängigkeit, die dazu führt, dass der Betroffene nur noch für seine Sucht lebt. Alle anderen Interessen gehen ihm allmählich verloren, genauso die Beziehungen zu anderen Menschen.

Südamerika

Südamerika ist der südliche Teil des Doppelkontinents (➡ Kontinent) Amerika. Er ist über eine Landbrücke mit Mittel- oder Zentralamerika verbunden.

Südpol

Der Südpol ist der südlichste Punkt der Erde. Der ➡ Kontinent am Südpol wird Antarktis genannt.

Beim Wellenreiten steht man auf einem Brett ohne Segel.

Sumpf

Als Sumpf bezeichnet man ein Gebiet mit viel Grundwasser, in dem der Boden nass und weich ist.

Surfen

(gesprochen: sörfen). Surfen ist ein Wassersport. Man unterscheidet Wellenreiten und Windsurfen. Bei Letzterem nutzt ein ➡ Segel den Wind zur Fortbewegung.

Sweatshirt

(gesprochen: swetschört). Ein Sweatshirt ist ein sportlicher Pullover aus ➡ Baumwolle.

Symbol

Ein Sinnbild oder ein Erkennungszeichen für eine Sache nennt man Symbol.

Tabak

Tabakpflanze

Tabak

Tabak ist eine Pflanze. Die Blätter werden getrocknet, geschnitten, veredelt und zu Zigaretten, Zigarren, Pfeifen-, Schnupf- und Kautabak verarbeitet. Der Genuss von Tabak ist gesundheitsschädlich. Tabak enthält Nikotin und Schadstoffe, die viele Krankheiten wie ➡ Krebs oder Herz- und Kreislaufleiden verursachen können.

Tachometer

Ein Tachometer ist ein Instrument, das die Geschwindigkeit von Fahrzeugen misst.

Tanker

Tanker sind riesige ➡ Schiffe. Sie befördern vor allem Öl, aber auch andere Flüssigkeiten wie Wasser, Wein oder Säuren über das Meer. Der Laderaum im Schiffsbauch ist durch Zwischenwände in einzelne Kammern oder Tanks unterteilt, in die die jeweilige Ladung gepumpt wird.

Tattoo

(gesprochen: tätuu). „Tattoo" ist das englische Wort für „Tätowierung". Beim Tätowieren ritzt und färbt man die Haut mit einer Nadel ein. Bei Naturvölkern hatte das Tätowieren oft religiöse Hintergründe. Wer sich bei uns tätowieren lässt, tut dies meist, weil er es schön findet. Tätowierungen sind nur schwer zu entfernen und oft bleiben Narben zurück.

Tachometer

Ringeltaube

Taube
Es gibt fast 300 Taubenarten auf der Welt. Tauben wurden vom Menschen wegen ihres Fleisches und als Brieftauben gehalten. Brieftauben verfügen über einen erstaunlichen Orientierungssinn und finden über hunderte von Kilometern nach Hause zurück. In den Städten leben heute sehr viele Tauben. Sie werden oft als Plage empfunden, da sie ➡ Krankheiten übertragen und ihr ➡ Kot vieles verschmutzt.

Taucher
Unmittelbar unter der Wasseroberfläche kann man mit einem Schnorchel tauchen. Taucht man aber tiefer, braucht man dazu einen Taucheranzug und ein Atemgerät. Berufsmäßige Taucher führen zum Beispiel Arbeiten unter Wasser an Schiffen oder Kabeln aus. Sie erhalten die Atemluft oft über Schläuche von einem Tauchschiff. Tauchen ist nicht ungefährlich. So kann man in großer Tiefe einen Tiefenrausch, der dem Alkoholrausch (➡ Alkohol) ähnlich ist, bekommen.

Taufe
Die Taufe ist eines der ➡ Sakramente. Das Kind wird in die Gemeinschaft der Kirche aufgenommen und erhält dabei seinen Namen. Im Beisein der Taufpatin oder des Taufpaten (➡ Pate) wird der Täufling vom Pfarrer mit Taufwasser besprizt und gesegnet.

Tausendfüßer
Tausendfüßer haben zwar nicht 1000, aber doch sehr viele Beine. An jedem Körperabschnitt befinden sich zwei oder vier Beine. Es gibt viele Arten, von denen einige Räuber sind. Bei Gefahr rollen sich Tausendfüßer zusammen und verströmen ein übel riechendes ➡ Gift.

Team
(gesprochen: tiem). Der englische Begriff „Team" bezeichnet eine Gruppe von Menschen, die gemeinsam und gleichberechtigt an einer Sache arbeiten. Man nennt dies „Teamwork" (gesprochen: tiemwörk). Ein Team kann auch eine Sportmannschaft sein.

Tausendfüßer

T

Techno

Techno

(gesprochen: täknou). Techno ist Musik, die am Computer hergestellt wird. Rhythmus und Melodie sind ziemlich eintönig, Gesang gibt es nur selten. Die Anhänger von Techno-Musik besuchen gerne so genannte ➡ Raves.

Tee

Vor allem in ➡ Indien und ➡ China wächst der Teestrauch, aus dessen getrockneten Blättern man Tee kocht. In China hat man diese Teepflanze schon im 3. Jahrtausend vor Christus angebaut. Im 17. Jahrhundert kam die Sitte des Teetrinkens durch die Engländer nach Europa. Wie der ➡ Kaffee enthält der Tee einen anregenden Stoff, das Koffein. Auch Aufgüsse aus getrockneten Kräutern werden Tee genannt.

Faxgerät

Teenager

(gesprochen: tienejtscher). Das englische Wort „Teenager" bezeichnet einen Jugendlichen im Alter zwischen 13 und 19 Jahren. Ab 20 Jahren wird man als „Twen" bezeichnet.

Telefax

Ein Telefaxgerät ist ein Kopiergerät, das an die Telefonleitung angeschlossen ist. Von einem Gerät zum nächsten kann man Briefe und Bilder innerhalb weniger Sekunden verschicken. Das sendende Gerät schickt dabei Signale an den Empfänger, der eine Kopie der Mitteilung ausdruckt.

Tennis wird nach Punkten, Spielen und Sätzen gewertet.

Telefon

Das Telefon wurde um 1870 erfunden. Im Telefonhörer gibt es ein ➡Mikrofon und einen Lautsprecher. Die in das Mikrofon gesprochenen Worte werden in elektrische Schwingungen umgewandelt. Über Kabel oder ➡Funk gelangen sie zum Empfänger. In dessen Hörer werden die elektrischen Signale wieder in Schallwellen zurückverwandelt.

Funktelefon

Teleskop

Ein Teleskop ist ein ➡Fernrohr, mit dem man sehr stark vergrößern kann. Meist setzt man es zur Beobachtung des Sternenhimmels ein. Manche Teleskope arbeiten mit riesigen Spiegeln, andere fangen Radio- oder Röntgenstrahlen (➡Röntgen) aus dem ➡Weltall auf.

Tennis

Tennis ist ein Ballspiel für zwei (Einzel) oder vier (Doppel) Personen. Der Ball wird dabei mit dem Tennisschläger nach bestimmten Regeln über ein Netz geschlagen.

Terrarium

In einem Terrarium werden auf dem Lande lebende, meist kleinere Tiere wie ➡Frösche, ➡Eidechsen und ➡Schlangen oder ➡Käfer und ➡Heuschrecken gehalten.

Terrorist

Ein Terrorist will seine politischen Ansichten mit Gewalt durchsetzen. Auf Leben und Gesundheit anderer Menschen nehmen Terroristen keine Rücksicht.

Tetanus

Tetanus oder Wundstarrkrampf ist eine lebensgefährliche Infektionskrankheit (➡Infektion). Sie wird von im Erdboden lebenden ➡Bakterien verursacht. Dringen diese in eine offene Wunde ein, rufen sie schwere Muskelkrämpfe hervor. Die ➡Impfung dagegen muss regelmäßig aufgefrischt werden.

Terrarium

Theater

Die lachende und die traurige Maske sind Symbol für das Theater.

Theater

Mit Theater wird sowohl die Kunst, Stücke auf der Bühne darzustellen, als auch das Gebäude, in dem die Aufführungen stattfinden, bezeichnet. Das Theater hat drei so genannte „Sparten": Das Sprechtheater führt Schauspiele auf, das Musiktheater musikalische Bühnenstücke und Ballett wird im Tanztheater dargeboten.

Bereits im 6. Jahrhundert vor Christus entstanden in ➡ Griechenland die ersten Theater. Sie wurden an Berghängen errichtet. Das Publikum saß im Halbkreis auf Sitzreihen, die aus dem Stein gehauen worden waren. So hatten sie von

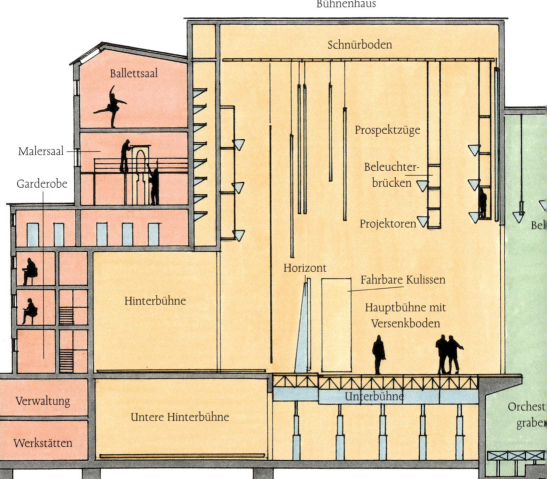

Theater

allen Plätzen gute Sicht auf die Bühne und konnten jedes Wort verstehen.

In heutigen Theatergebäuden ist der Zuschauerraum durch einen „eisernen Vorhang" von der Bühne getrennt. Sollte einmal ein Brand ausbrechen, würde er sofort herabgelassen, um eine Ausbreitung des Feuers zu verhindern. Über der Bühne befindet sich der so genannte „Schnürboden". An langen Seilzügen, die einzeln gezogen werden können, sind dort die Teile der „Kulisse" befestigt. Die „Orchesterwanne" oder der „Orchestergraben" zieht sich unter der Bühne entlang. Für Aufführungen des Sprechtheaters wird er abgedeckt.

Griechisches Amphitheater. Die Zuschauer saßen auf aufsteigenden Rängen. In der Mitte befand sich ein halbkreisförmiger Platz, der Ochestra, für Tanz und Chor.

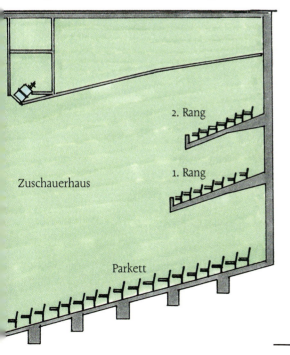

Damit eine Vorstellung reibungslos verläuft, sind viele Menschen hinter der Bühne tätig: Kostümbildner richten die Kostüme her und helfen beim Anziehen, Maskenbildner schminken die Darsteller. Requisiteure stellen alle benötigten Gegenstände bereit. Beleuchtungstechniker richten die Scheinwerfer ein, Tontechniker spielen Musik, Geräusche oder Stimmen ein, Haustechniker bauen die Kulisse auf. Die Souffleuse (gesprochen: suflöse) sitzt neben der Bühne oder in einem kleinen Kasten davor und sagt leise vor, wenn einmal ein Darsteller seinen Text vergessen hat. Der Inspizient kontrolliert den gesamten Ablauf einer Vorstellung und sorgt dafür, dass alle Beteiligten und alle Dinge zum richtigen Zeitpunkt an ihrem Ort sind. Auf sein Zeichen hin erfolgen auch Lichtwechsel, Toneinsätze und Umbauten auf der Bühne.

T

Therapie

Therapie
Eine Behandlung von Krankheiten durch einen ➡Arzt wird Therapie genannt.

Thermometer
Mit einem Thermometer werden Temperaturen gemessen. Das bekannteste ist das Quecksilberthermometer (➡Quecksilber).

Tierkreiszeichen
Die Tierkreiszeichen sind Sternbilder (➡Stern). Bereits im ➡Altertum wurde der Ablauf eines Jahres in zwölf regelmäßig aufeinander folgende Tierkreiszeichen eingeteilt.

Tierschutzverein
Tierschutzvereine sind private Organisationen, die dafür eintreten, dass Tiere nicht gequält werden.

Tiger
Der Tiger ist eine Raubkatze (➡Raubtier), die in ➡Asien lebt. Heute sind die Bestände aller Arten gefährdet.

Tintenfisch
Tintenfische haben acht oder zehn Fangarme, die mit Saugnäpfen besetzt sind. Bei Gefahr stoßen sie eine Wolke dunkler „Tinte" aus, um sich vor Feinden zu verbergen.

Tracht

Toleranz
Der Wort Toleranz bedeutet, dass Menschen nichts dagegen haben, wenn andere Menschen anders leben und denken.

Tollwut
Die Tollwut ist eine Infektionskrankheit (➡ Infektion). Vor allem ➡ Füchse und ➡ Hunde erkranken daran und können das ➡ Virus auf andere ➡ Säugetiere übertragen. Wird man von einem tollwütigen Tier gebissen, hilft nur eine sofortige ➡ Impfung.

Ton
Ein Ton ist eine harmonische Schallschwingung. Die ➡ Musik setzt sich aus Tönen zusammen. Diese können durch Musikinstrumente oder durch die menschliche Stimme erzeugt werden. Ob ein Ton hoch oder tief ist, hängt von der Anzahl der Schwingungen pro Sekunde ab.

Ton ist außerdem eine Erdart, aus der keramische Erzeugnisse hergestellt werden.

Torf
Torf entsteht im ➡ Moor aus abgestorbenen Pflanzen und vor allem aus ➡ Moosen. Er ist ein dunkelbrauner bis schwarzer, faseriger Boden. Der Torf wird gestochen, getrocknet und als Brennstoff oder zur Verbesserung von Gartenerde verwendet.

Tourist
Wer in den Urlaub fährt und zum Vergnügen reist, ist während der Reise ein Tourist.

Tracht
Die Tracht ist eine Kleidung, die je nach Landschaft, Berufsgruppe oder Zeit verschieden ist.

Alpbach-Tracht Föhr

T

Trampolin

Trampolin

Ein Trampolin ist ein Sprunggerät. Es besteht aus einem Sprungtuch, das mit Gummiseilen oder Stahlfedern an einem Metallgestell aufgehängt ist.

Träne

Die Tränendrüsen (➡ Drüse) im ➡ Auge geben die Tränen ab. Diese befeuchten und schützen die Hornhaut des Auges.

Trend

Die Richtung, in die sich etwas entwickelt, nennt man Trend. So gibt es zum Beispiel Trends in der Musik oder Mode.

Trommel

Eine Trommel ist ein Schlaginstrument, dessen hohler Klangkörper auf beiden Seiten mit Fell

Trompete

oder Kunststofffolie bespannt ist. Trommeln gehören zu den ältesten Musikinstrumenten der Menschheit.

Trompete

Eine Trompete ist ein Blechblasinstrument aus ➡ Messing. Sie hat ein so genanntes Kesselmundstück. Der Trompeter kann mithilfe seiner Lippen und der Ventile die Höhe der Töne verändern.

Tropen

Das Gebiet um den ➡ Äquator wird Tropen genannt. Dort ist es sehr warm. In den feuchtwarmen tropischen ➡ Regenwäldern leben sehr viele verschiedene Tierarten.

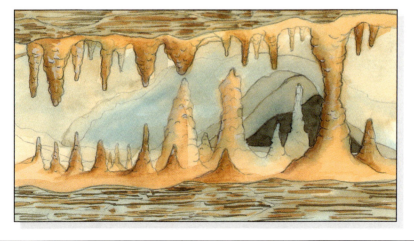

Tropfsteine, die nach oben wachsen, nennt man Stalagmiten. Solche, die nach unten wachsen, Stalaktiten.

T

Turnier

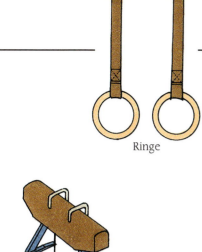

Ringe

Pauschenpferd

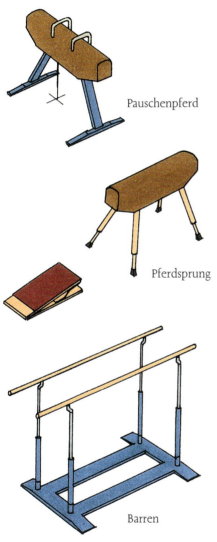

Pferdsprung

Barren

Reck

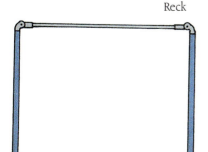

Tropfsteinhöhle

In einer Tropfsteinhöhle tropft ständig Wasser von Decken und Wänden herab. Darin enthaltener Kalk setzt sich ab und bildet Zapfen in seltsamen Formen.

Tschechien

Der Staat Tschechien entstand 1993 nach der Trennung von der ➡ Slowakei. Die Hauptstadt Prag ist reich an historischen Gebäuden. Man nennt sie auch die „Goldene Stadt".

Türkei

Obwohl die Türkei zu ➡ Europa gehört, liegt der größte Teil des Landes in ➡ Asien. Die Hauptstadt der Türkei heißt Ankara.

Turnen

Turnen umfasst sportliche Übungen am Boden und an verschiedenen Geräten.

Turnier

Im ➡ Mittelalter war das Turnier ein Kampfspiel der ➡ Ritter. Heute bezeichnet man einen sportlichen Wettkampf, der in verschiedenen Durchgängen ausgetragen wird, als Turnier.

Verschiedene Kunstturngeräte für Männer

U-Bahn

U-Bahn

Die erste Untergrundbahn Europas, abgekürzt U-Bahn, wurde 1863 in London eröffnet. Inzwischen gibt es in fast allen großen Städten U-Bahnen. Sie werden mit Strom angetrieben und fahren auf Schienen in Tunnels unter der Erde. Unzählige Menschen können so umweltfreundlich transportiert werden. Da U-Bahnen vom übrigen Straßenverkehr unabhängig sind, fahren sie meist pünktlich. Das größte U-Bahn-Netz der Welt besitzt heute die amerikanische Stadt New York (gesprochen: nju jork).

Überschwemmung

Nach langem Regen oder wenn im Frühjahr der Schnee sehr schnell schmilzt, treten die Flüsse über die Ufer. Es kommt zu Überschwemmungen. Dabei werden Straßen unterspült, Bäume entwurzelt und Häuser stehen unter Wasser. Oft werden die Überschwemmungen durch Eingriffe des Menschen in die Natur selbst verursacht. Durch ➡ das Abholzen der Bergwälder wird zum Beispiel das Regenwasser nicht mehr zurückgehalten. Nach starken Regenfällen fließt dann das Wasser in Sturzbächen zu Tal und reißt Baumstämme und Felsbrocken mit sich fort.

U-Boot

U-Boot ist die Abkürzung für Unterseeboot. U-Boote werden seit etwa 100 Jahren gebaut. Damit das Boot untertauchen kann, werden die Tauchtanks mit Wasser gefüllt (geflutet). Beim Auftauchen wird das Wasser mit Druckluft wieder ausgestoßen. Wenn das Boot in geringer Tiefe fährt, kann man die Wasseroberfläche und den Luftraum durch ein Periskop beobachten. Unter Wasser erfolgt die Orientierung über ➡ Radar.

Schnitt durch ein atomgetriebenes Unterseeboot.

Labels: Ruder, Stabilisierungsflosse, Maschinenraum, Kernreaktor, Navigationsraum, Radarantenne, Periskop, Offiziersmesse, Torpedoraum, Zentrale, Vorräte, Mannschaftsmesse

Ultraschall

Uhr

Eine Uhr misst die Zeit und zeigt sie auf einer Skala an. Bereits im ➡ Altertum entstanden die ersten Sonnenuhren: Ein gerader Holzstab wurde in die Erde gesteckt. Der Schatten dieses Stabes wanderte im Lauf des Tages wie ein Zeiger über die auf dem Boden angebrachten Markierungen.

Mechanische Uhren mit Zahnrädern entstanden im ➡ Mittelalter. Sie mussten von Zeit zu Zeit von Hand aufgezogen werden. Bei den modernen Quarzuhren werden Quarzkristalle durch elektrischen Strom in Schwingung versetzt.

Uhu

Der Uhu ist die größte ➡ Eule. Er wird bis zu 70 Zentimeter lang. Uhus leben in den Waldgebieten ➡ Europas. Die großen Greifvögel jagen meist in der Dämmerung oder bei Nacht.

Ukraine

Die Ukraine ist das zweitgrößte Land ➡ Europas. Bis 1989 war sie Teil der ➡ Sowjetunion. Das überwiegend flache Land besitzt äußerst fruchtbare Böden und gilt als „Kornkammer" Europas. Die Hauptstadt der Ukraine heißt Kiew.

Ultraschall

Ultraschall besteht aus Tönen, die so hoch sind, dass sie für das menschliche Ohr nicht mehr wahrnehmbar sind. Ultraschallschwingungen werden vielfältig genutzt. In der ➡ Medizin werden damit Untersuchungen durchgeführt, um zum Beispiel die Entwicklung eines Kindes im Bauch der Mutter zu erkennen.

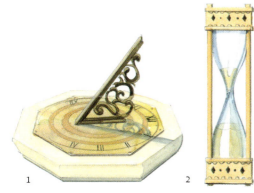

Verschiedene Uhren: 1 Sonnenuhr, 2 Sanduhr, 3 Taschenuhr, 4 Digitale Quarzarmbanduhr

Umweltschutz

Abgase verschmutzen die Luft.

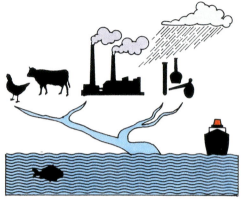

Abwässer belasten die Gewässer.

Umweltschutz . . . .

Unter dem Begriff Umweltschutz fasst man alle Maßnahmen zusammen, die dazu dienen, die Umwelt, also die gesamte Umgebung, in der Menschen, Tiere und Pflanzen leben, zu erhalten.

Viele Jahre lang gingen die Menschen sehr sorglos mit ihrer Umwelt um. Die ➡Abwässer aus Haushalten und Industriebetrieben (➡Industrie) flossen in Flüsse und Seen. ➡Abgase wurden in die Luft ausgestoßen. Giftige Abfälle kippte man häufig einfach ins Meer. Immer mehr Strom wurde erzeugt, um immer mehr Maschinen anzutreiben. Insektenvernichtungs- und Pflanzenschutzmittel wurden bedenkenlos verwendet. Die Folgen für die Umwelt waren sehr schlimm. Wald- und Fischsterben setzte ein, die Luft wurde immer schlechter und die Ozonschicht (➡Ozon) wurde geschädigt.

Inzwischen gibt es eine Vielzahl von Gesetzen, die den Umweltschutz gewährleisten sollen. So dürfen zum Beispiel Fabriken ihre Abwässer nicht mehr in Flüsse leiten. Da man erkannt hat, dass auch Lärm krank macht, baut man Schallschutzmauern und schränkt den Flugverkehr nachts ein. Dennoch reichen die bisherigen Maßnahmen bei weitem nicht aus.

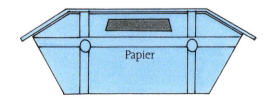

Umweltschutz

Auch Lärm schadet der Umwelt.

Restmüll kommt auf die Deponie.

Um die Umwelt zu schützen muss man sich nicht an den spektakulären Aktionen von Umweltschutzverbänden, wie zum Beispiel ➡ Greenpeace, BUND oder Robin Wood, beteiligen. Entscheidend ist, wie wir uns im täglichen Leben selbst verhalten. Man kann zum Beispiel ➡ Energie sparen, weniger Autofahren oder Müll vermeiden.

Müll vermeiden heißt: Verpackungsmaterial sparsam zu verwenden, Behälter zum Einkaufen mitzunehmen und Nachfüll- und Mehrwegpackungen zu kaufen.

Fällt trotzdem Müll an, sollte er wiederverwertet werden (➡ Recycling). Altglas, Altpapier, Metall und Kunststoffe dürfen deshalb nicht in den Hausmüll, sondern müssen zu den Sammelstellen gebracht werden. Biomüll gehört auf den Komposthaufen oder in die Biotonne. Batterien gelten als Sondermüll.

Müll vermeiden: Korb statt Plastiktüte. Pfandflaschen. Gemüse nicht verpacken. Einfache Papier und Kartonverpackungen. Keine Verbundmaterialien.

Kleider — Glas — Restmüll — Mülltrennung und Recycling

UN

UN

Die Buchstaben UN sind die Abkürzung für die englischen Worte „United Nations", was „Vereinte Nationen" bedeutet. In dieser Organisation arbeiten die meisten ➡ Staaten der Welt zusammen. Ihre Ziele sind der Erhalt des Weltfriedens und die Förderung der Zusammenarbeit zwischen den Ländern der Erde.

Ungarn

Ungarn ist ein ➡ Staat in Südosteuropa. Die Ungarn stammen vom Reitervolk der Magyaren ab. ➡ Pferde spielen auch heute noch eine wichtige Rolle in Ungarn. Auf der weiten Grassteppe im Osten des Landes, der Puszta, weiden riesige Herden. Warme Sommer und milde Winter lassen reiche Ernten an ➡ Obst und ➡ Gemüse reifen, aber auch Wein, Mais und Sonnenblumen gedeihen hier gut. Die Industrie bietet vielfältigste Produkte auf dem Weltmarkt an. 1989 befreite sich das Land aus der Abhängigkeit von der ➡ Sowjetunion. Die Hauptstadt Budapest liegt an den Ufern der ➡ Donau.

Universität

Unter einer Universität versteht man eine wissenschaftliche Hochschule (➡ Schule), an der in verschiedenen Wissenschaften Forschung und Lehre betrieben wird. Um an einer Universität studieren zu können, muss man in der Regel den Schulabschluss Abitur haben. Die ersten Universitäten gab es bereits im ➡ Mittelalter. Nur Männer durften sie besuchen.

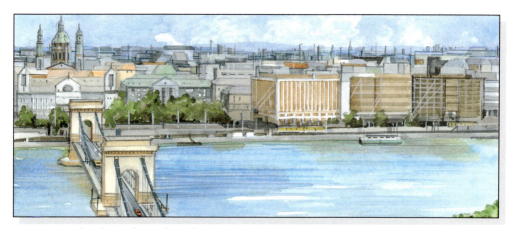
Erst 1872 wurden die Städte Buda und Pest zur Stadt Budapest vereint.

U

Urwald

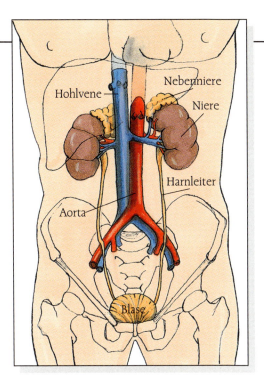

Der Urin wird in der Blase gesammelt. Wenn diese voll ist, wird er durch die Harnröhre ausgeschieden.

Uran

Uran zählt zu den schwersten ➡ Metallen. Es ist äußerst aktiv: Ständig zerfallen seine Atomkerne. Dabei entstehen radioaktive Strahlen. Uran ist der Grundstoff für ➡ Atombomben und Brennstäbe in ➡ Atomkraftwerken.

Ureinwohner

Ureinwohner sind jene Menschen, die ursprünglich in einem bestimmten Gebiet lebten, bevor andere auch dort ansässig wurden. So sind zum Beispiel die ➡ Indianer die Ureinwohner Amerikas.

Urin

Urin oder Harn gehört zu den Ausscheidungsprodukten von Menschen und Tieren. Urin wird in der Niere gebildet und in der Harnblase gesammelt. Im Urin sind Abfallprodukte des ➡ Körpers, zum Beispiel ➡ Salze, enthalten.

Urmensch

Die ersten Menschen werden Urmenschen genannt. Sie lebten zum Beispiel in der ➡ Steinzeit.

Urne

In einer Urne wird die Asche von Menschen aufbewahrt, die nach ihrem Tod nicht begraben, sondern verbrannt worden sind. Urne nennt man außerdem das Behältnis, in das bei Wahlen die ausgefüllten Stimmzettel eingeworfen werden.

Urwald

Als Urwald bezeichnet man einen vollkommen naturbelassenen Wald, in den der Mensch nicht eingegriffen hat. In Urwäldern gibt es zahlreiche Arten von Tieren und Pflanzen. Ein typischer Urwald ist zum Beispiel der ➡ Regenwald in ➡ Südamerika oder auch die Nadelwälder in Kanada.

V

Vampir

Vampir

In ➡ Südamerika lebt eine Fledermausart, die man als Vampir bezeichnet. Vampirfledermäuse ritzen die Haut von Säugetieren und Menschen und lecken deren Blut. Die Vampirfledermaus wurde zum Vorbild für die gruseligen Horrorwesen in Buch und Film.

Vanille

Die getrockneten Schoten der tropischen Orchideengattung Vanille liefern das wohlschmeckende Küchengewürz.

Vampirfledermaus

Vatikan

Der Vatikan ist das kleinste Land der Welt. Es liegt inmitten der italienischen Hauptstadt Rom. Spenden von Gläubigen aus aller Welt, Verkauf von Münzen und Briefmarken finanzieren die Verwaltung, einen eigenen Radiosender und eine Tageszeitung. Staatsoberhaupt des Vatikans ist der ➡ Papst.

Vegetarier

Vegetarier sind Menschen, die kein Fleisch essen. Dies kann gesundheitliche, ethische oder religiöse Gründe haben.

Verdauung

Unser ➡ Körper zerlegt die aufgenommene Nahrung in ihre einzelnen Bestandteile und wandelt sie in Stoffe um, die er aufnehmen und verwenden kann. Diesen Vorgang nennt man Verdauung.

Der komplizierte chemische Verdauungsprozess beginnt bereits beim Kauen. Im so genannten Magen-Darm-Trakt wird der Nahrungsbrei dann fast vollständig zerlegt. Vitamine, Mineralstoffe und Fette gelangen durch die Wände des Dünndarms in den Blutkreislauf. Der unverdauliche Rest wird über den ➡ After ausgeschieden.

Vereinigte Staaten

Die Vereinigten Staaten von Amerika heißen in englischer Sprache „United States of America" (gesprochen: juneitid stejts of ämärikä) und werden häufig als USA abgekürzt. Sie liegen in ➡ Nordamerika und sind der viertgrößte ➡ Staat der Erde. Zum Staatsgebiet gehören außer den 48 Bundesstaa-

Vererbung

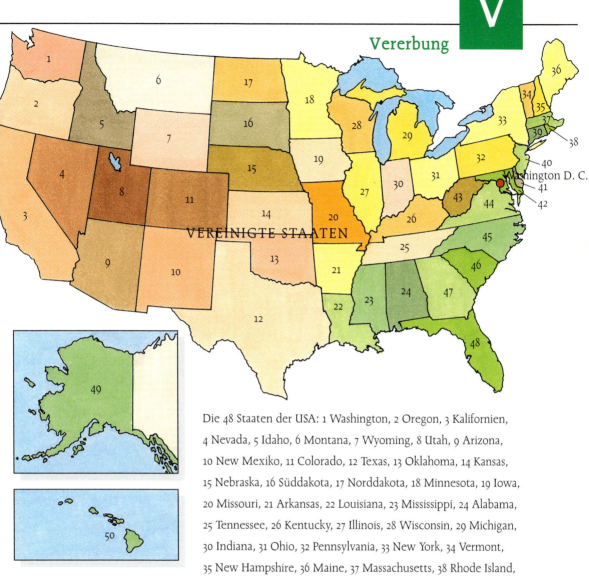

Die 48 Staaten der USA: 1 Washington, 2 Oregon, 3 Kalifornien, 4 Nevada, 5 Idaho, 6 Montana, 7 Wyoming, 8 Utah, 9 Arizona, 10 New Mexiko, 11 Colorado, 12 Texas, 13 Oklahoma, 14 Kansas, 15 Nebraska, 16 Süddakota, 17 Norddakota, 18 Minnesota, 19 Iowa, 20 Missouri, 21 Arkansas, 22 Louisiana, 23 Mississippi, 24 Alabama, 25 Tennessee, 26 Kentucky, 27 Illinois, 28 Wisconsin, 29 Michigan, 30 Indiana, 31 Ohio, 32 Pennsylvania, 33 New York, 34 Vermont, 35 New Hampshire, 36 Maine, 37 Massachusetts, 38 Rhode Island, 39 Connecticut, 40 New Jersey, 41 Delaware, 42 Maryland, 43 West Virginia, 44 Virginia, 45 North Carolina, 46 South Carolina, 47 Georgia, 48 Florida. 49 Alaska, 50 Hawaii

ten auch Alaska, Hawaii und einige abhängige Gebiete, zum Beispiel Puerto Rico. Die Hauptstadt der USA heißt Washington D.C.

Vererbung ....

Das Weitergeben von Merkmalen der Lebewesen an ihre Nachkommen wird als Vererbung bezeichnet. Träger der Erbanlagen sind die Gene. Die Vererbungslehre wurde 1865 erstmals von dem Biologen Gregor Mendel an Erbsen erforscht.

V

Verkehr

Verkehr ....

Alle Menschen, Fahrzeuge und Maschinen, die sich an Land auf Straßen oder ➡Schienen, auf dem Wasser oder in der Luft bewegen, gehören zum Verkehr. Man unterscheidet fünf unterschiedliche Verkehrsarten: Straßenverkehr, Eisenbahnverkehr, Seeverkehr (Güter- und Personenverkehr auf dem Meer), Binnenwasserstraßenverkehr (Güter- und Personenverkehr auf Flüssen und Seen) und Luftverkehr.

Früher haben die meisten Menschen ihre Heimat kaum verlassen. Waren aus anderen Ländern kannten sie oft nicht. Durch die modernen Verkehrsmittel ist es heute ohne Probleme möglich, die ganze Welt zu bereisen. Auch Waren und Lebensmittel aus aller Welt gibt es fast überall zu kaufen. Der moderne Transport- und Güterverkehr mit Fracht- und Containerschiffen, Güterzügen, Großraumflugzeugen sowie großen Lastkraftwagen ermöglicht den problemlosen und schnellen weltweiten Austausch von Waren und Nahrungsmitteln aller Art.

Leider hat der moderne Verkehr auch große Nachteile. Durch die ➡Abgase der Motoren wird die Umwelt stark belastet (➡Umweltschutz). Motorisierter Verkehr erzeugt immer

Verkehr

auch Lärm, der für Menschen und Tiere sehr störend ist und sie sogar krank machen kann. Besonders schlimm ist dies in Großstädten und in der Nähe stark befahrener Straßen oder im Umkreis von Flug-

sicher ist, gibt es so genannte Verkehrsregeln, die überall den Verkehrsablauf sichern sollen. So gilt bei uns die Straßenverkehrsordnung für alle, die am Straßenver-

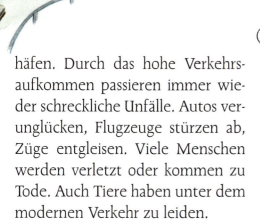

Verkehrszeichen:

1 Halt! Vorfahrt gewähren,

2 Autobahn,

3 Verbot für Fahrzeuge aller Art,

4 Gefahrenstelle,

5 Vorfahrtstraße.

Da es immer mehr Autos und Verkehrsteilnehmer gibt, muss der Straßenverkehr sehr genau geregelt werden. Die Verkehrsregeln müssen von jedem eingehalten werden, um Unfälle zu vermeiden.

häfen. Durch das hohe Verkehrsaufkommen passieren immer wieder schreckliche Unfälle. Autos verunglücken, Flugzeuge stürzen ab, Züge entgleisen. Viele Menschen werden verletzt oder kommen zu Tode. Auch Tiere haben unter dem modernen Verkehr zu leiden.

Damit der Verkehr möglichst kehr teilnehmen. Wenn immer mehr Menschen vom Auto auf das Fahrrad oder öffentliche Verkehrsmittel wie Bus, Straßenbahn und Eisenbahn umsteigen würden, könnte die Verkehrsbelastung deutlich gesenkt werden.

Verteidiger

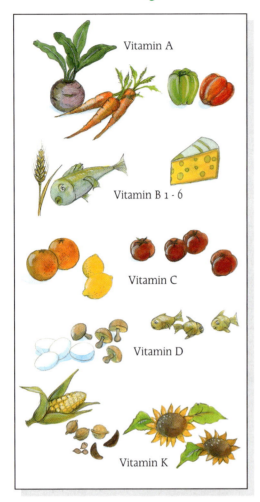

Unterschiedliche Vitamine sorgen dafür, dass man gesund bleibt. Sie kommen in verschiedenen Lebensmitteln vor.

Verteidiger

Ein Verteidiger vertritt vor ➡ Gericht die Interessen des Angeklagten. Der Verteidiger ist ein Rechtsanwalt (➡ Anwalt). Sein Gegner in einem Prozess vor ➡ Gericht ist der ➡ Staatsanwalt.

Vertrag

Eine schriftliche Vereinbarung zwischen Menschen, Einrichtungen oder ➡ Staaten wird Vertrag genannt. Wer einen Vertrag unterzeichnet hat, muss sich daran halten. Tut er es nicht, kann er vor ➡ Gericht gestellt werden.

Video

Das Wort „Video" bezeichnet eine Fernsehtechnik, bei der die Bildaufzeichnung magnetisch erfolgt. Mit einem Videorekorder (➡ Rekorder) lassen sich Fernsehsendungen auf Videokassetten aufnehmen und über das Fernsehgerät wiedergeben.

Virus

Das Virus ist ein besonders kleiner Krankheitserreger. Beispielsweise werden Masern, ➡ Schnupfen und ➡ Grippe durch Viren ausgelöst. Als Viren werden aber auch Programmfehler im ➡ Computer bezeichnet. Diese Computerviren können andere Programme beschädigen und unbrauchbar machen.

Vitamin

Vitamine sind Wirkstoffe, die der ➡ Körper für lebenswichtige Vorgänge braucht. Sie können vom

V
Vulkan

Körper nicht selbst gebildet werden und müssen mit der Nahrung aufgenommen werden.

den Ball so über das Netz schlagen, dass er im gegnerischen Feld den Boden berührt.

Völkerwanderung

Vom 2. bis 6. Jahrhundert nach Christus wurden verschiedene Völker ➡ Europas aus ihren ursprünglichen Siedlungsräumen vertrieben. Sie wanderten im Laufe der Zeit vom Norden und Osten Europas in den Westen und Süden. Dies bezeichnet man als Völkerwanderung.

Volleyball

(gesprochen: wollibal). Volleyball ist ein Mannschaftsspiel. Die Spieler müssen

Vollwertkost

Vollwertkost nennt man möglichst naturbelassen zubereitete Nahrungsmittel.

Vulkan

Ein Vulkan ist ein Berg, aus dem flüssiges Gestein (Lava) und Gase aus dem Erdinneren austreten. Das Loch in seinem Gipfel bezeichnet man als Vulkankrater.

1 Hauptschlot
2 Seitenschlot
3 Schlacke/Asche
4 Verfestigte Lavaschichten

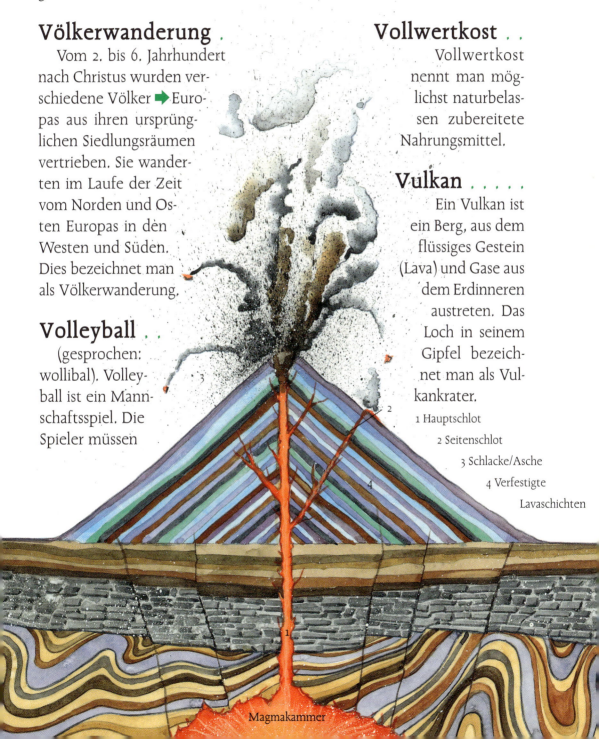

Magmakammer

Wachs

Wachs
Natürliches Wachs stammt von Bienen oder Pflanzen. Auch in ➡Erdöl sind Wachse enthalten. Man kann Wachs auch künstlich produzieren. Aus Wachs kann man zum Beispiel Kerzen oder Salben herstellen.

Waffe
Kampfgeräte aller Art werden als Waffen bezeichnet. Man benutzt sie bei der Jagd, bei sportlichen Wettkämpfen, aber auch bei gewalttätigen und kriegerischen Auseinandersetzungen (➡Krieg).

Währung
Der Begriff Währung ist die Bezeichnung für das ➡Geld eines ➡Staates.

Verschiedene Waffen:
1 Keule, 2 Pfeil und Bogen,
3 Schwert, 4 Armbrust mit Pfeil,
5 Kanone, 6 Tromblon, 7 Maschinenpistole, 8 Rakete mit nuklearem Sprengkopf.

Weißrussland

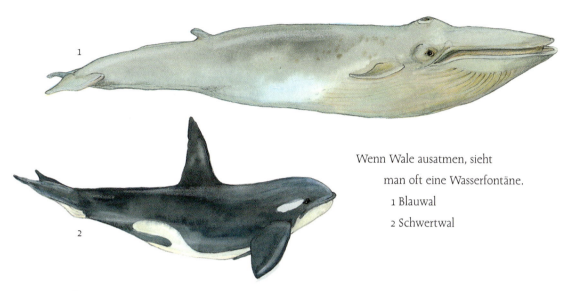

Wenn Wale ausatmen, sieht man oft eine Wasserfontäne.
1 Blauwal
2 Schwertwal

Wal

Zwar sehen Wale den Fischen ähnlich und leben im Wasser, sie sind jedoch ➡ Säugetiere. Wale atmen durch Lungen und können über eine Stunde lang tauchen. Der Blauwal ist das größte Säugetier der Welt. Obwohl Wale unter Schutz stehen, werden sie auch heute noch gejagt und getötet. Die meisten Arten sind deshalb vom Aussterben bedroht.

Wasser

Chemisch gesehen ist Wasser eine Verbindung von zwei Teilen Wasserstoff und einem Teil ➡ Sauerstoff. Ohne Wasser wäre kein Leben auf der Erde möglich. Fast drei Viertel der Erdoberfläche sind von Wasser bedeckt. Durch die Wärme der Sonne verdunstet es vor allem über den Meeren (➡ Meer). Es wird zu Wasserdampf und bildet ➡ Wolken, aus denen es wieder auf die Erde regnet.

Weihnachten

Am 24./25. Dezember begehen die Christen das Fest von Christi Geburt. Es ist allerdings nicht geklärt, an welchem Tag ➡ Jesus Christus tatsächlich geboren wurde.

Weißrussland

Weißrussland liegt in Osteuropa. Seit 1991 ist es ein unabhängiger Staat. Zuvor gehörte es zur ➡ Sowjetunion. Die Hauptstadt Weißrusslands heißt Minsk.

Weltall

Weltall . . . .

Das Weltall, auch Universum oder Kosmos genannt, umfasst den gesamten Weltraum und ist von unvorstellbarem Ausmaß. Niemand kann bisher seine genaue Größe bestimmen.

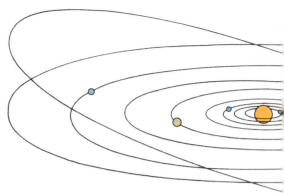

Die Erde umkreist die Sonne auf festen Bahnen.

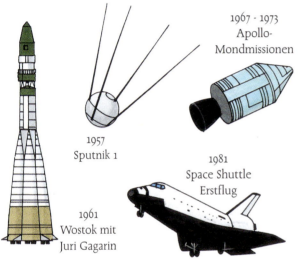

1957 Sputnik 1

1961 Wostok mit Juri Gagarin

1967 - 1973 Apollo-Mondmissionen

1981 Space Shuttle Erstflug

Sternstunden der Raumfahrt

zelner Sterne. In der Galaxis Milchstraße befindet sich unser Sonnensystem. Darin ist die ➡ Erde einer von neun Planeten, die die Sonne umkreisen. Ein Planet ist ein Himmelskörper, der nicht leuchtet. Nur auf Planeten ist die Entwicklung von Leben möglich.

Planeten werden oft von Monden begleitet. So wird auch unsere Erde von einem Mond umkreist.

Wissenschaftler gehen davon aus, dass vor etwa 20 Millionen Jahren die gesamte Materie des Weltalls an einem Punkt vereinigt war. Durch eine gewaltige Explosion, den so genannten Urknall, wurde sie in alle Richtungen geschleudert. Die Materie kühlte sich allmählich ab und bildete Monde, ➡ Sterne und Planeten. Das Weltall war entstanden. Es gibt Milliarden Sternsysteme, die so genannten Galaxien, mit wiederum Millionen ein-

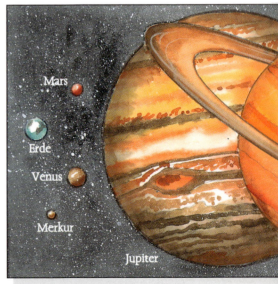

In unserem Sonnensystem gibt es neun Planeten.

Sonne

W

Weltwunder

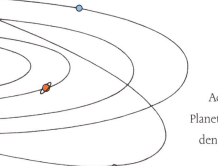

Acht weitere Planeten umrunden die Sonne.

Seine Oberfläche ist von vielen Kratern einst aktiver ➡Vulkane und von ringförmigen ➡Gebirgen überzogen. Es gibt weder ➡Wasser noch eine Lufthülle (➡Luft). Die Temperaturen an seiner Oberfläche schwanken zwischen 120 Grad Celsius in der Sonne und -160 Grad Celsius im Schatten. Schon immer träumten Menschen davon, den Weltraum zu erkunden. Doch erst Mitte des 20. Jahrhunderts begann das Zeitalter der Raumfahrt. 1957 wurde der erste ➡Satellit gestartet. 1961 umrundete der russische Kosmonaut Juri Gagarin als erster Mensch in einer ➡Rakete die Erde. Sieben Jahre später betrat der Amerikaner Neil Armstrong den Mond. Heute gibt es regelrechte Weltraumstationen, in denen Menschen monatelang leben. Die meisten Einsätze und Erfolge haben die Astronauten der ➡Vereinigten Staaten von Amerika vorzuweisen.

1

Weltwunder

Im ➡Altertum nannte man die am meisten bewunderten Bauwerke die sieben Weltwunder. Es waren die Pyramiden von Gise, die Hängenden Gärten der Semiramis in Babylon, die Zeusstatue in Olympia, der Artemistempel von Ephesus, das Grabmal des Königs Mausolos, der Koloss von Rhodos und der Leuchtturm von Pharus.

1 Am 20. Juli 1969 betritt der erste Mensch den Mond.

Werft

Werft
Auf einer Werft baut und repariert man Schiffe. Dies kann in einem ➡Dock oder auf einer Helling geschehen. Die Helling ist eine ebene Fläche, die zum Wasser hin abfällt. So können die fertig gebauten Schiffe beim Stapellauf auf einer Art Rutschbahn ins Wasser gleiten. Vor dem Stapellauf wird ein Schiff mit einer Flasche Sekt getauft.

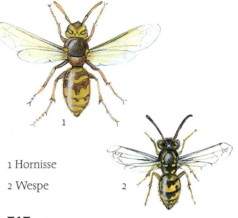

1 Hornisse
2 Wespe

Wespe
Wespen sind wegen ihres Stachels gefürchtet. Allerdings stechen sie nur, wenn sie in Gefahr sind oder sich bedroht fühlen. Beim Nestbau kleben sie abgenagte Holzsplitter mit Speichel zusammen.

Wetter
Das Wetter bezeichnet den augenblicklichen Zustand der Lufthülle der ➡Erde. Dazu gehören Erscheinungen wie ➡Regen, Sonnenschein, Schneefall (➡Schnee) und ➡Gewitter. Sie hängen stark vom Luftdruck ab. Dieser Name bezeichnet das Gewicht, mit dem die Luft auf die Erde drückt. Er wird mit einem ➡Barometer gemessen. In einem so genannten Hochdruckgebiet scheint meist die Sonne, während es in einem Tiefdruckgebiet viel regnet.

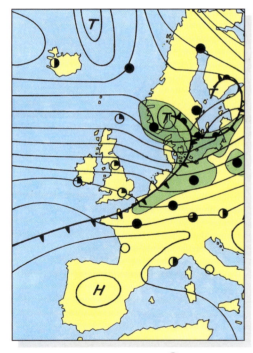

- Warmfront
- H Hochdruckgebiet
- Kaltfront
- T Tiefdruckgebiet
- Okklusion
- Isobaren
- Wolkenlos
- Heiter
- Halbbedeckt
- Wolkig
- Bedeckt
- Niederschlag

Wikinger

Die Wikinger oder Normannen, was so viel heißt wie „Nordmänner", lebten etwa vom 8. bis 11. Jahrhundert nach Christus im heutigen Dänemark, Schweden und Norwegen. Mit ihren Drachenschiffen befuhren sie die europäischen Meere und plünderten Dörfer und Städte. Später wurden sie sesshaft und gründeten Siedlungen in England, ➡ Irland und ➡ Frankreich.

Windmühle

Windmühlen mit vier Flügeln waren die ersten Windkraftwerke. Die Flügel der Windmühlen waren aus Holz und mit Segeltuch bespannt oder mit Brettern abgedeckt. Über ein Zahnradgetriebe wurde die eigentliche Mahlmaschine in Bewegung gesetzt. Mit diesen Mahlmaschinen wurde dann das Korn zu feinem Mehl gemahlen. Vor allem im holländischen und norddeutschen Küstengebiet gab es im 18. und 19. Jahrhundert viele tausend Windmühlen.

Heute werden große, moderne Windmühlen mit drei riesigen Flügeln als Windkraftanlagen zur umweltfreundlichen Gewinnung von ➡ Energie eingesetzt.

Wolf

Wölfe sind die Vorfahren unserer Hunde. Sie sind ➡ Raubtiere mit grauem bis braunem Fell und ähneln großen Schäferhunden. Wölfe waren in ganz ➡ Europa verbreitet, seit etwa 100 Jahren aber kommen sie nur noch in wenigen abgelegenen Gebieten vor.

Wolke

Wolken bestehen aus winzigen Wassertröpfchen oder Eiskristallen. Sie schweben in der Luft und fallen irgendwann als ➡ Regen, ➡ Hagel oder ➡ Schnee herab.

Wolle

Alle tierischen Haare, die versponnen werden, nennt man Wolle. Am meisten Wolle liefern Schafe. Ein- bis zweimal im Jahr werden sie geschoren. Dann wird die Wolle gereinigt, gekämmt, gefärbt und gesponnen. ➡ Baumwolle stammt von den Samenfäden der Baumwollfrucht.

Wölfe leben in Rudeln zusammen.

X-Beine

X-Beine

Wachsen die Beine eines Menschen nicht gerade, sondern sind leicht nach außen gekrümmt, sprechen wir von X-Beinen. Das Gegenteil davon sind O-Beine. Meist kommen Babys mit leichten O-Beinen zur Welt und haben dann zwischen dem zweiten und fünften Lebensjahr leichte X-Beine. Bilden sie sich nicht zurück, kann dies an Vitaminmangel (➡ Vitamin) liegen.

Xylofon

Das Xylofon ist ein Schlaginstrument (➡ Schlagzeug). Platten aus Holz oder Metall von verschiedener Tonhöhe werden mit zwei Holzschlägeln angeschlagen und so zum Klingen gebracht. Xylofone sind bei vielen Naturvölkern bekannt. Heute kommen sie auch in modernen Orchestern zum Einsatz. Besonders der Komponist Carl Orff hat das Xylofon zur Grundlage der musikalischen Früherziehung gemacht.

Yeti

Angeblich soll im asiatischen (➡ Asien) Gebirge ➡ Himalaja ein tierähnlicher Schneemensch, der Yeti, leben. Bis heute ist aber nicht geklärt, ob es ihn wirklich gibt.

Yoga

Yoga ist eine Form der ➡ Meditation, die aus Indien stammt. Dabei kann man sich durch Atem-, Gymnastik- und andere Übungen entspannen und viel für sein körperliches Wohlbefinden tun.

Zahn

Zähne sind knochenähnliche Kauwerkzeuge. Neugeborene kommen fast immer zahnlos auf die Welt. Erst ab dem sechsten Lebensmonat entsteht das so genannte Milchgebiss. Dieses wird ab dem sechsten Lebensjahr von den bleibenden Zähnen abgelöst. Ein vollständiges Gebiss besteht aus 32 Zähnen: acht Schneidezähnen, vier Eckzähnen, 20 Backenzähnen und vier Weisheitszähnen ganz hinten im Kiefer.

Xylofon

Zins

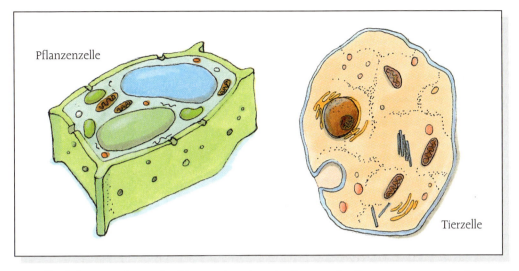

Tierzellen haben eine dünne, flexible Membran (Haut). Pflanzenzellen besitzen dagegen eine feste Zellwand. Im Inneren liegen der Zellkern und die Mitochondrien, die die Zelle mit Energie versorgen.

Zahnradbahn

Bei einer Zahnradbahn ist zwischen den ➡Schienen eine Zahnstange verlegt. In diese greift während der Fahrt ein elektrisch angetriebenes Zahnrad, das sich unter der Lokomotive befindet.

Zecke

Die zu den ➡Milben gehörenden Zecken sind Blutsauger. Sie bohren ihren Kopf unter die ➡Haut von Menschen und ➡Säugetieren und saugen sich voll. Wenn sie satt sind, fallen sie ab. Zecken übertragen gefährliche Krankheiten. Gegen die gefährlichste, eine Entzündung der Hirnhaut (➡Gehirn), gibt es eine ➡Impfung.

Zelle

Der kleinste Baustein der ➡Körper aller Lebewesen ist die Zelle. Die meisten Zellen werden nur wenige hundertstel Millimeter groß und sind nur unter dem ➡Mikroskop sichtbar. Im Zellkern befinden sich die Gene, auf denen die Erbinformation gespeichert ist.

Zins

Ein Bankkunde, der ➡Geld auf sein Sparkonto einzahlt, erhält von der Bank zusätzlich Geld. Dieses Geld nennt man Zinsen. Wer einen ➡Kredit aufnimmt, muss den ausgeliehenen Betrag zurückzahlen und darüber hinaus Zinsen, das heißt Leihgebühren, bezahlen.

Z

Zirkus

Musiker · Löwe · Dompteur · Jongleur · Direktor · Hochradartis[t]

Zirkus

Das Wort „Zirkus" kommt aus dem Lateinischen und bedeutet „Kreis". Bei den Römern war der Zirkus eine kreisförmige oder ovale Bahn, auf der Pferde- und Wagenrennen ausgetragen wurden.

In einem modernen Zirkus treten unter einem großen Zelt die unterschiedlichsten Artisten auf. Die Auftrittsfläche wird Arena oder Manege (gesprochen: maneesche) genannt. Sie ist rund und liegt mitten im Zirkuszelt.

Um die Manege herum befinden sich die Zuschauerplätze.

Die Zirkuskünstler erlernen durch stetes Üben große Geschicklichkeit und spezielles Können, zum Beispiel im Jonglieren (gesprochen: schonglieren) oder im Seiltanz. Der Spaßmacher im Zirkus ist der Clown (gesprochen: klaun). Oft kann er auch singen, tanzen, musizieren und jonglieren.

Beim Zirkus arbeiten nicht nur Künstler, sondern auch ganz normale Arbeiter, die zum Beispiel das Zelt auf- und abbauen.

Zirkus

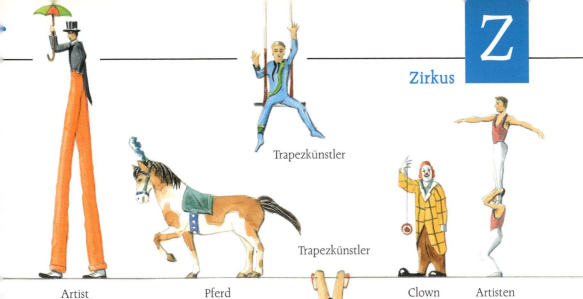

Artist · Pferd · Trapezkünstler · Clown · Artisten

Wenn man Tieren ein bestimmtes Verhalten beibringt, spricht man von Dressur. Im Zirkus sieht man Dompteure (gesprochen: domtöre) mit allen möglichen Tierdressuren. Tiger springen zum Beispiel durch brennende Reifen oder Elefanten machen Kopfstand. Zum Schutz der Zuschauer – vor allem bei Raubtierdressuren – werden Gitter um die Manege gebaut. Nicht immer lernen die Zirkustiere durch Lob und Belohnung oder gutes Zureden. Oft werden sie gepeinigt, bis sie ein bestimmtes Verhalten angenommen haben oder Kunststücke beherrschen. Die Zirkustiere kann man zwischen ihren Auftritten in der Manege in einer Tierschau besichtigen. Ein Wanderzirkus zieht von Stadt zu Stadt. Jedes Mal muss das Zelt neu aufgeschlagen werden. Meist vergehen einige Tage, bis die erste Vorstellung beginnen kann. Die Zirkuskünstler leben in Wohnwagen. Nur im Winter ziehen sie in feste Quartiere. Manchmal wechseln die Kinder der Artisten als Wanderschüler alle paar Tage die Schule.

In großen Städten gibt es auch Zirkusunternehmen, die in festen Hallen auftreten. Aber auch sie gehen immer wieder auf Tournee (gesprochen: turnee), das heißt, auf Reisen.

Z

Zitat

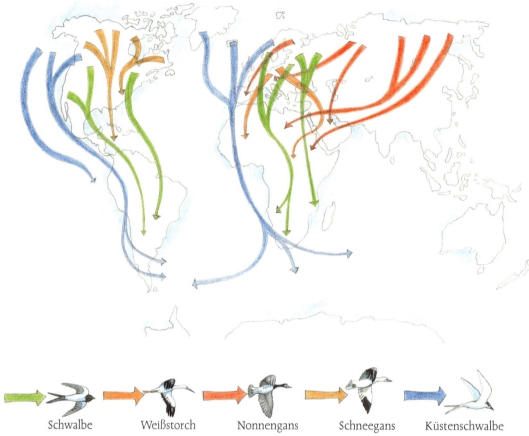

Zugvögel fliegen auf festen Routen in den Süden. Der Streckenverlauf ist entweder vererbt oder erlernt.

Zitat

Werden zusammenhängende Worte oder Sätze, die ein anderer Mensch gesagt oder geschrieben hat, wortwörtlich wiederholt, ist dies ein Zitat. Es muss als solches deutlich gekennzeichnet sein.

Zoll

Zoll muss man bezahlen, wenn man von einem Land in ein anderes reist und dabei Waren über die Grenze bringt. Zölle dienten als Schutz davor, dass billige Waren aus anderen Ländern eingeführt wurden. In ➡ Europa gehen solche Einfuhrzölle, die an der jeweiligen Staatsgrenze verlangt werden, immer mehr zurück. Die Zollbeamten haben nun vor allem die Aufgabe zu kontrollieren, ob verbotene Waren über die Grenze gebracht werden, zum Beispiel ➡ Rauschgift oder Diebesgut.

Z

Zypern

Zoo

In einem zoologischen Garten, kurz Zoo genannt, werden Tiere gehalten und können von den Menschen betrachtet werden. Ein paar Tierarten, die in der Natur bereits ausgestorben sind, überleben heute nur noch in Zoos.

Zucker

Zucker schmeckt süß und besteht aus Kohlenstoff, ➡ Sauerstoff und Wasserstoff. Er gehört zu den ➡ Kohlenhydraten und wird in Pflanzen gebildet. Wenn man von Zucker spricht, meint man meist den so genannten Haushaltszucker, der vor allem aus Zuckerrohr und Zuckerrüben gewonnen wird.

Zugspitze

Die Zugspitze ist mit 2962 Metern der höchste Berg ➡ Deutschlands. Quer über den Gipfel verläuft die Grenze zwischen Deutschland und ➡ Österreich.

Zugvögel

Viele Vogelarten, zum Beispiel Schwalben, Wildgänse, Störche und Kraniche, ziehen im Herbst nach Süden in wärmere Regionen. Manche fliegen dabei tausende Kilometer weit bis nach ➡ Afrika. Erst wenn bei uns der Winter vorbei ist, kommen sie wieder zurück. Diese Vögel nennt man Zugvögel.

Zylinder

Das Wort „Zylinder" hat drei verschiedene Bedeutungen: Zum einen ist ein Zylinder (1) ein hohler Körper in Form einer Röhre. Ein Zylinder (2) kann aber auch ein Hut sein. Schließlich ist ein Zylinder (3) der Hohlkörper, in dem sich zum Beispiel der Kolben in Automotoren bewegt.

Zypern

Da die Insel Zypern nur 65 Kilometer von Kleinasien (➡ Türkei) entfernt liegt, gehört sie geografisch zu ➡ Asien. Politisch wird sie aber ➡ Europa zugerechnet. Seit dem Bürgerkrieg (➡ Krieg) von 1974 ist Zypern geteilt. Der Norden ist türkisch besetzt, der Südteil ist griechisch.

1   2   3

Register

A

Aasfresser ➡ Aas 6
Abhängigkeit ➡ Sucht 219
Aborigines ➡ Australien 30
Adria ➡ Italien 129
Adventisten ➡ Sekte 209
Airbag ➡ Auto 32
Alaska ➡ Vereinigte Staaten
von Amerika 236
Algarve ➡ Portugal 182
Allah ➡ Islam 128
Alufolie ➡ Aluminium 18
Amalgam ➡ Quecksilber . . . 185
Amphibie ➡ Kröte 146
Amsterdam ➡ Niederlande . 167
Anden ➡ Gebirge 101
Ankara ➡ Türkei 229
Antarktis ➡ Südpol 219
Anthropologie ➡ Biologie . . . 47
Antiblockiersystem ➡ Auto . . 32
Antikörper ➡ Impfung 122
Appendix ➡ Blinddarm 50
Araber ➡ Afrika 10
Archipel ➡ Insel 126
Architektur ➡ Architekt . . . 25
Arterie ➡ Ader 8
Astronaut ➡ Weltall 244
Athen ➡ Olympische Spiele . 170
Äther ➡ Narkose 166
Atlantik ➡ Meer 158
➡ Ostsee 173
Atlantischer Ozean ➡ Meer . 158
➡ Nordsee 168
Atoll ➡ Koralle 139
Atombombe ➡ Uran 235
Atomkern ➡ Radioaktivität . 186
Azoren ➡ Portugal 182

B

Baden-Württemberg
➡ Deutschland 66
Balearen ➡ Spanien 214
Baltikum ➡ Lettland 149
Baptisten ➡ Sekte 109
Baumgrenze ➡ Gebirge . . . 101
Baumwolle ➡ Plantage 179
Bauxit ➡ Aluminium 18
Bayerischer Wald ➡ Gebirge . 101
Bayern ➡ Deutschland 66
Beatmusik ➡ Rockmusik . . . 194
Benzinmotor ➡ Diesel 69
Berlin ➡ Deutschland 66
Bern ➡ Schweiz 206
Betäubungsmittel ➡ Narkose . 166
Bethlehem ➡ Jesus 130
Bistum ➡ Bischof 48
Blasinstrument ➡ Flöte 96
Blattern ➡ Pocken 179
Blattgrün ➡ Algen 13
➡ Blatt 48

Blechblasinstrument
➡ Trompete 228
Blutgruppe ➡ Blut 50
Blutkörperchen ➡ Blut 50
Blutkreislauf ➡ Körper . . . 140
Blutplasma ➡ Blut 50
Blutzelle ➡ Blut 50
Botanik ➡ Biologie 47
Botschafter ➡ Diplomat . . . 69
Brandenburg ➡ Deutschland . 66
Bremen ➡ Deutschland 66
Bronchitis ➡ Asthma 27
Brüssel ➡ Belgien 44
Brutkasten ➡ Geburt 101
Buchdruck ➡ Buch 54
Budapest ➡ Ungarn 234
Buddha ➡ Buddhismus 54
Bukarest ➡ Rumänien 195
BUND ➡ Umweltschutz . . . 232
Bürgerkrieg ➡ Irland 127
➡ Krieg 145

C

Canberra ➡ Australien 30
Cäsar ➡ Kaiser 132
Chinesische Mauer ➡ China . . 58
Chloroform ➡ Narkose 166
Chlorophyll ➡ Algen 13
➡ Blatt 48
Cholera ➡ Impfung 122
Christentum ➡ Gott 110

D

DDR ➡ Deutschland 66
Den Haag ➡ Amsterdam . . . 20
Deutsche Demokratische Republik ➡ Deutschland 66
Dieselmotor ➡ Diesel 69
Dolomiten ➡ Italien 129
Donner ➡ Gewitter 106
Dopingkontrolle ➡ Doping . . 72
Drahtseilbahn ➡ Seilbahn . . 209
Dresden ➡ Deutschland . . . 66
Drohne ➡ Honigbiene 119
Dublin ➡ Irland 127
Durchblutung ➡ Sauna . . . 199
Düsentriebwerk ➡ Flugzeug . 96
Düsseldorf ➡ Deutschland . . 66

E

Ebbe ➡ Gezeiten 107
➡ Meer 158
Edelkastanie ➡ Kastanie . . . 134
Edelmetall ➡ Gold 109
EDV ➡ Computer 59
Eiland ➡ Insel 126
Einfuhrzoll ➡ Zoll 252
Eisenzeit ➡ Eisen 80
Eiskristall ➡ Schnee 203
Eizelle ➡ Befruchtung 42

Elektronenmikroskop
➡ Mikroskop 161
Elektronische Datenverarbeitung
➡ Computer 59
Entwicklungshilfe
➡ Dritte Welt 73
Entwicklungsland
➡ Dritte Welt 73
Erdumlaufbahn ➡ Satellit . . 198
Erfurt ➡ Deutschland 66
Erpel ➡ Ente 84
Erzgebirge ➡ Gebirge 101
Esskastanie ➡ Kastanie . . . 134
EU ➡ Europa 88
Eukalyptusbaum
➡ Australien 30
Euro ➡ Europa 88
Europäische Union ➡ Europa . 88

F

Fastnacht ➡ Fasching 91
➡ Ostern 173
Festplatte ➡ Computer 59
Flut ➡ Gezeiten 107
➡ Meer 158
Funksprechgerät ➡ Funk . . . 99
Fußpilz ➡ Pilz 178

G

Galaxie ➡ Weltall 244
Geigerzähler
➡ Radioaktivität 186
Gene ➡ Vererbung 237
➡ Zelle 249
Geräuschinstrument
➡ Schlagzeug 201
Geschlechtsmerkmale
➡ Pubertät 183
Geschlechtsreife ➡ Pubertät . 183
Geysir ➡ Island 129
Gletscher ➡ Fjord 95
Götter ➡ Altar 17
Greenpeace ➡ Umweltschutz . 232
Gregorianischer Kalender
➡ Kalender 133
Grönland ➡ Eskimo 87
➡ Nordamerika 168
Großglockner ➡ Österreich . 173

H

Halbinsel ➡ Insel 126
Hamburg ➡ Deutschland . . . 66
Hannover ➡ Deutschland . . 66
Hardware ➡ Computer 59
Harz ➡ Gebirge 101
Hautkrebs ➡ Sonnenbrand . 213
Hawaii ➡ Vereinigte Staaten von
Amerika 236
Hefepilz ➡ Pilz 178
Helium ➡ Ballon 37

Register

Helsinki ➔ Finnland 95
Hessen ➔ Deutschland 66
Heuschnupfen ➔ Allergie . . 15
Hinduismus ➔ Indien 122
Hiroshima ➔ Atombombe . . 28
Hochdruckgebiet ➔ Wetter 246
Hochofen ➔ Eisen 80
Höhlenmalerei ➔ Steinzeit . 216
Hormonhaushalt ➔ Körper . 140
Hülsenfrucht ➔ Eiweiß 82
 ➔ Sojabohne 212

I
Indio ➔ Indianer 124
Indischer Ozean ➔ Meer . . . 158
Industrialisierung
 ➔ Industrie 123
Industrielle Revolution
 ➔ Industrie 123
Infektionskrankheit
 ➔ Grippe 111
Insulin ➔ Hormon 119
Iris ➔ Auge 29
Istanbul ➔ Europa 88

J
Jerusalem ➔ Israel 129
Journalist ➔ Interview 127
Judenstern ➔ Davidstern . . 63
Jugoslawien ➔ Kroatien . . . 145
 ➔ Makedonien 152
 ➔ Slowenien 212

K
Kaffee ➔ Plantage 179
Kaiserschnitt ➔ Geburt . . . 101
Kammerorchester
 ➔ Orchester 172
Kanada ➔ Nordamerika . . . 168
 ➔ Urwald 235
Kanarische Inseln ➔ Spanien 214
Karfreitag ➔ Ostern 173
Karpaten ➔ Polen 179
 ➔ Rumänien 195
Karwoche ➔ Ostern 173
Kaulquappe ➔ Frosch 98
Kautschukbaum ➔ Gummi . 111
Kernspaltung ➔ Kernenergie 135
Kiel ➔ Deutschland 66
Kiew ➔ Ukraine 231
Kinderlähmung ➔ Impfung . 122
Kischinew ➔ Moldawien . . . 162
Knochenflöte ➔ Flöte 96
Kochsalz ➔ Salz 197
Koffein ➔ Energy-Drink . . . 83
 ➔ Tee 222
Kohlendioxid ➔ Atmung . . . 28
Kohlenhydrate ➔ Fett 93
Kohlenstoff ➔ Zucker 253
Kopenhagen ➔ Dänemark . 63

Korallenbank ➔ Koralle . . . 139
Korallenriff ➔ Koralle 139
Koran ➔ Islam 128
Korkeiche ➔ Portugal 182
Kosmonaut ➔ Weltall 244
Kosmos ➔ Weltall 244
Krankheitserreger ➔ Virus . 240
Kurzschrift ➔ Stenografie . . 217

L
Laibach ➔ Slowenien 212
Lappe ➔ Finnland 95
Lava ➔ Vulkan 241
Legierung ➔ Bronze 53
Letter ➔ Buch 54
Lichtgeschwindigkeit
 ➔ Geschwindigkeit 106
Lira ➔ Italien 129
Lissabon ➔ Portugal 182
London ➔ Europa 88
 ➔ Großbritannien 111
 ➔ U-Bahn 230
Lübeck ➔ Ostsee 173
Luftdruck ➔ Barometer . . . 39
 ➔ Wetter 246
Lungenkreislauf ➔ Körper . 140
Luxemburg-Stadt
 ➔ Luxemburg 151

M
Madeira ➔ Portugal 182
Madrid ➔ Spanien 214
Magdeburg ➔ Deutschland . 66
Mainz ➔ Deutschland 66
Mais ➔ Azteken 35
Marone ➔ Kastanie 134
Masern ➔ Ausschlag 30
 ➔ Virus 240
Maya ➔ Indianer 124
Mecklenburg-Vorpommern
 ➔ Deutschland 66
Mekka ➔ Islam 128
Menschenrechte
 ➔ Amnesty International . 19
Messias ➔ Judentum 131
Mexiko ➔ Azteken 35
Milchstraße ➔ Weltall 244
Minarett ➔ Islam 128
Mineralsalze ➔ Mineralstoffe 161
Minsk ➔ Weißrussland 243
Mittelamerika
 ➔ Nordamerika 168
Mohammed ➔ Islam 128
Mormonen ➔ Sekte 209
Morsezeichen ➔ SOS 213
Moschee ➔ Islam 128
Moskau ➔ Russland 195
Muezzin ➔ Islam 128
München ➔ Deutschland . . 66
Muttermal ➔ Pigment 178

N
Nachrichtensatellit ➔ Satellit 198
Nagasaki ➔ Atombombe . . 28
Nationalismus
 ➔ Antisemitismus 22
Neu-Delhi ➔ Indien 122
Neues Testament ➔ Bibel . . 46
Neutronen ➔ Kernenergie . 135
New York ➔ U-Bahn 230
Niedersachsen ➔ Deutschland 66
Nisse ➔ Laus 148
Nitroglyzerin ➔ Dynamit . . 77
Nordirland
 ➔ Großbritannien 111
 ➔ Irland 127
Nordrhein-Westfalen
 ➔ Deutschland 66

O
Olympia
 ➔ Olympische Spiele . . . 170
Operette ➔ Oper 171
Organist ➔ Orgel 172
Oslo ➔ Norwegen 168
Ozonloch ➔ Ozon 173
Ozonschicht ➔ Ozon 173
 ➔ Umweltschutz 232

P
Palästina ➔ Jesus 130
Palästinenser ➔ Israel 129
Paris ➔ Europa 88
 ➔ Frankreich 98
Pazifik ➔ Meer 158
Pazifischer Ozean ➔ Meer . 158
Penicillin ➔ Antibiotika 22
Periskop ➔ U-Boot 230
Pest ➔ Bakterien 36
Pharao ➔ Ägypten 11
Pigment ➔ Haar 112
Pipeline ➔ Erdöl 86
Planet ➔ Erde 85
Pocken ➔ Impfung 122
Polarkreis ➔ Schweden . . . 206
Potsdam ➔ Deutschland . . . 66
Pottasche ➔ Seife 208
Prag ➔ Tschechien 229
Preßburg ➔ Slowakei 211
Puerto Rico ➔ Vereinigte Staaten
von Amerika 236
Puszta ➔ Ungarn 234
Pyrenäen ➔ Andorra 20

Q
Quarzsand ➔ Glas 108
 ➔ Porzellan 182

R
Radioaktive Strahlung
 ➔ Kernenergie 135

Z Register

Raffinerie ➜ Erdöl 96
Ramadan ➜ Islam 128
Rassismus ➜ Rasse 187
Rätoromanisch ➜ Schweiz . . 206
Regenbogen ➜ Regen 189
Regenbogenhaut ➜ Auge . . 29
Regenwald ➜ Afrika 10
Rheinland-Pfalz
    ➜ Deutschland 66
Rhythmusinstrument
    ➜ Schlagzeug 201
    ➜ Trommel 228
Riesengebirge ➜ Elbe 82
Riga ➜ Lettland 149
Rinderwahnsinn ➜ BSE . . . 53
Robin Wood
    ➜ Umweltschutz 232
Rocky Mountains ➜ Gebirge . 101
Rom ➜ Gladiator 108
    ➜ Italien 129
    ➜ Vatikan 236
Römisches Reich ➜ Altertum . 18
Röntgenstrahlen ➜ Röntgen . 194
Rosskastanie ➜ Kastanie . . . 134
Rostock ➜ Ostsee 173
Rotor ➜ Hubschrauber 120
Rückenmark
    ➜ Kinderlähmung 136

S
Saarbrücken ➜ Deutschland . 66
Saarland ➜ Deutschland . . . 66
Sabbat ➜ Judentum 131
Sachsen ➜ Deutschland 66
Sachsen-Anhalt
    ➜ Deutschland 66
Sahara ➜ Afrika 10
Same ➜ Finnland 95
San Marino ➜ Italien 129
Scanner ➜ Computer 59
Schallwelle ➜ Echo 78
Schattenbild ➜ Silhouette . . 210
Schimmelpilz ➜ Schimmel . . 201
Schleswig-Holstein
    ➜ Deutschland 66
Schnupfen ➜ Virus 240
Schottland ➜ Dudelsack . . . 75
    ➜ Fjord 95
    ➜ Großbritannien 111
Schulpflicht ➜ Schule 204
Schwarzer Tod ➜ Pest 176
Schwarzes Meer ➜ Donau . . 72
Schwarzwald ➜ Donau 72
Schweiß ➜ Salz 197
Schweißdrüse ➜ Drüse 75
Schwerin ➜ Deutschland . . . 66
Schwermetall ➜ Eisen 80
Schwimmdock ➜ Dock 70
Seidenspinner-Schmetterling
    ➜ Seide 208

Selbstverteidigung ➜ Judo . . 131
Siebenbürgen ➜ Rumänien . 195
Simultandolmetscher
    ➜ Dolmetscher 71
Sinnestäuschung
    ➜ Halluzination 113
Skalp ➜ Indianer 124
Skandinavien ➜ Finnland . . 95
    ➜ Fjord 95
    ➜ Nordsee 168
Skelett ➜ Knochen 137
    ➜ Körper 140
Smogalarm ➜ Smog 212
Snowboarden ➜ Ski 210
Soda ➜ Glas 108
Software ➜ Computer 59
Solarkollektor
    ➜ Solar-Energie 212
Solarzelle ➜ Solar-Energie . . 212
Sommerspiele
    ➜ Olympische Spiele 170
Sommersprossen ➜ Pigment . 178
Sonnensystem ➜ Weltall . . . 244
Spektralfarben ➜ Regen . . . 189
Spermien ➜ Samen 197
Sprengkapsel ➜ Dynamit . . 77
Squaw ➜ Indianer 124
Staatsgrenze ➜ Zoll 252
Staatsoberhaupt
    ➜ Bundespräsident 55
Sternsystem ➜ Weltall 244
Stiller Ozean ➜ Meer 158
Stockholm ➜ Schweden . . . 206
Stoffwechsel ➜ Sauna 199
Stralsund ➜ Ostsee 173
Stuttgart ➜ Deutschland . . . 66
Synagoge ➜ Judentum 131

T
Tagebau ➜ Bergbau 44
Talmud ➜ Judentum 131
Talsperre ➜ Damm 62
Tätowierung ➜ Tattoo 220
Taufe ➜ Sakrament 196
Taufpate ➜ Pate 176
    ➜ Taufe 221
Tempel ➜ Altar 17
Tenno ➜ Japan 130
Thermalquelle ➜ Quelle . . . 185
Thüringen ➜ Deutschland . . 66
Tiefbau ➜ Bergbau 44
Tiefdruckgebiet ➜ Wetter . . 246
Tiefenrausch ➜ Taucher . . . 221
Tipi ➜ Indianer 124
Tirana ➜ Albanien 12
Tokio ➜ Japan 130
Tollwut ➜ Fuchs 99
Tomahawk ➜ Indianer 124
Tomate ➜ Azteken 35
Toskana ➜ Italien 129

Transsilvanien ➜ Rumänien . 195
Tschechoslowakei
    ➜ Slowakei 211
Tuberkulose ➜ Bakterien . . . 36

U
United Nations ➜ UN . . . 234
United States of America ➜ Vereinigte Staaten von Amerika . 236
Universum ➜ Weltall 244
Unterernährung ➜ Hunger . . 121
Ural ➜ Asien 27
    ➜ Europa 88
Urheber ➜ Autor 34
Urknall ➜ Weltall 244
USA ➜ Nordamerika 168

V
Vaduz ➜ Liechtenstein 150
Valetta ➜ Malta 153
Vene ➜ Ader 8
Verbrennungsmotor ➜ Auto . 32
    ➜ Motorrad 163
Vereinte Nationen ➜ UN . . . 234
Verkehrsregeln ➜ Verkehr . . 238
Vulkanausbruch ➜ Vulkan . 241

W
Wahl ➜ Abgeordneter 7
Wales ➜ Großbritannien . . . 111
Warschau ➜ Polen 179
Washington D.C. ➜ Vereinigte Staaten von Amerika . . . 236
Wasserfarben ➜ Aquarell . . 24
Wattgebiet ➜ Nordsee 168
Wehen ➜ Geburt 101
Wellenreiten ➜ Surfen 219
Weltmeer ➜ Meer 158
Weltreligion ➜ Judentum . . 131
Wettersatellit ➜ Satellit . . . 198
Wien ➜ Österreich 173
Wiesbaden ➜ Deutschland . . 66
Wilna ➜ Litauen 150
Winterspiele
    ➜ Olympische Spiele 170
Wolga ➜ Europa 88
Wundstarrkrampf ➜ Tetanus . 223

Z
Zagreb ➜ Kroatien 145
Zahnfäule ➜ Karies 134
Zahnrad ➜ Rad 186
Zentralamerika
    ➜ Nordamerika 168
Zeus ➜ Olympische Spiele . . 17
Zink ➜ Messing 160
Zoologie ➜ Biologie 47
Zoologischer Garten ➜ Zoo . 253
Zuckerkrankheit ➜ Hormon . 119
Zündtemperatur ➜ Feuer . . . 94